# 电商多平台运营实战

## 淘宝、京东、拼多多、抖音

徐洪峰 崔恒华 编著

电子工业出版社
Publishing House of Electronics Industry
北京·BEIJING

## 内 容 简 介

电商浪潮在互联网的推动下席卷全球，相较传统商业模式而言，电商更加公正、透明，拉近了交易双方的距离，提高了交易效率，为世界各地经济的发展注入了动力。随着电商的规模化发展，越来越多的传统企业加入了电商的行列，带动了电商从业人员数量的不断攀升，这使得行业对于相关人才的需求大增，电商知识也越来越普及。

本书内容丰富，将理论与实践紧密结合，全面介绍了常见的电商平台，包括淘宝、天猫、拼多多、京东、抖音，既有一般性操作方法，也有各种实战运营技巧，是"电商人"的"好参谋"。

未经许可，不得以任何方式复制或抄袭本书之部分或全部内容。
版权所有，侵权必究。

图书在版编目（CIP）数据

电商多平台运营实战：淘宝、京东、拼多多、抖音 / 徐洪峰等编著. —北京：电子工业出版社，2021.8
（新零售时代电商实战）

ISBN 978-7-121-41585-2

Ⅰ. ①电… Ⅱ. ①徐… Ⅲ. ①电子商务—运营管理 Ⅳ. ①F713.365.1

中国版本图书馆 CIP 数据核字（2021）第 138368 号

责任编辑：林瑞和　　　　　　特约编辑：田学清
印　　刷：北京盛通数码印刷有限公司
装　　订：北京盛通数码印刷有限公司
出版发行：电子工业出版社
　　　　　北京市海淀区万寿路 173 信箱　　邮编：100036
开　　本：787×980　　1/16　　印张：22.75　　字数：468.5 千字
版　　次：2021 年 8 月第 1 版
印　　次：2025 年 9 月第 16 次印刷
定　　价：69.00 元

凡所购买电子工业出版社图书有缺损问题，请向购买书店调换。若书店售缺，请与本社发行部联系，联系及邮购电话：（010）88254888，88258888。
质量投诉请发邮件至 zlts@phei.com.cn，盗版侵权举报请发邮件至 dbqq@phei.com.cn。
本书咨询联系方式：010-51260888-819，faq@phei.com.cn。

# 前　言

据中国互联网络信息中心统计，截至 2020 年 6 月，我国网民规模达 9.40 亿人，网民使用手机上网的比例达 99.2%。2019 年，国内网络零售用户规模达 7.32 亿人；截至 2020 年 12 月，我国网络购物用户规模达 7.82 亿人。截至 2020 年 6 月 30 日，在过去的 12 个月中，京东活跃购买用户数达 4.174 亿人；阿里巴巴活跃购买用户数达 7.42 亿人；拼多多活跃购买用户数达 6.832 亿人。我国网络购物交易市场已经成为全球最大的网络购物市场，我国消费者的消费热情和消费能力超乎想象。

以网络购物为典型代表的电商模式对消费者和企业都产生了巨大影响：对消费者来说，相较传统销售模式，电商模式能够提供不受时间和空间限制、更加便捷的购物体验，扩大了可供消费者选择的商品范围，便于消费者挑选出物美价廉的商品；对企业来说，电商模式能够有效地减少商品流通环节，控制中间流通成本。此外，消费者行为还可以通过互联网和信息技术实现数据化和可视化，帮助企业更好地分析和满足消费者的需求。

随着以电商为核心的经济的快速发展，人才问题已经成为制约电商发展的最大瓶颈。据不完全统计，我国各类电商人才缺口达数百万人。为了更好地帮助电商从业人员提高商品的销量、获取更多的利润，我们编写了本书。

## 本书的主要内容

随着电商的飞速发展，众多电商平台如雨后春笋般涌现，淘宝、天猫、京东、拼多多是目前国内顶尖的电商平台，占领了国内电商交易的绝大部分份额。

本书分为 14 章，主要内容包括商品拍摄与处理、淘宝网店日常运营管理、网店工具的运用、手机淘宝运营实战、淘宝网店免费推广与营销、通往淘宝大卖家的必备推广武器、在天猫开店、在京东轻松开店、在拼多多开店和管理店铺、拼多多店铺引流和营销工具、电商促销策略引爆店铺销量、物流配送与包装、抖音短视频运营与推广、直播运营实战。

## 本书的特色

- 本书对目前常见的电商平台都有介绍，包括淘宝、天猫、拼多多、京东、抖音，读者可以选择适合自己的平台来学习。
- 本书重点介绍在电商运营与推广中必须掌握的开店和运营、网店装修、推广和营销技术。
- 本书贴近实际，非常具有参考意义。
- 本书内容翔实，以详细、直观的步骤讲解相关操作，使读者能够轻松理解，举一反三。读者只要按照步骤操作，就可以开设并有效地运营自己的店铺。
- 本书作者根据多年的开店经验及网店设计与装修经验，详细介绍了在开店过程中遇到的一些细节问题。

## 本书适合的读者

本书既适合电商运营的初学者，包括在校学生、兼职人员、自由职业者、企业管理者、企业白领等想在互联网中寻求商机的人阅读，也适合已经开设了网店，想进一步掌握网店经营技巧，获得更大的市场和更多的利润，把网店做大、做强的店主阅读，还适合短视频爱好者、直播从业者及对电商感兴趣的人阅读。

参加本书编写的还有何海霞、孙良军老师。由于作者水平有限，本书难免存在不足之处，欢迎广大读者批评指正。

**读者服务**

微信扫码回复：41585

- 获取本书配套视频、PPT、题库、习题答案
- 加入"电商"读者交流群，与更多同道中人互动
- 获取【百场业界大咖直播合集】持续更新，仅需 1 元

# 目 录

## 第1章 商品拍摄与处理 .................................................................................. 1

### 1.1 数码相机基础 .................................................................................. 2
### 1.2 通用的拍摄技术 .............................................................................. 3
#### 1.2.1 光圈与景深 .............................................................................. 3
#### 1.2.2 白平衡功能 .............................................................................. 5
### 1.3 小件商品的拍摄 .............................................................................. 6
#### 1.3.1 摄影棚和灯光的布置 .............................................................. 7
#### 1.3.2 小件商品的拍摄技巧 .............................................................. 7
### 1.4 服装类大件商品的拍摄 .................................................................. 8
#### 1.4.1 常见的拍摄环境 ...................................................................... 9
#### 1.4.2 道具的搭配效果 ...................................................................... 9
#### 1.4.3 服装挂拍技巧 ........................................................................ 10
#### 1.4.4 服装平铺拍摄的注意事项 .................................................... 11
#### 1.4.5 使用模特拍摄的技巧 ............................................................ 12
#### 1.4.6 表现质感和细节 .................................................................... 13
### 1.5 图片处理基础 ................................................................................ 14
#### 1.5.1 调整曝光不足的图片 ............................................................ 14
#### 1.5.2 调整图片的清晰度 ................................................................ 15
#### 1.5.3 调整白平衡 ............................................................................ 17
#### 1.5.4 添加水印 ................................................................................ 19
#### 1.5.5 添加边框 ................................................................................ 21
### 1.6 练习题 ............................................................................................ 23

## 第 2 章 淘宝网店日常运营管理 ... 25

### 2.1 商品发布 ... 26
- 2.1.1 写好商品描述 ... 26
- 2.1.2 上传发布商品 ... 29

### 2.2 设置并简单装修店铺 ... 35
- 2.2.1 店铺基本设置 ... 36
- 2.2.2 设置店铺公告 ... 38
- 2.2.3 选择店铺风格 ... 41
- 2.2.4 设置宝贝分类 ... 44

### 2.3 商品交易管理 ... 46
- 2.3.1 修改宝贝价格 ... 46
- 2.3.2 在线订单发货 ... 47
- 2.3.3 给买家评价 ... 49

### 2.4 网店日常管理 ... 51
- 2.4.1 应对投诉的策略 ... 51
- 2.4.2 纠纷管理 ... 52
- 2.4.3 怎样预防恶意差评 ... 53
- 2.4.4 处理客户的中评和差评 ... 54
- 2.4.5 客户管理 ... 55

### 2.5 练习题 ... 61

## 第 3 章 网店工具的运用 ... 62

### 3.1 在线沟通工具 ... 63
- 3.1.1 设置个性化头像 ... 63
- 3.1.2 备注联系人信息 ... 66
- 3.1.3 创建千牛群 ... 66
- 3.1.4 群遍天下 ... 69
- 3.1.5 旺遍天下 ... 71
- 3.1.6 设置千牛状态信息 ... 73

- 3.1.7 巧设千牛关键词 ... 75
- 3.1.8 千牛工具的安全特性 ... 77

3.2 支付工具 ... 77
- 3.2.1 支付宝 ... 78
- 3.2.2 网上银行 ... 79

3.3 淘宝助理 ... 80
- 3.3.1 创建宝贝 ... 81
- 3.3.2 数据的导出与导入 ... 82
- 3.3.3 批量编辑宝贝 ... 85

3.4 生意参谋 ... 85
- 3.4.1 生意参谋的入口 ... 86
- 3.4.2 实时直播抢占生意先机 ... 88
- 3.4.3 用好流量分析，生意突飞猛进 ... 91
- 3.4.4 用好交易分析，掌握交易概况 ... 92

3.5 练习题 ... 93

# 第4章 手机淘宝运营实战 ... 95

4.1 为什么在手机上开店 ... 96

4.2 手机淘宝店铺装修 ... 96
- 4.2.1 手机淘宝店铺装修的注意事项 ... 97
- 4.2.2 手机淘宝店铺首页装修 ... 98
- 4.2.3 手机版详情页装修 ... 101
- 4.2.4 购买无线店铺装修模板 ... 103

4.3 手机淘宝标题优化 ... 105
- 4.3.1 标题关键词的选择 ... 105
- 4.3.2 标题诊断与优化 ... 107

4.4 手机淘宝主图优化 ... 109

4.5 手机淘宝宝贝详情页优化 ... 110
- 4.5.1 为什么要做手机淘宝的宝贝详情页 ... 110

| | | | |
|---|---|---|---|
| | 4.5.2 | 手机淘宝宝贝详情页的优化原则 | 111 |
| 4.6 | 做好手机淘宝营销 | | 111 |
| | 4.6.1 | 搭配套餐，飙升客单转化 | 111 |
| | 4.6.2 | 无线惊喜，天天有惊喜 | 113 |
| 4.7 | 练习题 | | 116 |

## 第 5 章 淘宝网店免费推广与营销 ... 118

| | | | |
|---|---|---|---|
| 5.1 | 淘宝站内流量 | | 119 |
| | 5.1.1 | 自然搜索流量 | 119 |
| | 5.1.2 | 淘宝活动流量 | 125 |
| 5.2 | 免费的自然流量 | | 126 |
| | 5.2.1 | 做好三大指标 | 126 |
| | 5.2.2 | 打造爆款人气商品 | 127 |
| | 5.2.3 | 不同时期的标题优化 | 128 |
| 5.3 | 让买家收藏店铺增加人气 | | 129 |
| 5.4 | 灵活运用信用评价 | | 130 |
| 5.5 | 使用店铺优惠券促销 | | 131 |
| 5.6 | 博客营销 | | 131 |
| 5.7 | 微信推广 | | 132 |
| | 5.7.1 | 朋友圈的营销技巧 | 132 |
| | 5.7.2 | 在朋友圈植入广告的方法 | 133 |
| 5.8 | 练习题 | | 135 |

## 第 6 章 通往淘宝大卖家的必备推广武器 ... 137

| | | | |
|---|---|---|---|
| 6.1 | 店铺宝推广 | | 138 |
| | 6.1.1 | 什么是店铺宝 | 138 |
| | 6.1.2 | 如何使用店铺宝 | 139 |
| 6.2 | 淘宝客推广 | | 141 |
| | 6.2.1 | 什么是淘宝客推广 | 141 |

## 目录

  6.2.2 如何开通淘宝客推广 ... 141
  6.2.3 淘宝客推广的技巧 ... 143
 6.3 超级钻展吸引百万流量 ... 144
  6.3.1 超级钻展介绍 ... 144
  6.3.2 设置超级钻展 ... 145
  6.3.3 超级钻展推广什么 ... 149
  6.3.4 准备好素材是关键 ... 149
  6.3.5 竞价技巧 ... 150
 6.4 高效使用直通车 ... 151
  6.4.1 关于直通车 ... 152
  6.4.2 直通车的优势 ... 152
  6.4.3 加入直通车 ... 153
  6.4.4 挑选合适的宝贝进行推广 ... 155
  6.4.5 如何正确选择关键词 ... 155
 6.5 使用聚划算 ... 158
  6.5.1 什么是聚划算 ... 159
  6.5.2 聚划算的入口 ... 160
  6.5.3 参加聚划算的好处 ... 162
 6.6 练习题 ... 165

## 第7章 在天猫开店 ... 166

 7.1 天猫店铺与淘宝C店的区别 ... 167
 7.2 天猫平台简介 ... 167
 7.3 天猫平台的规则 ... 168
  7.3.1 招商入驻 ... 168
  7.3.2 天猫平台规则介绍 ... 173
 7.4 天猫增值服务 ... 174
  7.4.1 运营服务 ... 174
  7.4.2 物流服务 ... 178

## 电商多平台运营实战
淘宝、京东、拼多多、抖音

    7.4.3 商家工具 .................................................................................................. 181
  7.5 借力供销平台 ....................................................................................................... 184
    7.5.1 商家入驻供销平台的好处 .................................................................... 184
    7.5.2 商家如何入驻供销平台 ........................................................................ 186
    7.5.3 写出优质的招募书 ................................................................................ 188
  7.6 练习题 ................................................................................................................... 190

### 第8章 在京东轻松开店 .................................................................................................. 191
  8.1 入驻京东 ............................................................................................................... 192
    8.1.1 京东平台介绍 ........................................................................................ 192
    8.1.2 店铺命名规则 ........................................................................................ 192
    8.1.3 入驻京东的步骤 .................................................................................... 194
  8.2 店铺管理 ............................................................................................................... 198
    8.2.1 店铺分类 ................................................................................................ 198
    8.2.2 设置店铺上新 ........................................................................................ 199
  8.3 促销推广 ............................................................................................................... 201
    8.3.1 试用活动 ................................................................................................ 201
    8.3.2 评价有赏活动 ........................................................................................ 204
    8.3.3 购物送红包活动 .................................................................................... 206
    8.3.4 满赠促销活动 ........................................................................................ 209
    8.3.5 满减促销活动 ........................................................................................ 209
  8.4 练习题 ................................................................................................................... 210

### 第9章 在拼多多开店和管理店铺 .................................................................................. 212
  9.1 在拼多多开店的优势 ........................................................................................... 213
    9.1.1 重在拼团和实惠多多 ............................................................................ 213
    9.1.2 依靠微信获得巨大社交流量 ................................................................ 214
    9.1.3 "砍价免费拿"推广裂变 .................................................................... 215
  9.2 在拼多多开设店铺 ............................................................................................... 216
    9.2.1 商家入驻基本流程 ................................................................................ 216

## 目录

  9.2.2 发布商品 .................................................. 221

9.3 店铺后台管理 .................................................. 225

  9.3.1 标题栏的功能 .................................................. 225

  9.3.2 发货管理 .................................................. 228

  9.3.3 售后管理 .................................................. 230

  9.3.4 商品管理 .................................................. 235

  9.3.5 店铺营销管理 .................................................. 238

  9.3.6 账户资金管理 .................................................. 243

  9.3.7 多多客服管理 .................................................. 245

9.4 练习题 .................................................. 247

## 第10章 拼多多店铺引流和营销工具 .................................................. 248

10.1 自然流量提升商品排名 .................................................. 249

  10.1.1 拼多多自然搜索排名原理 .................................................. 249

  10.1.2 拼多多类目排名原理 .................................................. 250

  10.1.3 优质关键词的选择方法 .................................................. 251

  10.1.4 提升拼多多权重 .................................................. 253

10.2 站内引流 .................................................. 254

  10.2.1 拼多多的流量来源 .................................................. 254

  10.2.2 千人千面逻辑 .................................................. 256

  10.2.3 小程序引流推广 .................................................. 257

  10.2.4 多多直播卖货 .................................................. 258

10.3 营销工具实战 .................................................. 259

  10.3.1 拉人关注券 .................................................. 260

  10.3.2 关注店铺券 .................................................. 262

  10.3.3 评价有礼 .................................................. 264

  10.3.4 多件优惠 .................................................. 266

  10.3.5 催付助手 .................................................. 268

  10.3.6 交易二维码 .................................................. 271

10.4 拼多多活动报名 .................................................. 273

10.4.1 拼多多的活动分类 .................................................. 273
　　10.4.2 做好活动报名准备工作 ........................................ 273
　　10.4.3 选择活动资源位 .................................................. 274
　　10.4.4 报名参加营销活动 .................................................. 274
10.5 练习题 .................................................................................. 276

# 第 11 章 电商促销策略引爆店铺销量 .................................. 277

11.1 促销活动准备 ...................................................................... 278
　　11.1.1 促销的概念及好处 .................................................. 278
　　11.1.2 促销的良好时机 .................................................. 280
11.2 赠品促销 .............................................................................. 282
　　11.2.1 什么是赠品促销 .................................................. 282
　　11.2.2 赠品促销效果不佳的原因 ........................................ 283
　　11.2.3 赠品促销的注意要点 .................................................. 284
11.3 打折促销 .............................................................................. 284
　　11.3.1 打折促销的优点 .................................................. 285
　　11.3.2 打折促销的方式 .................................................. 285
　　11.3.3 打折促销的策略 .................................................. 286
11.4 包邮促销 .............................................................................. 287
11.5 购物积分促销 ...................................................................... 287
11.6 抓住节假日促销 .................................................................. 288
11.7 销售旺季的促销 .................................................................. 289
11.8 练习题 .................................................................................. 291

# 第 12 章 物流配送与包装 .......................................................... 292

12.1 仓储管理 .............................................................................. 293
　　12.1.1 检验商品 .................................................................. 293
　　12.1.2 编写货号 .................................................................. 293
　　12.1.3 入库登记 .................................................................. 294
12.2 货物打包 .............................................................................. 294

## 目录

  12.2.1 隔离防震技巧 ............................................................................. 295
  12.2.2 商品包装方法 ............................................................................. 295
12.3 物流配送 ....................................................................................................... 298
  12.3.1 邮局发货 ..................................................................................... 298
  12.3.2 快递发货 ..................................................................................... 298
  12.3.3 物流托运 ..................................................................................... 299
  12.3.4 工作流程 ..................................................................................... 300
12.4 推荐物流 ....................................................................................................... 301
12.5 自己计算运费 ............................................................................................... 303
  12.5.1 查询快递公司运费 ..................................................................... 303
  12.5.2 查询邮政包裹运费 ..................................................................... 304
12.6 规避及解决物流纠纷 ................................................................................... 306
  12.6.1 规避物流纠纷 ............................................................................. 306
  12.6.2 物流纠纷的解决办法 ................................................................. 307
12.7 练习题 ........................................................................................................... 308

## 第13章 抖音短视频运营与推广 ........................................................................... 309

13.1 短视频的拍摄准备 ....................................................................................... 310
  13.1.1 怎样才能拍摄出优质短视频 ..................................................... 310
  13.1.2 优质短视频的特质 ..................................................................... 311
13.2 抖音短视频的录制与剪辑 ........................................................................... 313
  13.2.1 选择与修剪背景音乐 ................................................................. 313
  13.2.2 滤镜特效和分屏特效 ................................................................. 315
13.3 抖音引流和涨粉 ........................................................................................... 317
  13.3.1 蹭热点引流 ................................................................................. 317
  13.3.2 抖音互动评论引流 ..................................................................... 320
  13.3.3 借助音乐平台引流 ..................................................................... 321
  13.3.4 参加官方挑战活动引流 ............................................................. 323
13.4 抖音短视频的变现方式 ............................................................................... 324

XIII

13.4.1　电商卖货 ............................................................................................324
　　13.4.2　广告植入 ............................................................................................325
　　13.4.3　开通商品分享功能 ............................................................................326
　　13.4.4　抖音小店卖货 ....................................................................................328
　13.5　练习题 ..........................................................................................................330

# 第 14 章　直播运营实战 ..................................................................................331

　14.1　直播内容的策划 ..........................................................................................332
　　14.1.1　找到自己擅长的领域 ........................................................................332
　　14.1.2　根据粉丝的需求挖掘其痛点 ............................................................333
　　14.1.3　提升直播内容的专业性 ....................................................................334
　　14.1.4　借助热点制造话题 ............................................................................334
　　14.1.5　让粉丝参与直播内容的生产 ............................................................335
　14.2　直播前的准备工作 ......................................................................................336
　　14.2.1　直播间背景的布置 ............................................................................336
　　14.2.2　直播间灯光的布置 ............................................................................337
　　14.2.3　设置直播封面 ....................................................................................338
　14.3　主播专业直播能力的提升 ..........................................................................339
　　14.3.1　主播必备的心理素质 ........................................................................339
　　14.3.2　主播自身形象的塑造 ........................................................................339
　　14.3.3　做好直播规划 ....................................................................................340
　14.4　直播带货运营实战 ......................................................................................341
　　14.4.1　商品的选择技巧 ................................................................................341
　　14.4.2　直播带货的模式 ................................................................................343
　　14.4.3　直播中的商品介绍 ............................................................................346
　　14.4.4　直播带货话术 ....................................................................................347
　14.5　练习题 ..........................................................................................................349

# 第 1 章

# 商品拍摄与处理

众所周知,网店销售最重要的特点就是商品以图片的形式展现,买家首先看到的既不是店铺名称,也不是商品说明,而是商品图片。一张好的图片,是吸引买家点击和购买的重要因素。因此,拍摄出漂亮的、真实的图片是网店销售至关重要的一个环节。实际上,只要掌握好技巧,就完全可以拍摄出精美的、吸引人的图片。

**知识导图:**

电商多平台运营实战
淘宝、京东、拼多多、抖音

学习目标：

♪ 熟悉数码相机基础知识
♪ 掌握通用的拍摄技术
♪ 掌握小件商品的拍摄
♪ 掌握服装类大件商品的拍摄
♪ 掌握图片处理基础技术

## 1.1 数码相机基础

网店与实体店不同，在网店上买家无法看到真实的商品，只能通过图片来了解商品。要想拍摄好商品图片，需要了解数码相机的选购知识。

在数码时代，数码相机更新换代很快，面对琳琅满目、品种繁多的数码相机产品，人们往往不知道选择哪款产品更适合。下面介绍选购数码相机时的注意事项。

**1. 品牌**

影响数码相机成像效果的主要因素是厂家在成像质量方面的整体技术水平，佳能、索尼、三星、尼康等厂家在数码相机整体成像技术上做得都比较专业。

**2. 像素**

如今，主流数码相机的像素在 2000 万以上。当然，数码相机的像素越高，拍摄的图片越清晰，但是网店需要的图片使用 2000 万像素的数码相机拍摄就足够了。图 1-1 所示为佳能 EOS 90D 套机。

图 1-1　佳能 EOS 90D 套机

**3. 镜头**

画质的好坏除了受数码相机像素和 CCD（电荷耦合器件）的影响，还受镜头的影响，因此在选购时，应尽量选择品牌的镜头，变焦控制在 3～4 倍。整体而言，定焦镜头的画质普遍高于变焦镜头，因为镜头变焦越大，镜头镜片的数量越多，就会影响画质。

### 4．外形

数码相机最好便于携带，一些人喜欢卡片机，就是因为其携带非常方便，而有些个头较大的相机，就不太受欢迎了。

**提示与技巧**

在选购数码相机的时候，还要注意商家是不是正规经销商、产品是不是正品、产品是否全国联保等，了解这些能解决我们的后顾之忧。

## 1.2 通用的拍摄技术

图片是商品的灵魂，一张优质的商品图片可以直接刺激买家的视觉感官，使他们产生购买的欲望，而一张优质的商品图片又与拍摄技术密不可分。

### 1.2.1 光圈与景深

光圈是一个用来控制光线透过镜头，进入机身内感光面的装置，通常位于镜头内部。它承担着改变照片效果的重任，甚至对图像的品质也有某种程度的影响。对于已经制造好的镜头，我们不可能随意改变它的直径，但是可以通过在镜头内部加入多边形或者圆形，并且面积可变的孔状光栅来达到控制镜头进光量的目的。图 1-2 所示为光圈。

图 1-2　光圈

光圈由位于镜头内部的可活动的金属叶片组成，它具有通过改变光学镜头的有效孔径，控制光线通过镜头的能力。在单位时间内，光圈打开的孔径越大，进入的光线就越多；光圈打开的孔径越小，进入的光线就越少。

光圈大小通常用 f 值表示。常见的光圈标识为 f 2.8、f 4、f 5.6、f 8、f 11，图 1-3 所示为各种不同光圈的大小。f 后面的数值越小，孔径的开口越大，进光量越多；反之，进光量越少。

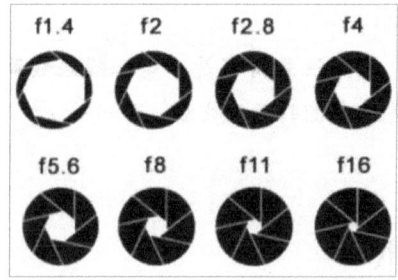

图 1-3　各种不同光圈的大小

光圈一个很重要的作用就是控制画面的景深。通俗地讲，景深就是照片对焦点前后清晰的范围。在拍摄景物时，对焦点位置的景物是最清晰的。但实际上，清晰并非一个绝对的概念，对焦点前后一定距离内的景物也可以形成清晰的影像，这个前后距离范围，就叫作景深。也就是说，在这个范围之内的景物，都能清晰地被显示。

一张合影，如果对焦准确，一排人都很清晰，但人群前面的鲜花和人群后面的建筑物就比较模糊。这张照片的清晰区域仅限人群，我们就说此照片景深较短。如果用最小光圈来拍合影，除人物清晰外，人群前面的鲜花和人群后面的建筑物也比较清晰，照片的清晰区域很广，我们就说此照片景深很长。

短景深的照片，只有焦点部分才会清晰地显示，景深外的地方显得十分模糊，因此短景深适合用来拍摄人像或静物，把前景和背景分离，更好地突出主体，如图 1-4 所示。

图 1-4　短景深的照片

长景深的照片，所有景物都显得十分清晰，因此长景深一般适合用来拍摄风景，如图 1-5 所示。

图 1-5　长景深的照片

### 提示与技巧

景深是由下面三个因素决定的。

- 光圈大小：光圈越大，景深越短；光圈越小，景深越长。
- 镜头焦距的长短：焦距越长，景深越短；焦距越短，景深越长。
- 离被拍摄物体的距离：距离越近，景深越短；距离越远，景深越长。

## 1.2.2　白平衡功能

白平衡控制就是通过调整图像，使在各种光线条件下拍摄的照片色彩和人眼所看到的景物色彩尽量接近。

一般白平衡有多种模式，适合不同的场景拍摄，如自动白平衡、日光、阴影、阴天、白炽灯、白色荧光灯、闪光灯、自定义等。下面以数码相机佳能 550D 为例来学习白平衡模式的调整方法。

在相机背面找到白平衡选择按钮（标"WB"处），如图 1-6 所示，按下此按钮，即可设置白平衡，如图 1-7 所示。

图 1-6　找到白平衡选择按钮

图 1-7　设置白平衡

虽然数码相机提供了很多预设的白平衡模式，但是其并不能够满足所有的拍摄要求。当在不同类型的光源下拍摄时，用现有的白平衡控制有时可能无法正确显示真实的色彩。此时，可使用自定义白平衡功能，让数码相机记住希望拍摄成白色的部位所对应的光源特性（色温），通过修正，使该部位再现白色，最终完成拍摄。

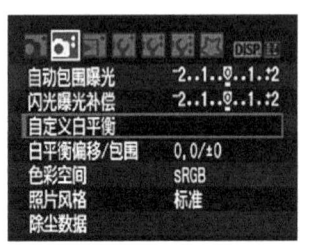
图 1-8　自定义白平衡

自定义白平衡需要在拍摄时随身携带一张标准的白纸，或者在镜头盖的内部装一张白色卡纸。这样，只需在现场环境下拍摄白纸，并启动自定义白平衡设置，使数码相机参照白纸设置白平衡即可。数码相机的生产厂家和型号不同，自定义白平衡的方法也有所区别，用户可以参照数码相机的使用手册来学习自定义白平衡的方法。图 1-8 所示为佳能 550D 的自定义白平衡。

## 1.3　小件商品的拍摄

不同的商品有不同的拍摄方法，下面简单地根据商品的外形、尺寸来进行区分，将被拍摄的商品分为小件商品和大件商品。能够放进微型摄影棚进行拍摄的属于小件商品，如首饰、化妆品、皮夹、相机、手机等，这些小件商品在拍摄时的构图和布光等大同小异。

## 1.3.1　摄影棚和灯光的布置

下面介绍摄影棚和灯光的布置方法。

首先，按照摄影棚使用说明书上的说明将其搭建好，并将摄影棚放置在平稳的桌面上，尽量保证光线可以从不同的方向投射到商品上。

其次，进行灯光的布置。比较标准的摄影棚一般要配置3～5盏灯，这样可以使拍摄效果更好。但并不是灯越多越好，因为灯越多，越难控制。图1-9所示为常见的灯光布置方案，即将商品放置在摄影棚中，然后在摄影棚的左右两侧分别打开两盏灯，此时可以通过调整两盏灯的强度来调节光线，最后进行拍摄。

图1-9　常见的灯光布置方案

### 提示与技巧

光线的方向不同，所拍摄出来的商品效果也不同。顺光可以体现出商品的质感；侧光可以体现出商品的立体感；逆光可以体现出商品的轮廓——角度较低的逆光能够体现出透明商品的透明感，角度较高的逆光可用于拍摄商品的整体形态。

## 1.3.2　小件商品的拍摄技巧

对小件商品进行拍摄的方法有很多种，如可以将小件商品放在盒子里拍、让模特拿着或者戴着拍等，但我们需要把握一点，那就是一定要体现出商品本身，而不是衬托商品的背景和其他杂物。

下面以拍摄首饰类商品为例介绍小件商品的拍摄技巧。

#### 1. 选择正确的对焦点

我们可以将首饰和包装盒一起放入摄影棚中，在拍摄时需要注意对焦点的选择，在对焦时一定要将对焦点对到需要展现的地方。在拍摄时，对焦点应放在首饰上，同时要注意对对焦点的控制，如图 1-10 所示。有时候，将精美的包装盒一起拍摄下来能够提升商品的档次。

#### 2. 设计精美的造型

在拍摄小件商品时，也需要注意商品的造型。例如，我们可以将项链摆得近似圆形，这是摄影构图中的一种，能给人一种雅致的感觉，如图 1-11 所示。

#### 3. 其他拍摄技巧

首先，背景很重要，背景要与主体反差鲜明。我们可以在颜色、材质等上形成反差效果，切忌平淡或者将商品淹没于背景中。需要注意的是，我们要根据商品的特点搭配合适的背景，如图 1-12 所示。

图 1-10　选择正确的对焦点

图 1-11　设计精美的造型

图 1-12　搭配合适的背景

其次，要多拍些特定部位，以给人一种精致的感觉。

最后，要有光泽，即必须有光源，并且光源尽量是无色的。

## 1.4　服装类大件商品的拍摄

对在网上销售服装的卖家来说，如果服装很多，则一般很难抽出时间对照片进行后期处理。因此，真正的好照片，在拍摄时就已经考虑好了构图、明暗等因素，后期只要加点文字说明之类的内容就可以了。也就是说,在拍摄照片时争取一步到位,不要寄希望于后期的处理。

## 1.4.1 常见的拍摄环境

在户外拍摄常用的道具有太阳镜、太阳帽、纱巾、毛绒玩具、花、手机、椅子、沙发等,当然石头、树枝、汽车、摩托车、自行车、灯杆等也可以被利用。在场景的选择方面,公园、河边、树林、草坪、花丛、酒吧、走廊、墙壁及柱子的场景都容易拍摄出好照片。道具和环境的选择,应以商品为基础,尽量选择更能发挥出模特最美一面的道具进行组合。

在选择场景的时候,我们可以选择在比较漂亮、清爽的地方拍摄,避免画面杂乱无章。无论计划在哪里拍摄,在拍摄前一定要对拍摄场地进行充分的了解。

## 1.4.2 道具的搭配效果

在拍摄照片时,适当地添加一些小装饰物作为配饰可以使构图显得饱满、均衡、不单调。虽然我们也可以在图片的后期处理中添加装饰素材、漂亮的边框和水印等来进行美化,但是不如在拍摄时添加配饰显得自然,后期在操作上的灵活性要差很多。如图 1-13 所示,卖家在拍摄服装图片时选择了背包配饰。

图 1-13 服装配饰效果

用于拍摄的搭配装饰物的选择很多,我们身边的各种生活用品都可以被当作搭配装饰物。当然,如果有专门的搭配材料,那么拍摄出来的效果会更好,我们甚至可以根据这些搭配材料，为每一次的新款设计一个主题，如运动风格、休闲风格等。

此外，不同的服装要用不同的配饰来搭配。在拍摄服装时，一要搭配得当，二要摆得生动，三要添加一些物品做点缀。如果卖家的服装想走清新风格，则可以选择一些可爱的饰品、清新的花朵等做点缀；如果卖家的服装想走摇滚风格，则可以选择礼帽、乐器等进行搭配。

### 1.4.3　服装挂拍技巧

在拍摄服装时，一般有三种拍摄方式：挂拍、平铺拍摄和使用模特拍摄。挂拍看上去虽然简单，但其实是非常需要技巧的。

如果使用衣架辅助拍摄，则最好以木质地板或者墙壁为背景，这样拍摄出来的服装不会显得呆板，同时可以让衣服显得时尚。

图 1-14 所示的服装挂拍效果——卖家直接将服装挂在衣架上拍摄，没做任何装饰，拍出来的图片显得很沉闷。这种图片会直接影响买家的购买欲望。

图 1-15 所示的服装挂拍效果——卖家花了很多心思，服装虽然很普通，但是卖家选择了合适的背景并进行了装饰，让买家觉得很舒服。

图 1-14　没做任何装饰的挂拍效果

图 1-15　花心思的挂拍效果

### 提示与技巧

在进行服装挂拍时，可以在墙上或者地上添加装饰物来提升构图的美感，漂亮的衣架、鲜花、玩具、图书、小家具都是不错的选择，甚至可以直接将服装挂在白色或者原木色的架子上，利用架子的摆放角度来打破贴墙悬挂时呆板的构图。

## 1.4.4 服装平铺拍摄的注意事项

在拍摄服装时,背景要简洁,皱巴巴和黯淡的背景会让买家看了不舒服。我们可以根据服装的颜色,通过色彩的高反差来突出服装的效果。如图 1-16 所示,黑白条纹的服装和黑色的底板形成了鲜明的对比。

**图 1-16　通过色彩的高反差来突出服装的效果**

不是每个店铺都有请模特的条件,也不是每个店主都具备做模特自拍的条件,因此平铺拍摄是个不错的选择。那么,怎样才能把一件平铺的服装拍得既美观又真实呢?

### 1. 光线均衡

由于拍摄平铺的服装需要的场地比较大,经常会出现光线不均衡的现象。因此,在室内拍摄时建议使用 2~3 盏台灯,这样光线会比较均衡。

在室外拍摄时,我们可以选择天台、空旷的公园等场地,因为这些场地周围遮挡光源的物体较少,被拍摄的服装可以均衡地吸收光线,不会产生阴影。但需要注意的是,不要在阳光强烈的时候进行拍摄。

### 2. 适当点缀

为了避免画面单调、无趣,可以使用一些点缀物,如帽子、眼镜、背包、饰品、鞋子等。这里需要注意的是,选择一两件点缀物就可以了,不要太复杂,否则容易给人喧宾夺主的感觉。

### 3. 平整且美观

背景布平整对平铺拍摄来说很重要,可以选择一些不容易皱的背景布,如果还是不够平整,那么在拍摄前可以先将背景布熨烫平整。不要在乎这点时间,这会为后期制作提供另外，不要急于摆设准备拍摄的服装，而是应先将服装熨烫平整。有的服装有折痕，直接摆出来会影响其美观度。

**4．细节放大**

平铺服装的整体图一般只能看到款式，布料的质地就要用细节图来展现了。若看不到细节图，不知道服装是什么布料的，那么买家往往很难下定决心购买。

## 1.4.5 使用模特拍摄的技巧

除最常见的挂拍和平铺拍摄外，在服装的展现上最好还是使用模特拍摄，这样能完全展现出服装的立体造型，比较容易激起买家的购买欲望。毕竟，放在地上的衣服和穿在身上的衣服给人的感觉是完全不同的。图1-17所示为使用模特拍摄。

图1-17　使用模特拍摄

如今在网上开店，图片越来越重要，很多有实力的卖家选择使用模特进行实拍，那么如何才能使用模特拍摄出优质的服装图片呢？

在使用模特拍摄时，要先想好到底想拍什么感觉的照片。如果事先不做任何计划，只按照临时想法或单纯依靠模特，那么不但会拖延拍摄时间，无法获得满意的效果，而且使用模特的时间越长，费用越高，会增加经济上的负担。

一般来说，在使用模特拍摄时应注意以下几点。

（1）模特的头部和身体忌成一条直线。若二者成一条直线，则难免会有呆板之感。因此，当模特的身体正面朝向镜头时，头部应稍微向左或向右转一些，这样会显得优雅而生动。同样的道理，当模特的眼睛正对镜头时，身体应转一定的角度，这样会使画面显得有生气，并能增加立体感。

（2）模特的双臂或双腿忌平行。无论模特是持坐姿还是站姿，都不应让双臂或双腿呈平行状，因为这样会给人一种僵硬、机械之感。妥当的做法是一曲一直或二者成一定的角度，这样既能体现出动感，姿势又富于变化。

（3）尽量让模特的体形曲线分明。如果是女性模特，那么展现其富有魅力的体形曲线是很有必要的。

（4）坐姿忌陷。在表现模特的坐姿时，不要让模特的整个臀部都坐在椅子上。如果模特的整个臀部都坐在椅子上，其大腿就会处于休息的状态，导致腿上端脂肪较多的部分隆起，使腿部显得粗笨。正确的做法是让其身体向前移，只坐椅子的三分之一，并保持挺胸收腹。

（5）镜头宜远不宜近。一般来说，在拍摄人像照片时，距离远些比近些好。因为当镜头（尤其是短焦距的镜头）离模特很近时，会出现畸变现象。因此，在拍摄时应选择合适焦距的镜头，并让镜头和模特保持一定的距离。

（6）表现好模特的手姿。模特的手在画面中所占的比例不大，但若摆放不当，就会影响画面的整体美。在拍摄时要注意手部的完整，不要使人产生变形、折断、残缺的感觉。

## 1.4.6 表现质感和细节

拍摄商品免不了要展现商品的细节或者商标，在拍摄服装类商品时，更需要采用特写来展现商品的款式和工艺，此时使用微距功能就可以帮助我们拍摄出符合要求的放大图片。

使用微距拍摄所拍摄出来的图像大小比实物的原始尺寸大，一般二者之比应大于 1。微距功能在拍摄拉链、针脚、洗标、质感等商品细节方面有着巨大的优势，现在大多数数码相机都配置了微距，甚至超微距功能，微距拍摄已经逐渐成为数码相机的亮点之一。

如图 1-18 所示，除拍摄整体效果外，我们还可以使用数码相机的微距功能拍摄服装的细节图，以体现服装的材质和做工，让买家全面了解自己感兴趣的服装。一般来说，在拍摄服装时只需要拍摄出买家最关心的几个位置就可以了，如衣领、衣袖、口袋、拉链等。要想展示出服装的细节，需要使用数码相机的微距功能。

电商多平台运营实战
淘宝、京东、拼多多、抖音

图 1-18　拍摄细节图

## 1.5　图片处理基础

一张漂亮的图片可以让店铺的商品脱颖而出，为店铺带来人气，让买家心情愉悦、怦然心动。

### 1.5.1　调整曝光不足的图片

通常，由于技术、天气、时间等原因或条件所限，拍摄出来的图片有时会不尽如人意，最常见的问题就是曝光过度或者曝光不足。下面为大家介绍如何在 Photoshop 中处理曝光不足的图片。

（1）打开一张曝光不足的图片，如图 1-19 所示。

（2）选择"图像"→"调整"→"曝光度"命令，弹出"曝光度"对话框，如图 1-20 所示。

（3）将曝光度的数值增大，然后单击"确定"按钮（见图 1-20），即可调整图片的曝光度，调整曝光度后的图片如图 1-21 所示。

第 1 章
商品拍摄与处理

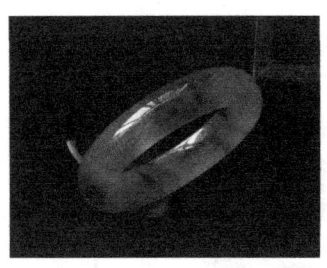 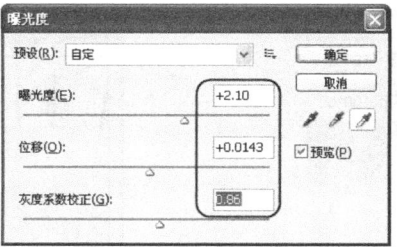 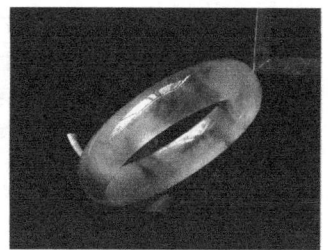

图 1-19　曝光不足的图片　　　图 1-20　"曝光度"对话框　　　图 1-21　调整曝光度后的图片

## 1.5.2　调整图片的清晰度

当用数码相机拍照时，拍摄出来的图片模糊也是十分常见的，这时候就需要进行图片处理。使用 Photoshop 调整图片清晰度的具体操作步骤如下。

（1）打开一张模糊的图片，如图 1-22 所示。

（2）选择"图像"→"模式"→"Lab 颜色"命令，调整图片模式，如图 1-23 所示。

 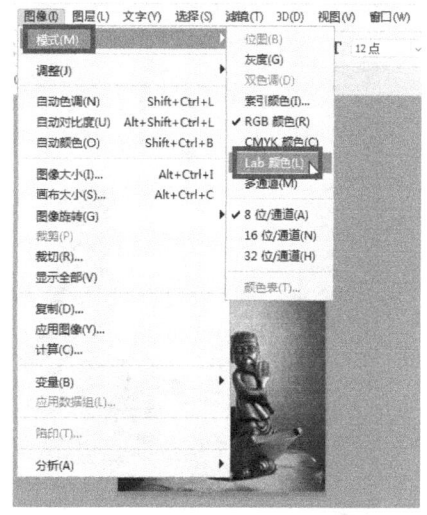

图 1-22　模糊的图片　　　　　　　　　图 1-23　选择"Lab 颜色"命令

（3）打开"图层"面板，在该面板中将"背景"图层拖到"创建新图层"按钮上，复制"背景"图层，如图 1-24 所示。

（4）选择"滤镜"→"锐化"→"USM 锐化"命令，弹出"USM 锐化"对话框，根据需要设置相应的参数，然后单击"确定"按钮，如图 1-25 所示。

15

▶电商多平台运营实战
淘宝、京东、拼多多、抖音

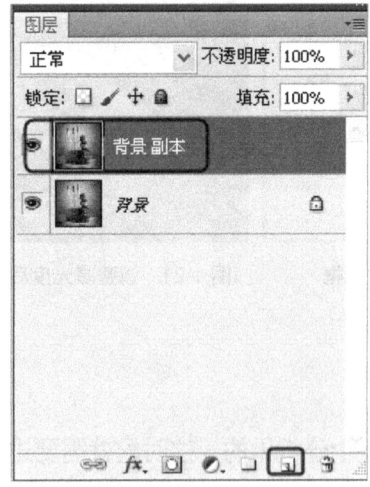
图 1-24 复制"背景"图层

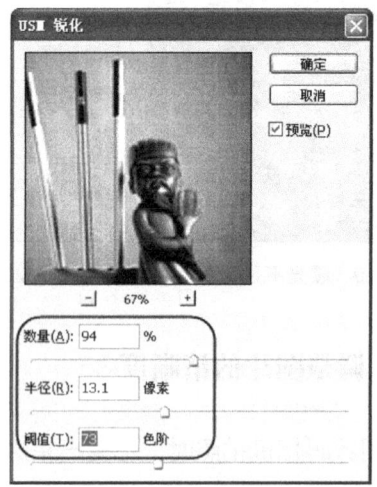
图 1-25 "USM 锐化"对话框

（5）将图层混合模式设置为"正常"，不透明度设置为"70%"，如图 1-26 所示。

图 1-26 设置图层混合模式和不透明度

（6）如果图片还是不够清晰，则可以复制相应的图层，直到调整清晰为止。调整清晰度后图片的效果如图 1-27 所示。

16

第 1 章
商品拍摄与处理

图 1-27　调整清晰度后图片的效果

## 1.5.3　调整白平衡

　　白平衡通俗地讲就是平衡白色，是指数码相机在不同的光照条件下，自动调整三原色的比例，使其混合为白色，从而确保数码相机在不同色温条件下拍摄出来的照片色彩准确。照片呈现的颜色和拍摄环境有很大的关系，这是色温的问题，在照片中呈现准确的颜色十分重要。

　　调整白平衡不仅能矫正颜色，还能让画面层次更加丰富，图 1-28 所示为调整白平衡后的效果。

图 1-28　调整白平衡后的效果

**电商多平台运营实战**
淘宝、京东、拼多多、抖音

下面讲述使用 Camera Raw 调整白平衡，具体操作步骤如下。

（1）启动 Photoshop，打开原图，选择"滤镜"→"Camera Raw 滤镜"命令，弹出"Camera Raw"对话框，默认界面如图 1-29 所示。

图 1-29　"Camera Raw"对话框

（2）调整"色温"和"色调"，调整好以后单击"确定"按钮，保存文件即可（见图 1-30）。

第 1 章
商品拍摄与处理

图 1-30　调整 "色温" 和 "色调"

## 1.5.4　添加水印

为了吸引顾客,卖家通常会采用各种方法把店铺中的商品拍得更加漂亮,他们做了很多准备工作,可以说每一张商品图片都是卖家的劳动成果。为了防止他人盗用自己的图片,卖家可以为图片添加水印。添加水印的具体操作步骤如下。

(1)打开一张待添加水印的图片,如图 1-31 所示。

(2)选择工具箱中的 "横排文字工具",在图片上输入文字 "馨动家纺",如图 1-32 所示。

19

▶电商多平台运营实战
淘宝、京东、拼多多、抖音

图 1-31　待添加水印的图片　　　　　　　　图 1-32　选择"横排文字工具"并输入文字

（3）打开"图层"面板，将不透明度设置为"40%"，可以看到添加了一个水印，如图 1-33 所示。

图 1-33　添加水印的图片

## 1.5.5  添加边框

光影魔术手是一款改善图片画质和进行个性化处理的软件。它简单易用，我们可以利用其制作精美的边框、艺术照等，而且是免费的。为图片添加边框的具体操作步骤如下。

（1）打开光影魔术手，如图 1-34 所示。

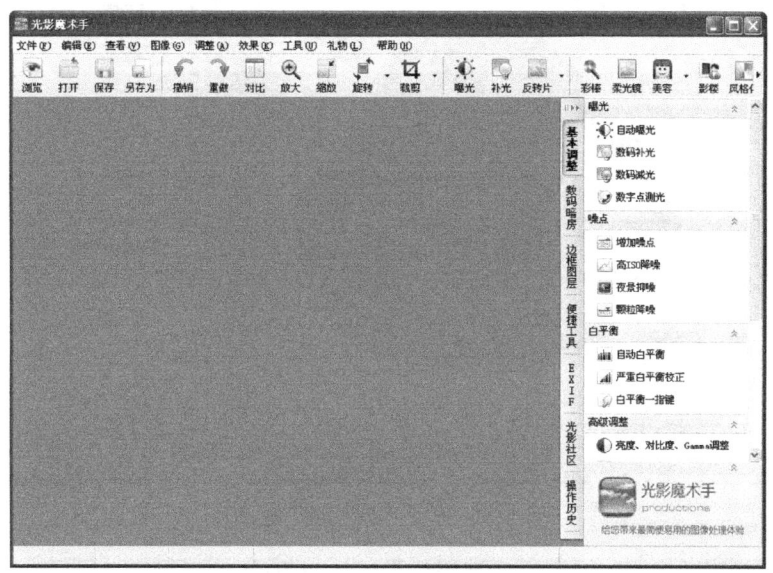

图 1-34　打开光影魔术手

（2）单击"打开"按钮，在弹出的"打开"对话框中选择相应的图片，如图 1-35 所示。

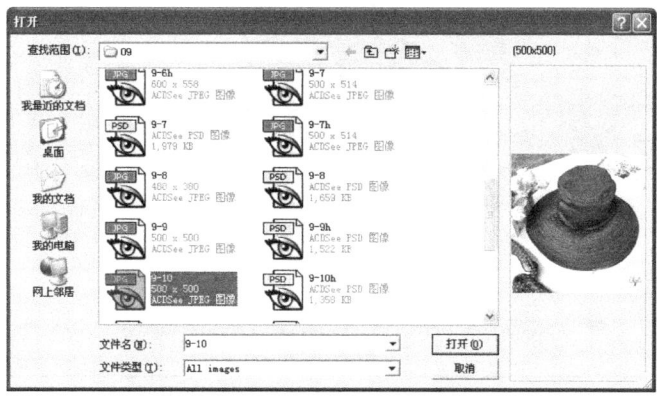

图 1-35　"打开"对话框

（3）单击右边的"边框图层"标签，在弹出的列表框中选择"花样边框"选项，如图1-36所示。

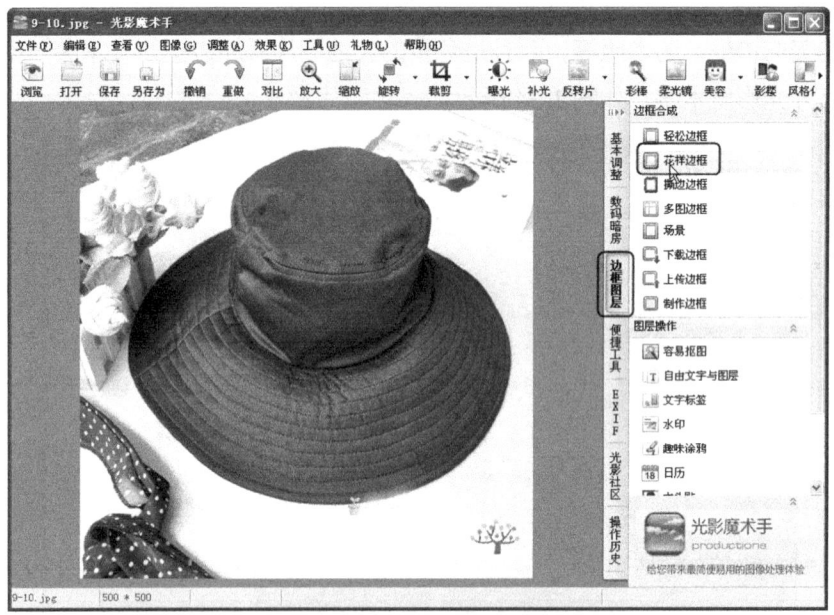

图1-36 选择"花样边框"选项

（4）弹出"花样边框"对话框，选择想要的边框样式，如图1-37所示。

图1-37 "花样边框"对话框

（5）单击"确定"按钮 ，即可为图片添加边框，如图 1-38 所示。

图 1-38　添加边框

# 1.6　练习题

### 1. 填空题

（1）_____是一个用来控制光线透过镜头，进入机身内感光面的装置，通常位于镜头内部。它承担着改变照片效果的重任，甚至对图像的品质也有某种程度的影响。

（2）_____通俗地讲就是平衡白色，是指数码相机在不同的光照条件下，自动调整三原色的比例，使其混合为白色，从而确保数码相机在不同色温条件下拍摄出来的照片色彩准确。

（3）在拍摄服装时，一般有三种拍摄方式：_____、_____和_____。

（4）_____是一款改善图片画质和进行个性化处理的软件。它简单易用，我们可以利用其制作精美的边框、艺术照等，而且是免费的。

2．简答题

（1）在选购数码相机时应注意哪些事项？

（2）小件商品的拍摄技巧有哪些？

（3）拍摄照片时为什么要布置场景？

（4）怎样才能使用模特拍摄出优质的服装图片？

# 第 2 章

## 淘宝网店日常运营管理

本章主要讲解淘宝网店日常运营管理,包括商品发布、设置并简单装修店铺、商品交易管理、网店日常管理等。通过本章的学习,读者可以对淘宝网店日常运营管理有一个初步的认识,为深入学习淘宝网店交易打下基础。

**知识导图:**

```
                            ┌─ 商品发布 ─┬─ 写好商品描述
                            │           └─ 上传发布商品
                            │
                            │                      ┌─ 店铺基本设置
                            ├─ 设置并简单装修店铺 ─┼─ 设置店铺公告
                            │                      ├─ 选择店铺风格
                            │                      └─ 设置宝贝分类
 淘宝网店日常运营管理 ──────┤
                            │                ┌─ 修改宝贝价格
                            ├─ 商品交易管理 ─┼─ 在线订单发货
                            │                └─ 给买家评价
                            │
                            │                ┌─ 应对投诉的策略
                            │                ├─ 纠纷管理
                            └─ 网店日常管理 ─┼─ 怎样预防恶意差评
                                             ├─ 处理客户的中评和差评
                                             └─ 客户管理
```

**学习目标:**

♪ 掌握商品发布流程

> **电商多平台运营实战**
> 淘宝、京东、拼多多、抖音

- ♪ 掌握设置并简单装修店铺
- ♪ 掌握商品交易管理
- ♪ 掌握网店日常管理

## 2.1 商品发布

在已经通过淘宝网卖家认证后,接下来要做的就是发布商品了,店铺里面有商品才可以开张。

**提示与技巧**

发布商品的要求如下。

- ♪ 按照发布环节的要求填写符合条件的发布信息。
- ♪ 卖家必须支持支付宝交易。
- ♪ 在发布商品时必须遵守淘宝网规则。

### 2.1.1 写好商品描述

新手卖家常常会忽略在商品描述上下功夫,殊不知商品描述的好坏关系着商品的成交量。新手卖家往往有着快点将商品发布的急切心理,匆匆忙忙简单写几句商品描述就将商品发布了。但是在匆匆忙忙发布商品之后,获得理想的效果了吗?事实上并没有,店铺的生意平平,偶尔来一两个买家咨询,成交量很低。如果你也属于这样的情况,就需要端正自己的态度,认认真真花点时间来优化商品描述。

一般来说,撰写商品描述的步骤如下所示。

**1. 做一个精美的商品描述模板**

在撰写商品描述之前,最好有一个精美的商品描述模板,商品描述模板可以自己设计,也可以在淘宝网上购买,还可以从互联网上下载一些免费的商品描述模板。精美的商品描述模板(见图2-1)除让买家感受到卖家在用心经营店铺外,还可以对商品起到衬托的作用,从而促进商品销售。

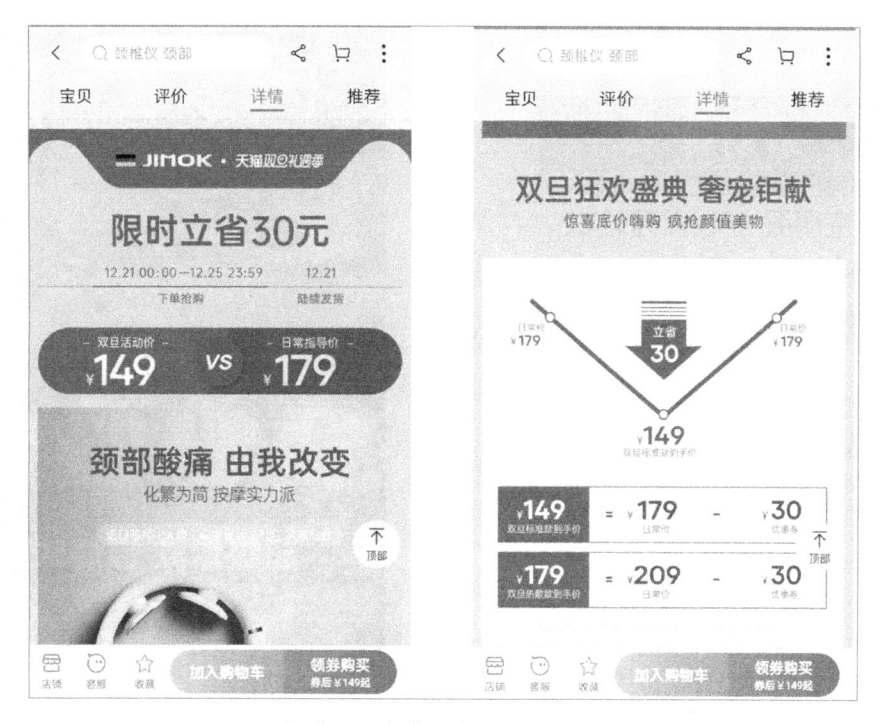

图 2-1 精美的商品描述模板

### 2．撰写吸引人的开头，快速激发买家的兴趣

商品描述开头的作用是吸引买家的注意力，快速激发买家的兴趣。不管撰写什么样的商品描述，应先了解潜在买家的需求，了解他们在想什么，找到吸引他们的东西，思考怎么把自己的商品和买家的兴趣联系在一起。图 2-2 所示的商品描述开头显示了聚划算的促销信息，能够很好地吸引买家的注意力。

### 3．突出卖点，给买家一个购买的理由

在撰写商品描述时，应找到并附加商品的一些卖点，加以放大。挖掘并突出商品的卖点非常重要，每个卖点都是对买家增加说服力的砝码。商品描述中能够吸引买家的卖点越多就越成功。图 2-3 所示的商品描述就很好地突出了卖点。

### 4．给买家一个购买推动力，让对方尽快采取行动

当买家已经对商品产生兴趣，但还在犹豫不决的时候，就需要给其一个购买推动力，不要让潜在买家有任何说"考虑考虑"的机会。因此，卖家可以在商品描述中设置抵扣券、优惠券、礼物赠送等（见图 2-4），让买家尽快采取行动。

▶电商多平台运营实战
淘宝、京东、拼多多、抖音

图 2-2　商品描述开头

图 2-3　突出卖点的商品描述

图 2-4　给买家一个购买推动力

### 5. 通过建立信任，打消买家的疑虑

卖家可以将买家好评和聊天记录放在商品描述中，以增加说服力。第三方评价会让买家觉得可信度更高，购买过商品的人说商品好，其他买家才会更加信任店铺。图 2-5 所示为在商品描述中添加了买家评价的典型例子。

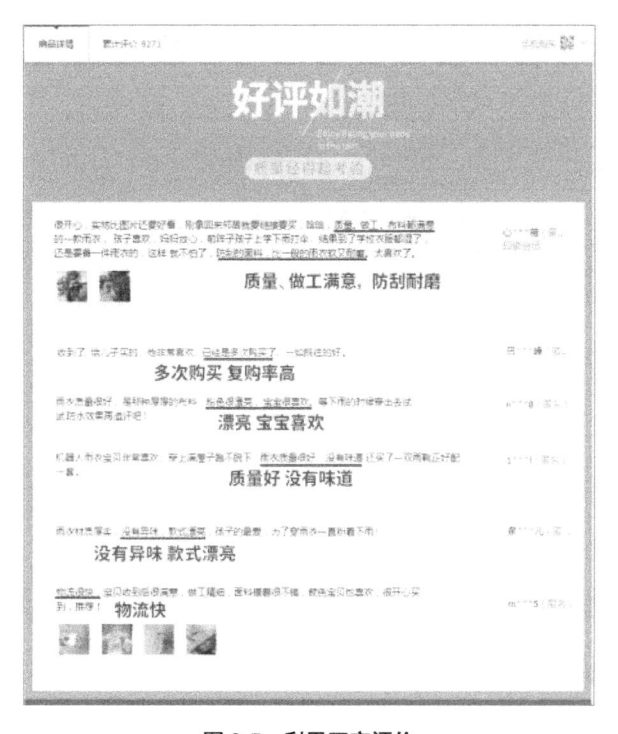

图 2-5　利用买家评价

## 2.1.2　上传发布商品

目前，在淘宝网发布商品有三种方式：发布一口价商品、发布拍卖商品、发布个人闲置商品。淘宝网店开起来了，可是如何发布商品呢？在淘宝网发布商品的具体操作步骤如下。

（1）登录千牛卖家工作台，单击顶部的"千牛卖家中心"链接，进入千牛卖家工作台，单击"宝贝管理"下的"发布宝贝"链接，如图 2-6 所示。

（2）进入"淘宝网商品发布"页面，单击"商品主图"按钮，如图 2-7 所示。

**电商多平台运营实战**
淘宝、京东、拼多多、抖音

图 2-6　千牛卖家工作台

图 2-7　"淘宝网商品发布"页面

## 提示与技巧

商品主图是买家进入店铺的一个窗口，要想让买家进入店铺并达成交易，就需要使用好的商品主图。因此，商品主图是非常重要的，它关系着店铺的品牌形象和品牌定位。商品主图尺寸建议为 800 像素×800 像素，长和宽的比例是 1∶1。

（3）在打开的页面中选择商品主图，如图 2-8 所示。

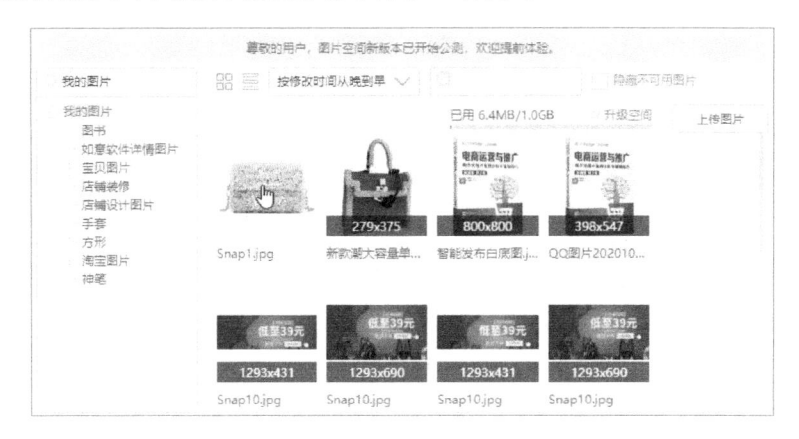

图 2-8　选择商品主图

（4）确认商品类目，从列表中选择相应的类目，或者单击"从类目选择器选择"按钮来选择类目，然后单击"下一步，完善商品信息"按钮，如图 2-9 所示。需要注意的是，只有将类目选择正确，商品才能更容易被搜索到。

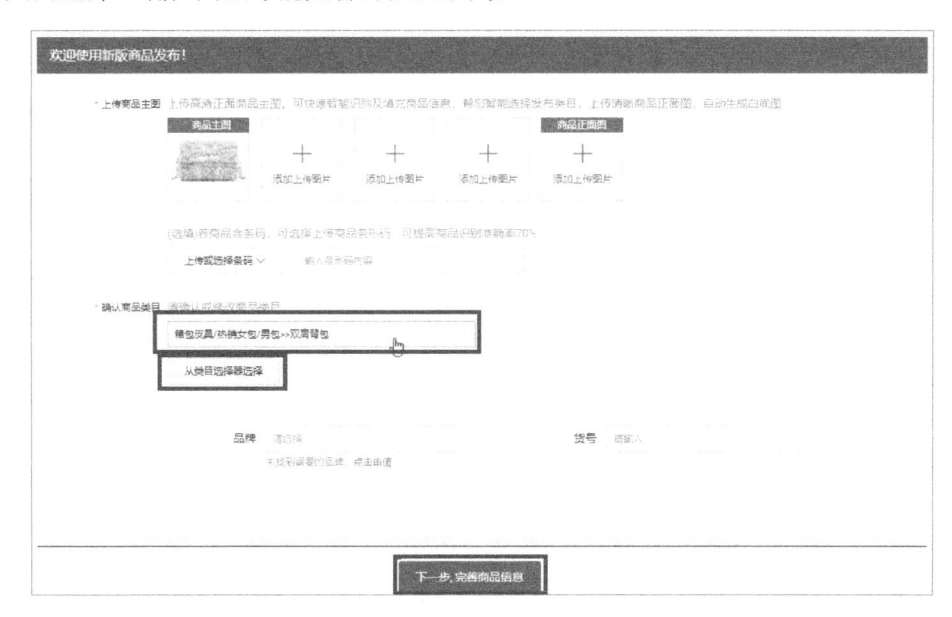

图 2-9　确认商品类目

（5）设置宝贝的基础信息，如宝贝标题、类目属性等，如图2-10所示。

图2-10 设置宝贝的基础信息

> **提示与技巧**

好的商品标题可以吸引买家点击，这样就无形中宣传了店铺，那么怎样的商品标题才算是好的呢？一个完整的商品标题应该包括三个部分。

一是"商品名称"，商品名称应该简单明了。

二是"感官词"，使用感官词可以提升买家打开商品链接的兴趣。

三是"优化词"，使用与商品相关的优化词可以提升商品被搜索到的概率。

（6）设置销售信息，其中最关键的是设置合理的一口价，如图2-11所示。

图 2-11　设置销售信息

### 提示与技巧

设置一口价的注意事项如下所示。

- 价格要保证店铺的基本利润，不要轻易降价，也不要定价太高，定好的价格一般不要随意更改。
- 别的地方很难买到的商品的价格可以适当高一些，定价太低反而会影响买家对商品质量的评估。
- 店内经营的商品可以拉开档次，既有高价位的，也有低价位的。有时为了促销，甚至可以将一两款商品按成本价出售，以吸引眼球、增加人气。
- 如果不确定商品如何定价，则可以在其他购物网站或者其他网店输入自己店铺的商品名称，查询结果可以显示同类商品的报价，然后根据自己的成本确定商品的定价。

（7）设置支付信息，如图 2-12 所示。

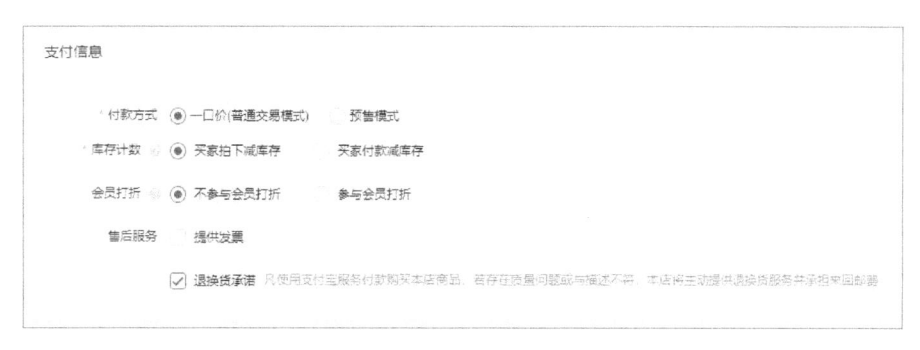

图 2-12　设置支付信息

电商多平台运营实战
淘宝、京东、拼多多、抖音

（8）设置物流信息，如图 2-13 所示。

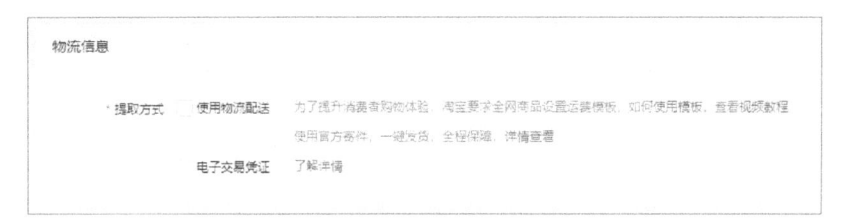

图 2-13　设置物流信息

（9）填写图文描述信息，在填写完毕后，单击"发布"按钮，如图 2-14 所示。

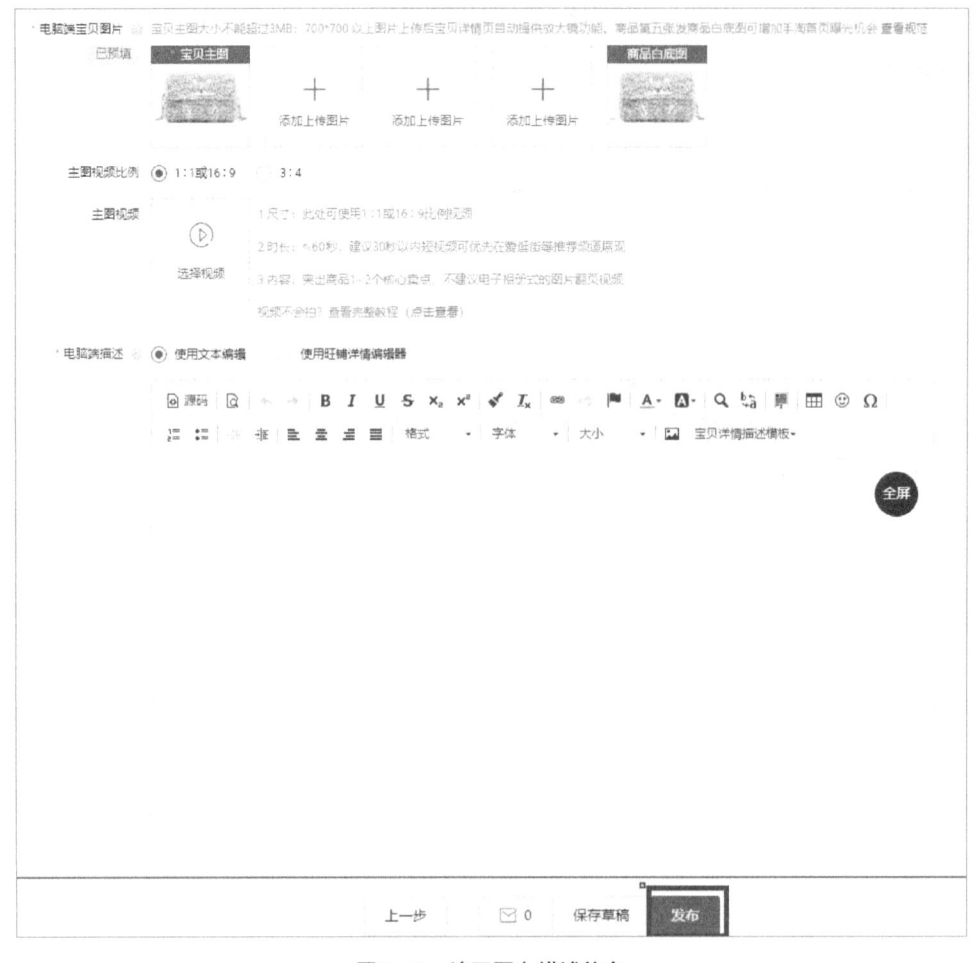

图 2-14　填写图文描述信息

第 2 章
淘宝网店日常运营管理

**提示与技巧**

首先，在商品描述信息中一定要把商品的优势和特色详细地描述出来，商品的优势和特色本身也是商品的卖点。

其次，一定要站在买家的角度去思考，如果你要购买一款商品，那么你会关心哪些问题？比如，材质、尺寸、市场价、重量、颜色、适合人群、商品相关文化、真假、赠品、服务承诺、支付方式等都是要考虑到的。

最后，可以介绍一些商品的使用方法和注意事项，更加贴心地为买家考虑。

（10）成功发布商品，如图 2-15 所示。

图 2-15　成功发布商品

## 2.2　设置并简单装修店铺

在有了自己的店铺并发布商品后，接下来就可以设置店铺了。设置店铺不但可以使店铺更美观，而且能体现卖家对店铺的重视程度，使买家觉得卖家在用心经营，从而提升买家对店铺的好感。

35

▶电商多平台运营实战
淘宝、京东、拼多多、抖音

## 2.2.1 店铺基本设置

店铺基本设置包括店铺介绍和店标设置。店标是指店铺的标志图片，一般放在店铺的左上角。店标也可以作为个人空间里的头像。店标分为静态的和动态的两种，图片格式为GIF 格式、JPG 格式、JPEG 格式、PNG 格式等。

店铺的基本设置步骤如下所示。

（1）登录千牛卖家工作台，单击顶部的"千牛卖家中心"链接，进入千牛卖家工作台，单击"店铺管理"下的"店铺基本设置"链接，如图 2-16 所示。

图 2-16 千牛卖家工作台

（2）打开店铺基本设置页面，单击店铺标志下面的"上传图标"按钮，如图 2-17 所示。

（3）在"打开"对话框中，选择店标文件，单击"打开"按钮，即可成功上传店标，如图 2-18 所示。

图 2-17　店铺基本设置页面

图 2-18　选择店标文件

（4）此外，还可以输入店铺简介、主要货源、店铺介绍等信息，设置好相关信息后，单击底部的"保存"按钮，即可成功设置店铺基本信息，如图2-19所示。

图 2-19 设置店铺基本信息

## 2.2.2 设置店铺公告

店铺公告是买家进入店铺后对店铺的第一印象，店铺公告中的内容可以是文字，也可以是图片。设置店铺公告的具体步骤如下。

（1）进入千牛卖家工作台，单击"店铺管理"下的"店铺装修"链接，在打开的页面中单击顶部的"店铺装修"，如图2-20所示。

第 2 章
淘宝网店日常运营管理

图 2-20　单击顶部的"店铺装修"

> **提示与技巧**

店铺公告中可以添加店铺的促销广告、店铺的服务特色、店主的联系方式及最新优惠信息等，这些信息可以在公告处及时更新，以便进来的买家在第一时间看到。

（2）单击"PC 端"按钮，如图 2-21 所示。

图 2-21　单击"PC 端"按钮

▶电商多平台运营实战
淘宝、京东、拼多多、抖音

（3）将鼠标指针放置在中间位置"首页"的后面，即出现两个按钮，单击"装修页面"按钮，如图2-22所示。

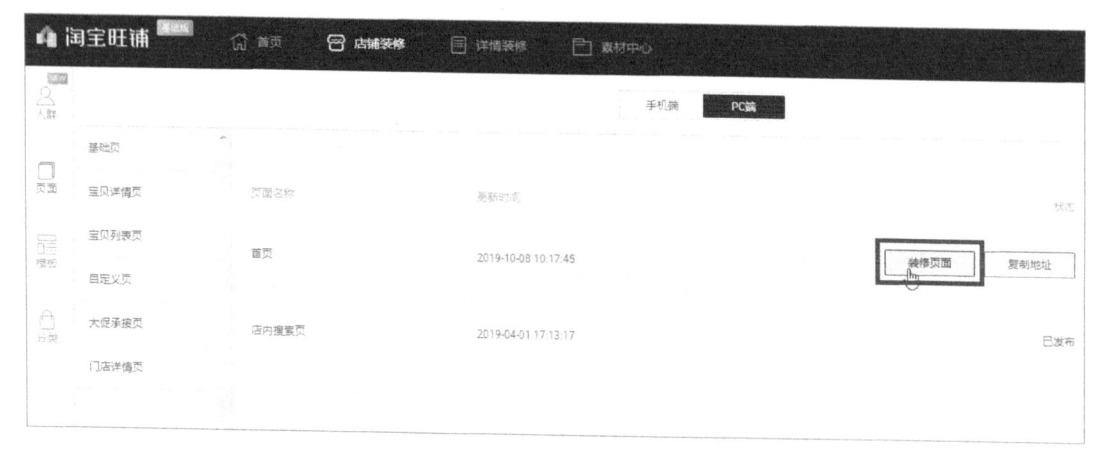

图2-22 单击"装修页面"按钮

（4）单击"店铺公告"后的"编辑"按钮，如图2-23所示。

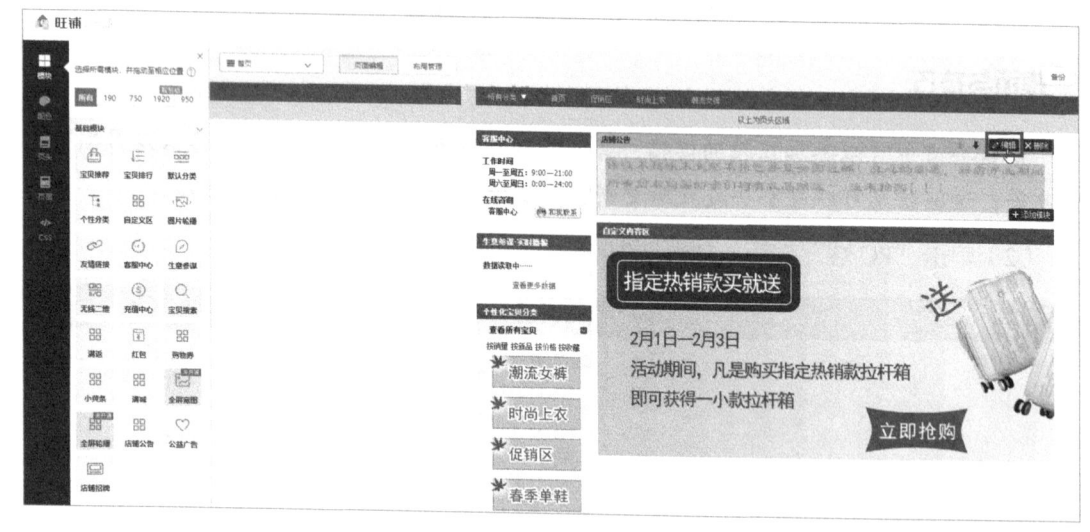

图2-23 单击"编辑"按钮

（5）弹出"店铺公告"对话框，在这里可以设置文字的字体、颜色、大小和超链接等，如图2-24所示。

40

图 2-24　设置文字的字体、颜色、大小和超链接等

（6）单击"插入图片"按钮 ，弹出"图片"对话框，如图 2-25 所示。

（7）单击"插入图片空间图片"按钮 ，插入图片空间图片，如图 2-26 所示。

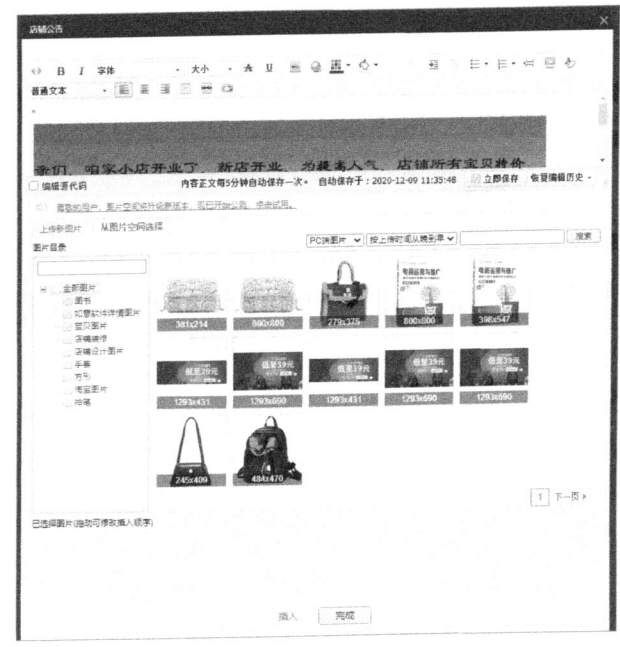

图 2-25　"图片"对话框

图 2-26　插入图片空间图片

## 2.2.3　选择店铺风格

店铺风格是店铺的背景颜色和元素基调，决定了店铺给人的直观印象，所以选择一个合适的店铺风格很重要。选择店铺风格的具体操作步骤如下。

（1）进入千牛卖家工作台，单击"店铺管理"下的"店铺装修"链接，如图 2-27 所示。

# 电商多平台运营实战
淘宝、京东、拼多多、抖音

（2）在打开的页面中单击顶部的"店铺装修"，如图 2-28 所示。

图 2-27　单击"店铺装修"链接

图 2-28　单击顶部的"店铺装修"

（3）单击左侧的"模板"按钮，如图 2-29 所示。

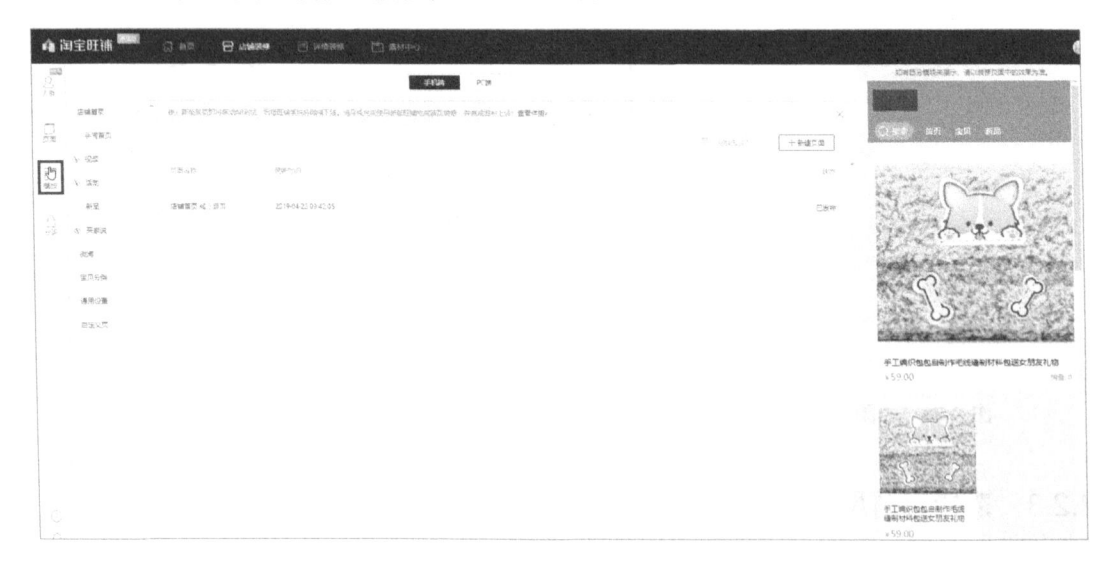

图 2-29　单击左侧的"模板"按钮

（4）打开如图 2-30 所示的页面，在页面中有"通用""上新""促销""天猫双 12""淘宝双 12"等主题可选择，选好后单击"一键试用"按钮即可。

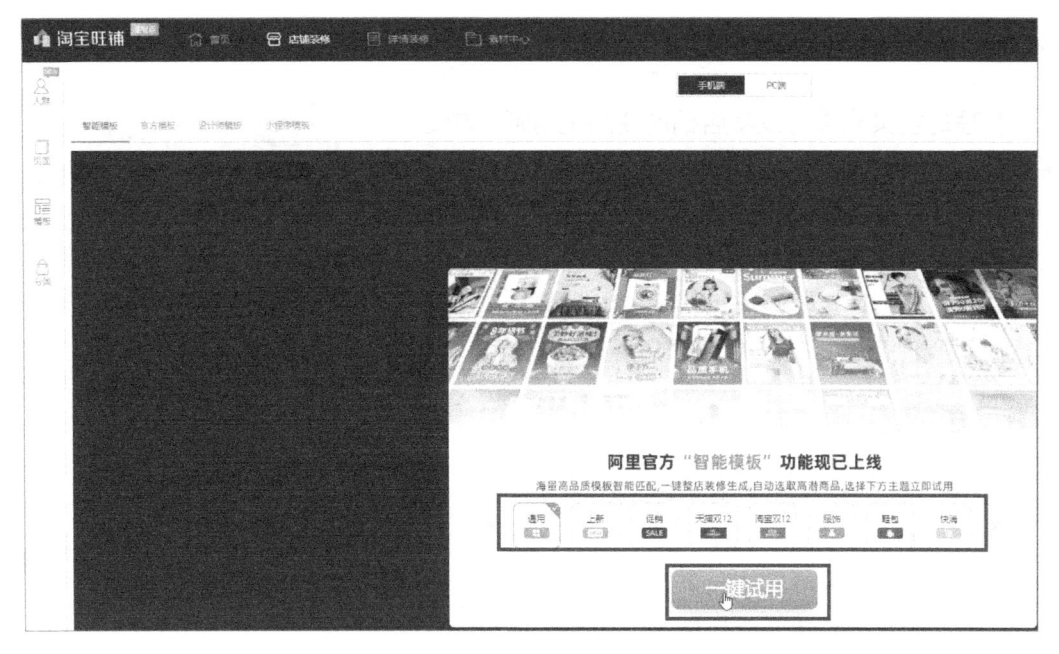

图 2-30　选择模板

（5）完成的模板如图 2-31 所示。

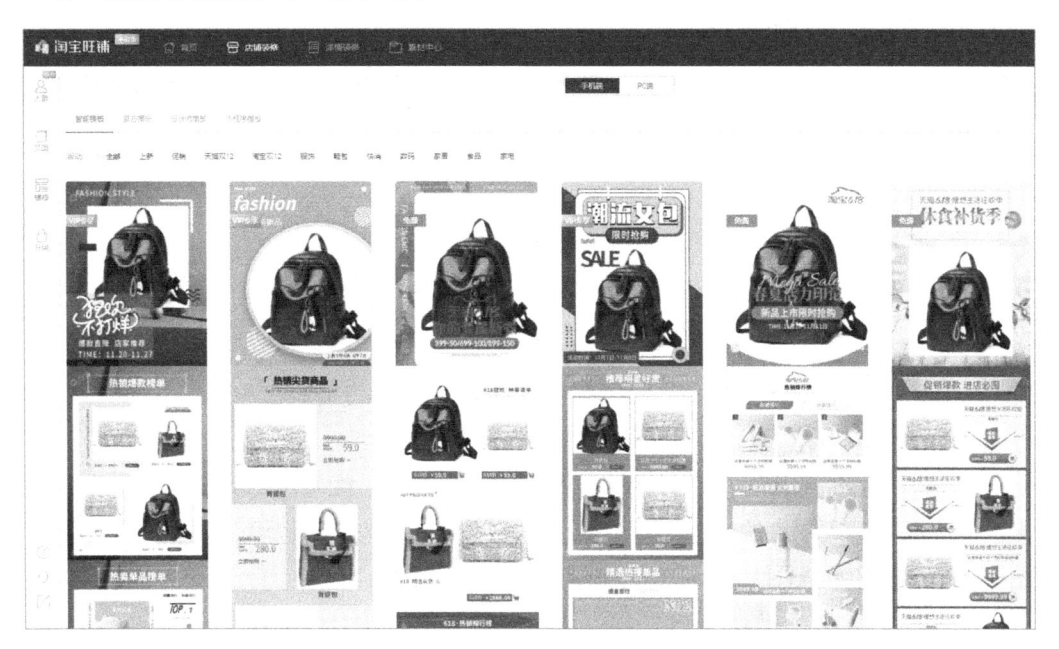

图 2-31　完成的模板

## 2.2.4 设置宝贝分类

合理的宝贝分类可以使店铺的商品更清晰,方便买家快速浏览与查找自己想要的宝贝。如果店铺发布的宝贝数目较多,那么合理的分类就显得尤为重要,设置宝贝分类的具体操作步骤如下。

(1)进入千牛卖家工作台,单击"店铺管理"下的"宝贝分类管理"链接,如图 2-32 所示。

**提示与技巧**

- 通过类目属性对商品进行分类,如鞋子、上衣、裤子。
- 通过上架时间进行分类。
- 通过一些活动进行分类。
- 通过价格进行分类,如把商品按照高、中、低三个档次进行分类管理。

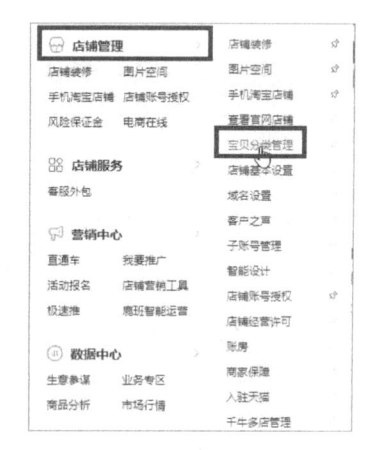

图 2-32 单击"宝贝分类管理"链接

(2)在分类管理页面中,单击"添加手工分类"按钮,然后在"分类名称"下的文本框中输入分类的名称,如图 2-33 所示。

图 2-33 宝贝分类管理

(3)单击"添加图片"按钮,然后会出现一个对话框,如果添加的是网络图片,那么直接在文本框中输入图片的地址即可,然后单击"确定"按钮,也可以选中"插入图片空间图片"单选按钮插入图片空间图片,如图 2-34 所示。

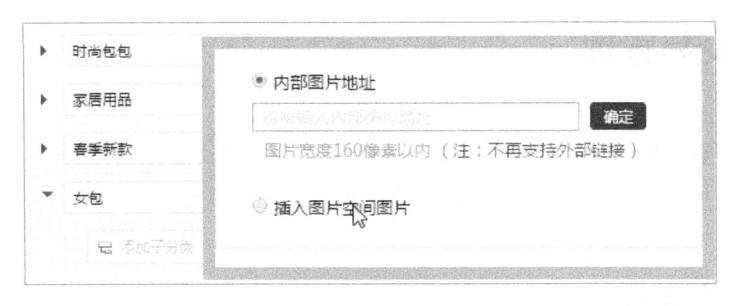

图 2-34 插入图片

（4）如果要添加子分类，则只需单击"添加子分类"按钮，再填写子分类的内容即可，如图 2-35 所示。

图 2-35 添加子分类

（5）单击向上的箭头和向下的箭头可以将宝贝分类上移或下移，如图 2-36 所示。

图 2-36 将宝贝分类上移或下移

电商多平台运营实战
淘宝、京东、拼多多、抖音

## 2.3 商品交易管理

从商品上架到完成交易、收到货款、得到买家的好评，要做很多重复、单调的工作，不管这些工作多么枯燥，每一个卖家都必须认真、负责地去做。

### 2.3.1 修改宝贝价格

网上卖东西和实体销售一样，经常会遇到讨价还价的买家，这时卖家可以修改最初设定的一口价，从而完成交易。修改宝贝价格的具体操作步骤如下。

（1）登录淘宝网，进入千牛卖家工作台，单击"交易管理"下的"已卖出的宝贝"链接，进入"已卖出的宝贝"页面，再单击宝贝价格下面的"修改价格"按钮，如图2-37所示。

图 2-37　单击"修改价格"按钮

（2）在弹出的对话框中修改宝贝的价格，输入"折扣"或者单击"免运费"按钮都可以修改宝贝价格，再单击"确定"按钮，如图2-38所示。

46

图 2-38　修改宝贝价格

（3）成功修改宝贝价格，如图 2-39 所示。

图 2-39　成功修改宝贝价格

## 2.3.2　在线订单发货

在买家付款后，宝贝的交易状态变成"买家已付款"，此时卖家就该提供发货服务了，发货的具体操作步骤如下。

（1）登录淘宝网，进入千牛卖家工作台，单击"交易管理"下的"已卖出的宝贝"链接，进入"已卖出的宝贝"页面，如图 2-40 所示。

▶电商多平台运营实战
淘宝、京东、拼多多、抖音

图 2-40 "已卖出的宝贝"页面

（2）单击需要发货的商品后面的"发货"按钮，进入"发货"页面，当确认完毕信息后，选择合适的物流公司发货，如图 2-41 所示。

图 2-41 "发货"页面

(3)成功发出商品，如图 2-42 所示。

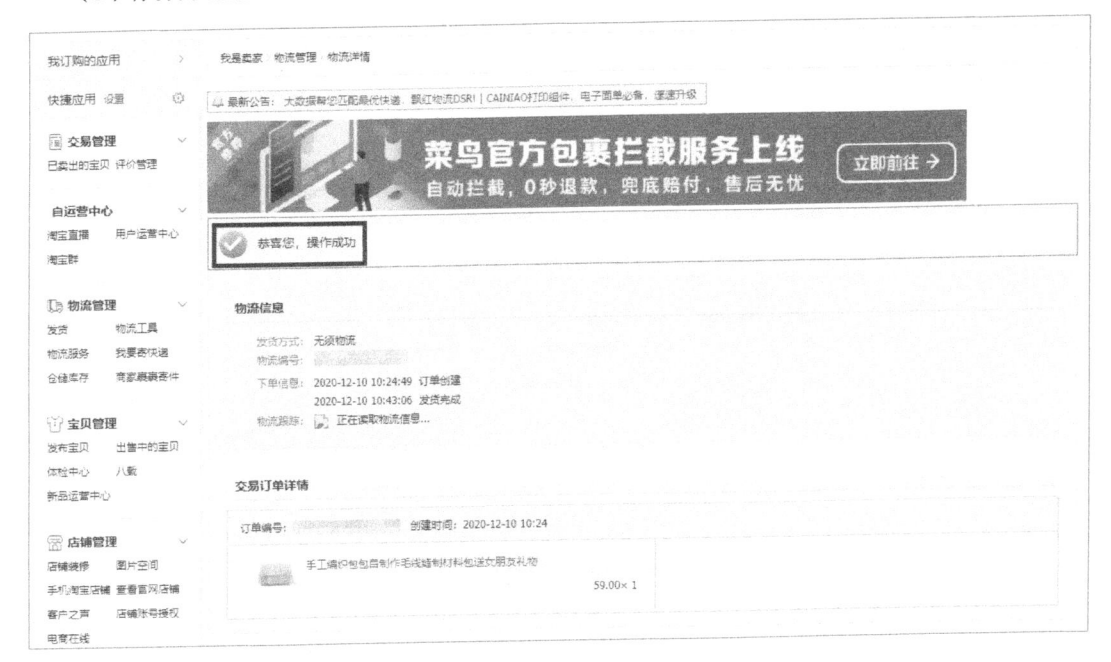

图 2-42　成功发出商品

## 2.3.3　给买家评价

淘宝网会员在个人交易平台使用支付宝服务成功完成一笔交易后，买卖双方均有权对对方交易的情况做出评价，这个评价又称信用评价。在买家收到货并确认收货后，卖家应及时对买家做出评价。

卖家对买家做出评价的具体操作步骤如下。

（1）登录淘宝网，进入千牛卖家工作台，单击"交易管理"下的"已卖出的宝贝"链接，进入"已卖出的宝贝"页面，若对方已经评价，则单击"评价"按钮，如图 2-43 所示。

（2）进入评价页面，选中"好评"单选按钮，输入评价内容，然后单击"发表评论"按钮，如图 2-44 所示。

（3）成功评价买家，如图 2-45 所示。

▶电商多平台运营实战
淘宝、京东、拼多多、抖音

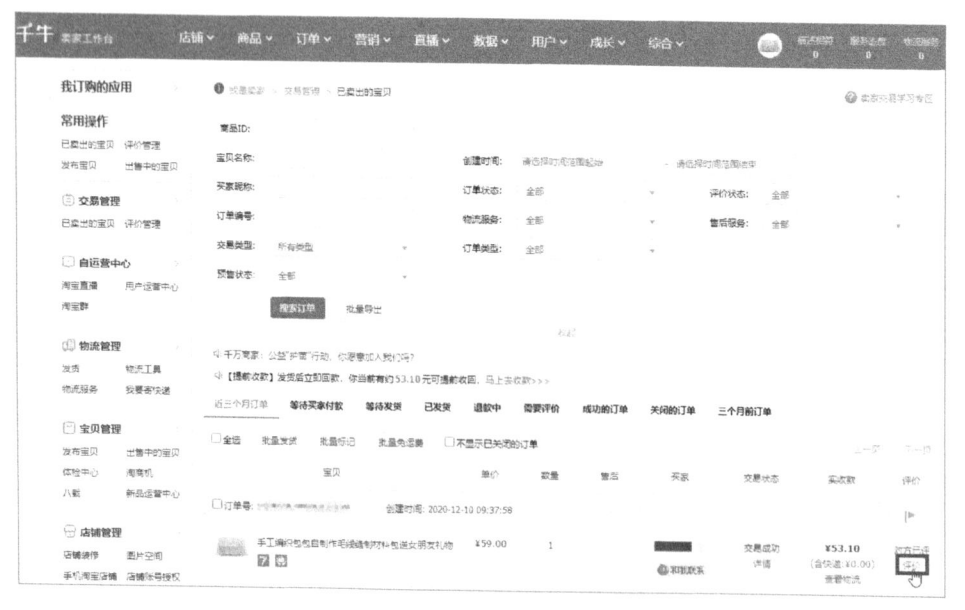

图 2-43　单击"评价"按钮

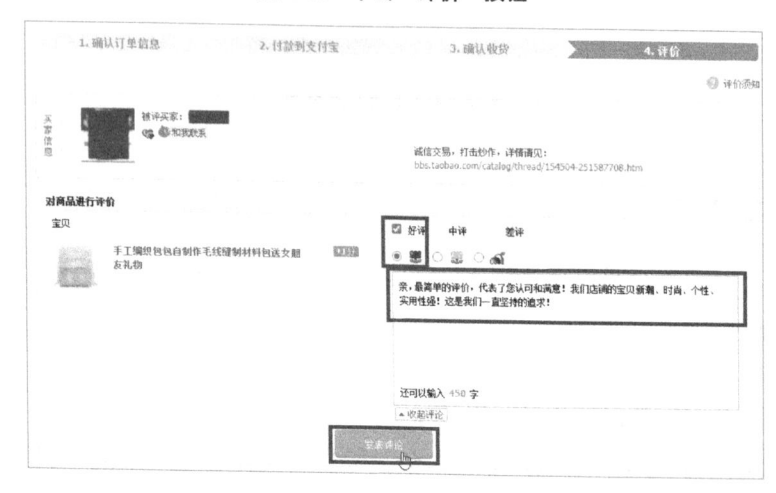

图 2-44　单击"发表评论"按钮

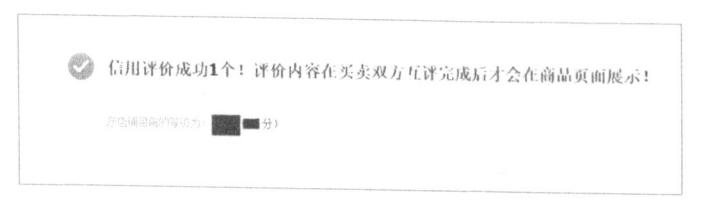

图 2-45　成功评价买家

## 2.4 网店日常管理

下面介绍网店日常管理，包括应对投诉的策略、纠纷管理、怎样预防恶意差评、处理客户的中评和差评、客户管理。

### 2.4.1 应对投诉的策略

在销售过程中，卖家可能会遇到买家各种各样的投诉，如果不能正确处理买家的投诉，那么将给店铺带来极大的负面影响。因此，一定要积极地回应买家的投诉，耐心地对买家做出解释，消除买家的不满。应对买家投诉的策略主要有以下几个方面。

#### 1．重视买家投诉

重视买家投诉不仅可以促进卖家与买家之间的沟通，还可以诊断出卖家的内部经营与管理所存在的问题，通过买家的投诉与抱怨发现店铺需要改进的地方。

#### 2．及时道歉

当有买家投诉时，卖家应主动向买家道歉，因为给买家带来了不佳的购物体验。及时向买家道歉有利于消除买家的不良情绪，这样才能获得更多的客源。

#### 3．耐心多一点，真诚地承认错误

在处理投诉时，卖家要耐心地倾听买家的抱怨，不要轻易打断买家，不要批评买家的不足，而是鼓励买家倾诉，让他们尽情地宣泄心中的不满。在耐心地听完买家的倾诉后，再真诚地承认错误，这样买家就能够比较自然地接受卖家的解释和道歉了。

#### 4．态度好一点，语言得体一点

卖家态度谦和、友好，会促使买家平稳心绪，理智地协商并解决问题。买家对商品或服务不满因而进行了投诉，其在发泄不满的过程中可能会言语过激，如果此时卖家与之针锋相对，势必会使问题恶化。在解释问题的过程中，卖家还应注意措辞，要合情合理，尽量用委婉的语言与买家沟通，最终使问题完美解决。

#### 5．倾听买家的诉说

卖家应以关心的态度倾听买家的诉说，然后用自己的话把买家提出的问题重复一遍，

确保已经理解了买家投诉的问题所在，并且对此与买家达成一致。如果可能，则应告诉买家自己会想尽一切办法来解决其提出的问题。面对买家的投诉，卖家应掌握聆听的技巧，从买家诉说中找出买家投诉的真正原因及买家期望得到的处理结果。

### 6. 正确、及时地解决问题

对于买家的投诉，卖家应该正确、及时地进行处理，拖延时间只会使买家越来越不满。例如，买家投诉商品的质量不好，如果卖家通过调查发现，主要原因在于买家使用不当，那么这时应及时告诉买家正确的使用方法，而不能简单地认为与自己无关，不予理睬；如果经过调查发现商品确实存在问题，则应及时为买家退换货，并尽快告诉其处理结果。

### 7. 记录买家投诉与解决的情况

对于较复杂的事件，需要详细询问买家事件发生的缘由与过程，详细记录事件发生的时间、人物、经过等细节内容，表示理解买家的心情，并给予买家确定的回复时间。在处理买家投诉时，如果发现是商品质量问题，则应及时为买家退换货；如果发现是服务态度与沟通技巧问题，则应加强对客服人员的教育与培训。

### 8. 追踪买家对投诉处理结果的反应

在处理完买家的投诉之后，应与买家积极沟通，了解买家对处理结果的态度和看法，提升买家对卖家的忠诚度。

## 2.4.2 纠纷管理

当交易出现纠纷时，积极主动地处理问题往往可以息事宁人，还可能获得买家的赞誉。而加入了"消费者保障计划"的卖家更需要重视这一点，如果没有很好地处理交易纠纷，淘宝网可能会使用冻结的保证金对买家进行先行赔付。

容易退货是对买家采取购买行动影响最大的因素，它的影响甚至超过了对服务和商品的选择。因此，卖家应该清楚地告诉买家，在什么样的条件下可以退货，以及往返运输费用由谁来承担，否则买家会因为不清楚退换货的条件而犹豫是否购买。

买家要求退货，通常有三种情况。

一是商品有缺陷，存在质量问题。

二是商品本身质量完好，但是商品过时、技术落后，买家收到货后反悔了，特别是服装类商品，买家常常以"我不喜欢""款式不是图片上的"等理由来申请退货。

三是商品在质量保证期或维修期内被退回，要求更换或者维修。

退货是每个卖家必须面对的一个重要问题。那么，卖家应该如何预防退货，使得退货损失最小化呢？

**1．制定合理的退货政策**

卖家应对退货条件、退货手续、退货价格、退货比率、退货费用分摊、退货货款回收及违约责任等制定一系列标准，利用一系列约束条件平衡由此产生的成本和收益。

**2．加强验货**

卖家应在进货等各个环节加强验货，以尽可能在发货前发现商品存在的缺陷。

**3．引入信息化管理系统**

单纯地依靠人工，无法准确、实时地把握商品管理的每个细节。因此，不少专业的卖家引入了信息化管理系统，可以快速查看买家的具体消费情况。现在，大多数卖家都有自己的自动化退换货系统。

**4．采取"少进勤添"的进货方式，提高进货质量并把握好进货种类**

卖家应加强对每日销量的预测，不要一次进太多货，合理、高效地供应货，少进勤添，忌盲目进货，千万不要贪图进货量大而得到的便宜价格，如果销售不出去，资金难以周转，那就得不偿失了。

## 2.4.3 怎样预防恶意差评

如今，在网上购物的人越来越多，但是在交易量和购物人数急剧增加的同时，也出现了越来越多的交易纠纷。一些不良买家钻空子对卖家进行恶意差评甚至投诉。那么，应怎样预防恶意差评呢？

（1）在发布商品前仔细核对商品价格，最好在商品描述里再次注明具体价格，做到有备无患，万一发布的价格不对，在描述里也有据可寻。

（2）务必在店铺公告、介绍或者商品描述里写明注意事项，如在本店购买商品前需要先和卖家沟通，"擅自拍下造成的一切后果由买家承担"等注意事项。即使买家恶意拍下，以后在处理纠纷过程中将此注意事项出示给平台，对卖家也会有很大的帮助。

（3）在做好以上两点后，万一还有不良买家要挟，如给差评、投诉，卖家也别怕，先友好地和买家协商。如果买家提无理要求，就义正词严地反击，因为一味退让可能会助长对方的嚣张气焰，但注意千万不要辱骂买家。

（4）看买家信誉，如果对方是没有信誉或者信誉很差的买家，那么这单生意不做也罢。

（5）核实收货地址、电话、联系人等信息是否属实。在发货前，最好通过千牛确认一下买家信息，如果对方不在线，则可以打电话核实一下。

（6）一定要把千牛聊天记录保存好，当买家进行恶意差评时，卖家就可以把聊天截图出示给平台。

（7）如果已经遭遇恶意差评，则可以拨打淘宝客服电话进行投诉，注意保留所有交易、聊天的记录作为证据。

### 提示与技巧

注意一定要确保证据的一致性，并讲明事情的严重性，淘宝一般会受理的。

## 2.4.4 处理客户的中评和差评

淘宝卖家都很关注自己的信用度，因此对买家的评价十分敏感，总希望自己获得的评价全是好评。一般而言，只要交易比较顺利，买家还是比较愿意给予好评的。但是在网店经营中，难免会遇到一些挑剔的买家给予差评。作为卖家，莫名其妙地得到差评，会觉得很冤。那么，如何面对中评和差评，就是卖家必须考虑的问题了。

### 1. 反思

当得到中评或差评时，卖家应该先自我反思，检查自己在交易过程中是否有犯错、服务是否周到，而不应寻找借口为自己开脱。如果反思过后发现自己确实有做得不到位的地方，那就要吸取教训，并在以后的工作中逐渐改善；如果发现是买家误解了，那么最好发信息给买家，向其说明事实真相，但千万注意用词，不要因为占理而"口无禁忌"。

### 2. 不要生气

当得到中评或差评时，如果错误在于卖家自己，那么有理由生气吗？如果卖家诚信经营，即使出现了问题也可以通过与买家沟通解决，这时就应该坦然地面对非好评。"身正不怕影子斜",如果自己的工作已经全部做到位了,可买家还是不满意,那么此时千万不要为此生气,更不要对买家说难听的话。因为这样做不如把时间和精力放到其他买家身上,努力用更多的好评去掩盖少数的非好评,其他买家照样会信任你。如果碰到恶意评价,则可以选择向平台投诉,以维护自己的应有权益。

### 3. 及时回复

在买家给出评价以后,卖家的及时回复尤为重要。及时回复买家评价不但是一种基本的礼仪,能让买家觉得卖家重视自己,而且能促进买家再次消费。

### 4. 客观解释

当得到中评或差评时,首先要针对所出现的问题给出合理的解释,因为每一条评价都有可能展示在其他买家面前,如果卖家对这些评价置之不理,那么其他买家怎么能相信商品不会再出现类似的问题呢?给出解释之后,别着急单击"提交"按钮,卖家可以借着"中评和差评"这个展台,趁机打个广告——在给出解释时可以附上同款产品的其他买家的好评,注意要挑选有说服力的评价,或者附上最近店里开展的一些优惠活动。这样一来,这条不良评价不一定会给店铺带来很大害处,反而可以带来更多的客源。

## 2.4.5 客户管理

客户管理对店铺的运营非常重要,它直接关系着店铺能否发展得更好。在店铺促销期间给老客户发个温馨提示,在一些重要的日子给他们发个祝福,这样能使他们感觉到卖家在用心服务,从而记住卖家。

客户管理的具体操作步骤如下。

(1)登录淘宝网,进入千牛卖家工作台,单击"营销中心"下的"客户运营平台"链接,如图 2-46 所示。

(2)进入"客户运营平台"页面,单击"客户列表"链接,如图 2-47 所示。

(3)勾选"客户信息"复选框,单击"批量设置"按钮,弹出"批量修改"对话框,在该对话框中可以设置会员等级,如图 2-48 所示。

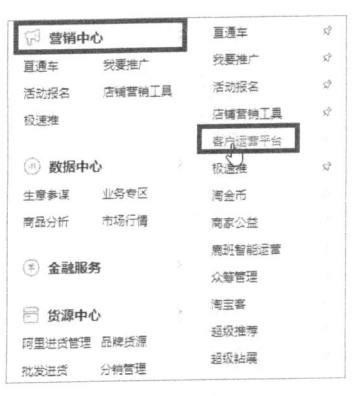

图 2-46 单击"客户运营平台"链接

**▶电商多平台运营实战**
淘宝、京东、拼多多、抖音

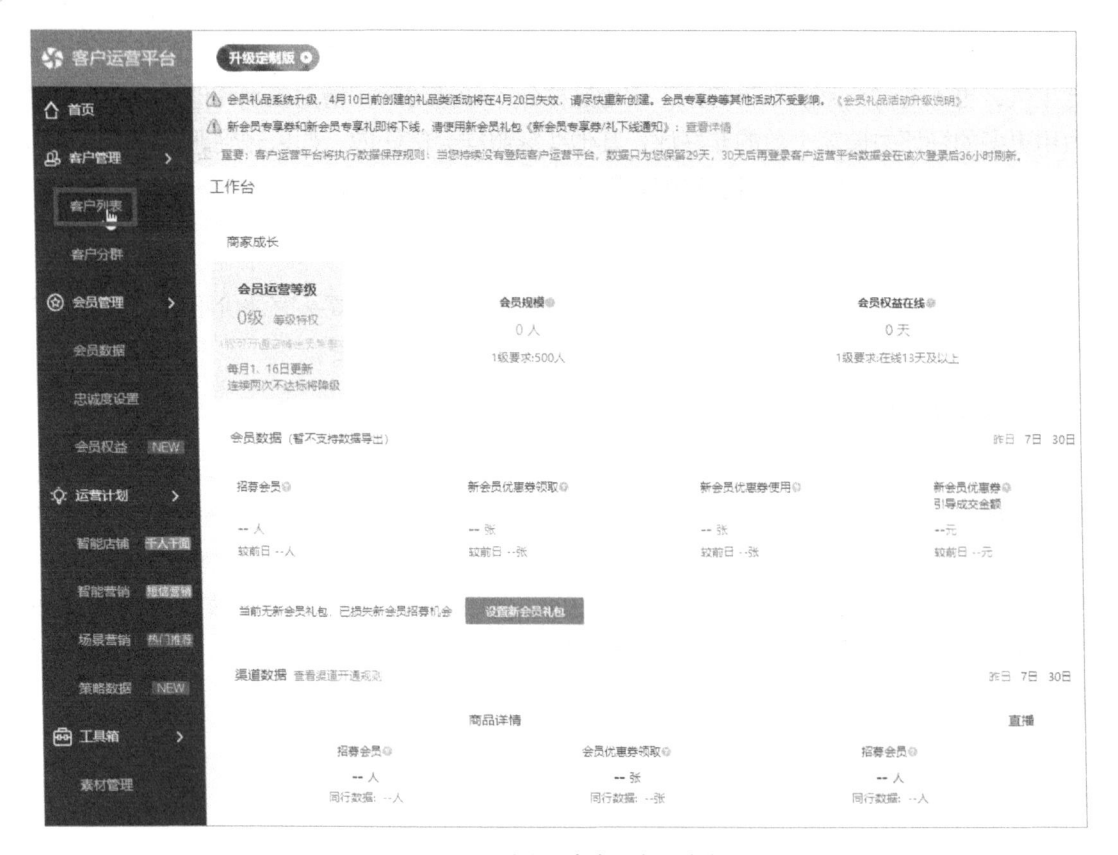

图 2-47 单击"客户列表"链接

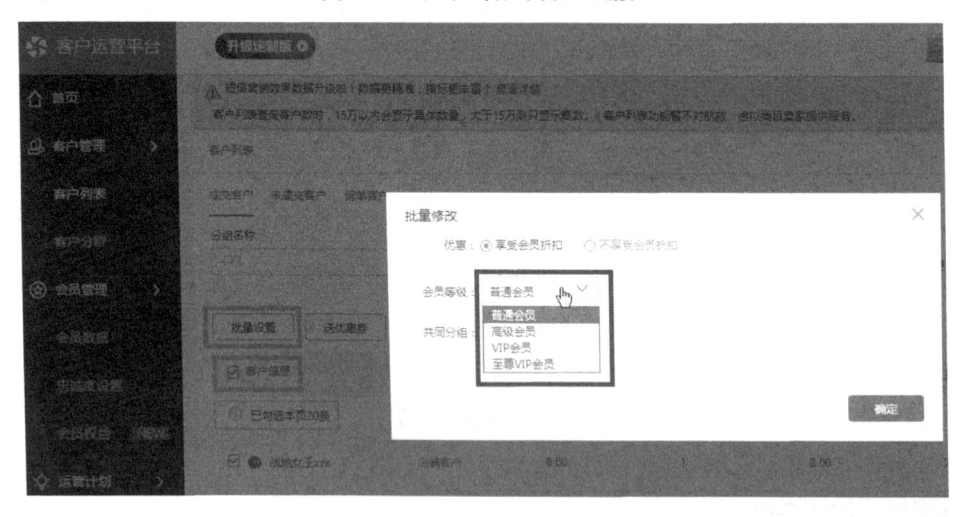

图 2-48 设置会员等级

（4）进入"客户运营平台"页面，单击"客户列表"链接，页面即会按交易时间顺序呈现网店客户名单及其订单信息，按照"成交客户""未成交客户""询单客户"进行分组，如图 2-49 所示。

图 2-49　客户列表

（5）完整、准确的客户信息是客户管理的基础。单击"客户列表"右边的"详情"按钮，即呈现客户的详细信息，包括真实姓名、性别、手机（号码）、收货地址及交易信息等，如图 2-50 所示。

（6）进入"客户运营平台"页面，单击"客户分群"链接，进入"客户分群"页面。客户分群功能可自动识别店铺的"兴趣人群""新客户人群""复购人群"，并对其进行定向运营，如图 2-51 所示。

（7）进入"客户运营平台"页面，单击"客户列表"链接，然后单击"分组管理"按钮，如图 2-52 所示。

▶电商多平台运营实战

淘宝、京东、拼多多、抖音

图 2-50 客户的详细信息

图 2-51 客户分群

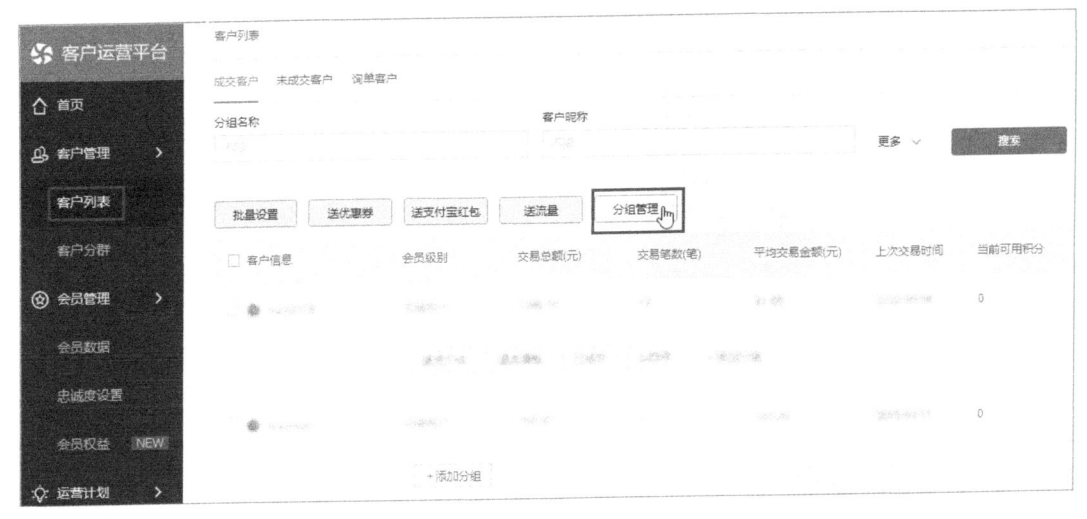

图 2-52　分组管理

（8）根据不同的方式从多个维度对客户进行分组管理，然后单击"新增分组"按钮，如图 2-53 所示。

图 2-53　新增分组

（9）进入"新建分组"页面，设置分组名称，如图 2-54 所示。

（10）单击"确定"按钮，即可看到建好的分组，如图 2-55 所示。

（11）在"客户列表"页面中选择一个客户，然后单击"添加分组"按钮，选择合适的组群，如图 2-56 所示。

**电商多平台运营实战**
淘宝、京东、拼多多、抖音

图 2-54 设置分组名称

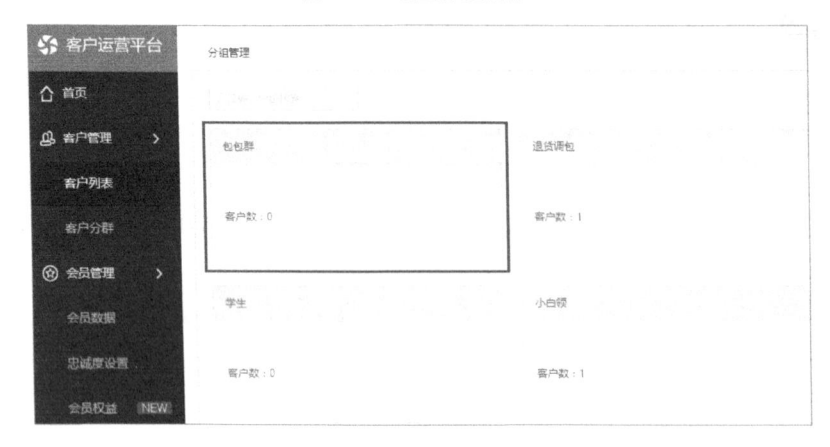

图 2-55 建好的分组

图 2-56 添加分组

## 2.5 练习题

### 1. 填空题

（1）_____是买家进入店铺的一个窗口，要想让买家进入店铺并达成交易，就需要使用好的_____。

（2）合理的_____可以使店铺的商品更清晰，方便买家快速浏览与查找自己想要的宝贝。

（3）新手卖家常常会忽略在_____上下功夫，殊不知_____的好坏关系着商品的成交量。新手卖家往往有着快点将商品发布的急切心理，匆匆忙忙简单写几句_____就将商品发布了。

（4）在销售过程中，卖家可能会遇到买家各种各样的_____，如果不能正确处理买家的_____，那么将给店铺带来极大的负面影响。

### 2. 简答题

（1）如何设置商品标题？

（2）如何在淘宝店铺上传发布商品？

（3）撰写商品描述的步骤是怎样的？

（4）应对买家投诉的策略主要有哪些？

（5）怎样处理客户的中评和差评？

# 第 3 章

# 网店工具的运用

在淘宝网开店，工作非常繁杂，大到上架商品，小到一张图片的处理，都是由一个个细节工作拼起来的。俗话说："工欲善其事，必先利其器。"在淘宝网开店也是一样的，新手开店必不可少的是充分利用工具，特别是官方提供的开店工具，这样会事半功倍。本章主要介绍常见的网店工具的运用。

**知识导图：**

- 网店工具的运用
  - 在线沟通工具
    - 设置个性化头像
    - 备注联系人信息
    - 创建千牛群
    - 群遍天下
    - 旺遍天下
    - 设置千牛状态信息
    - 巧设千牛关键词
    - 千牛工具的安全特性
  - 支付工具
    - 支付宝
    - 网上银行
  - 淘宝助理
    - 创建宝贝
    - 数据的导出与导入
    - 批量编辑宝贝
  - 生意参谋
    - 生意参谋的入口
    - 实时直播抢占生意先机
    - 用好流量分析，生意突飞猛进
    - 用好交易分析，掌握交易概况

# 第 3 章
## 网店工具的运用

**学习目标：**
- 掌握在线沟通工具的运用
- 掌握支付工具的运用
- 掌握淘宝助理的运用
- 掌握生意参谋的运用

## 3.1 在线沟通工具

千牛是淘宝网的即时交流工具，可以轻松实现在线沟通。同时，卖家可以通过千牛中的快捷入口，直接进入淘宝店铺和交易页面进行管理。在淘宝网使用千牛沟通交流，主要原因是一旦出现交易纠纷，如果使用外部聊天工具，那么淘宝网（纠纷处理的主管部门）将无法核实会员的真实身份和对话记录的真实性，难以确保纠纷处理的公正性。

买家版的在线沟通工具称为阿里旺旺，卖家版的称为千牛工作台，在登录千牛工作台的同时可以登录阿里旺旺。

### 3.1.1 设置个性化头像

卖家在使用千牛工作台之前，对头像进行设置能更好地被买家记住，同时能体现店铺的个性化。

设置个性化头像的具体步骤如下。

（1）在千牛工作台中单击头像，如图 3-1 所示。

（2）弹出"我的资料"对话框，单击"修改"按钮，如图 3-2 所示。

（3）弹出"修改头像"对话框，单击"选择文件"按钮，如图 3-3 所示。

（4）弹出"打开"对话框，选择想要上传的头像图片，单击"打开"按钮，如图 3-4 所示。

▶ **电商多平台运营实战**
淘宝、京东、拼多多、抖音

图 3-1 单击头像

图 3-2 "我的资料"对话框    图 3-3 "修改头像"对话框

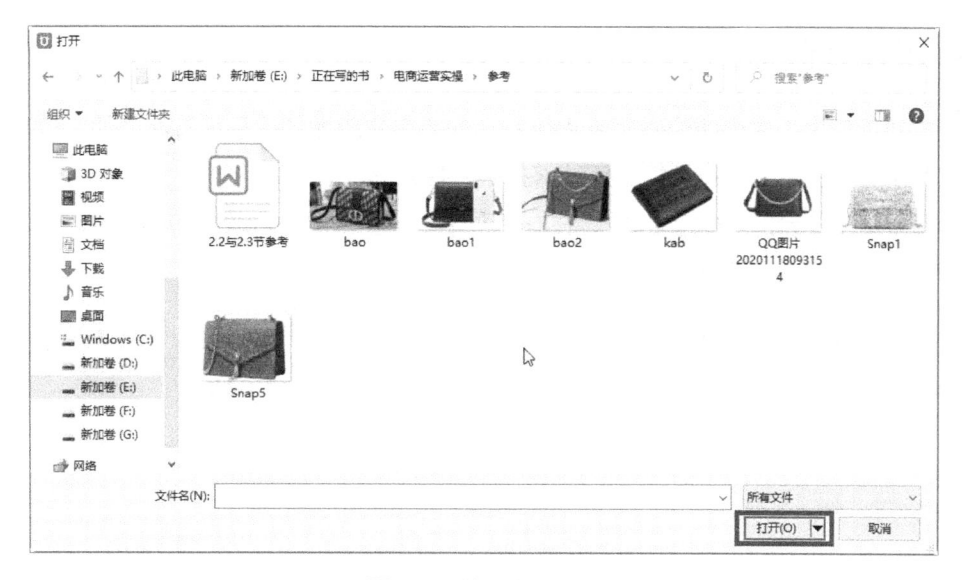

图 3-4 "打开"对话框

（5）返回"修改头像"对话框，单击"上传图片"按钮，即可预览头像效果，如图 3-5 所示。

（6）单击"保存"按钮，返回"我的资料"对话框，即可看到头像设置成功，如图 3-6 所示。

图 3-5　上传头像图片　　　　　　　　　　图 3-6　头像设置成功

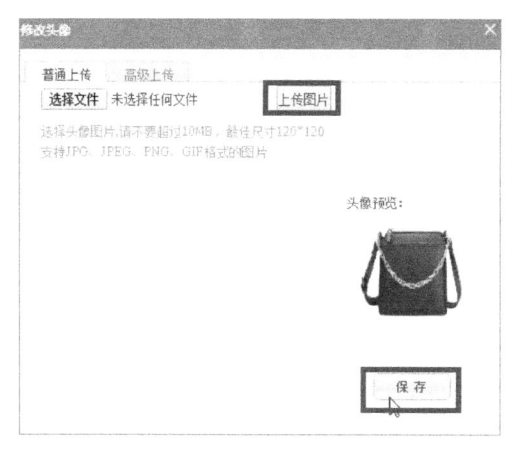

▶电商多平台运营实战
淘宝、京东、拼多多、抖音

## 3.1.2 备注联系人信息

卖家使用千牛工作台的编辑联系人信息功能为客户添加备注是很有必要的。这种方式不仅有利于养成良好的工作习惯，还能够提高工作效率。

打开千牛工作台的"接待中心"，右击"联系人"，在弹出的列表中单击"修改显示名"，即可备注联系人信息，如图 3-7 所示。

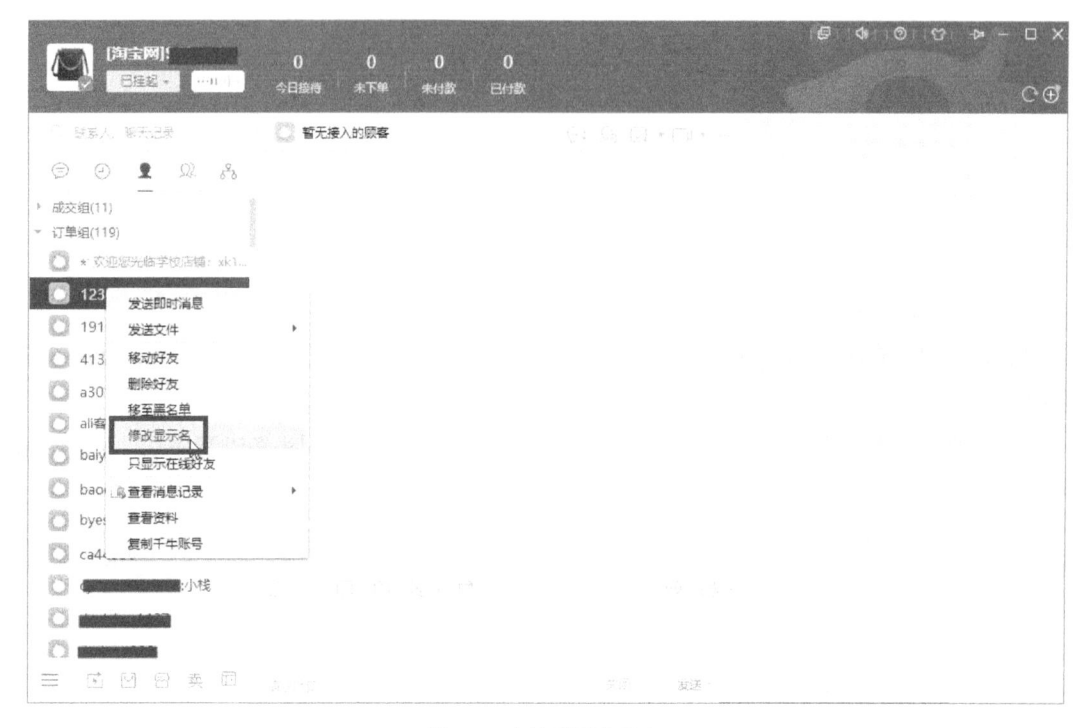

图 3-7　备注联系人信息

## 3.1.3 创建千牛群

通过千牛软件可以创建群，卖家可以利用群公告发布新商品和促销信息。创建千牛群的具体操作步骤如下。

（1）卖家登录千牛工作台，单击右上角的"接待中心"，如图 3-8 所示。

（2）弹出"接待中心"对话框，单击"我的群"按钮，如图 3-9 所示。

第 3 章
网店工具的运用

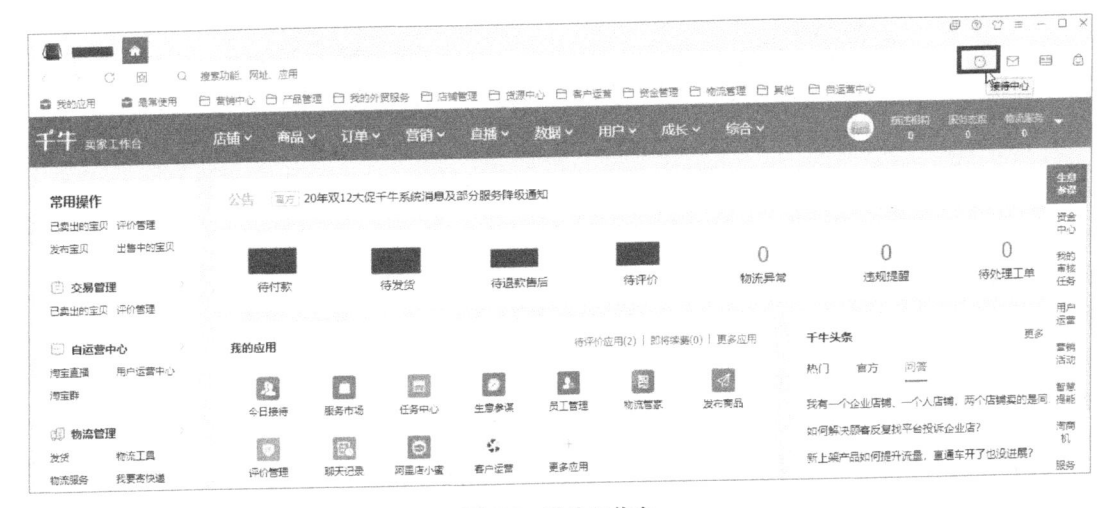

图 3-8 千牛工作台

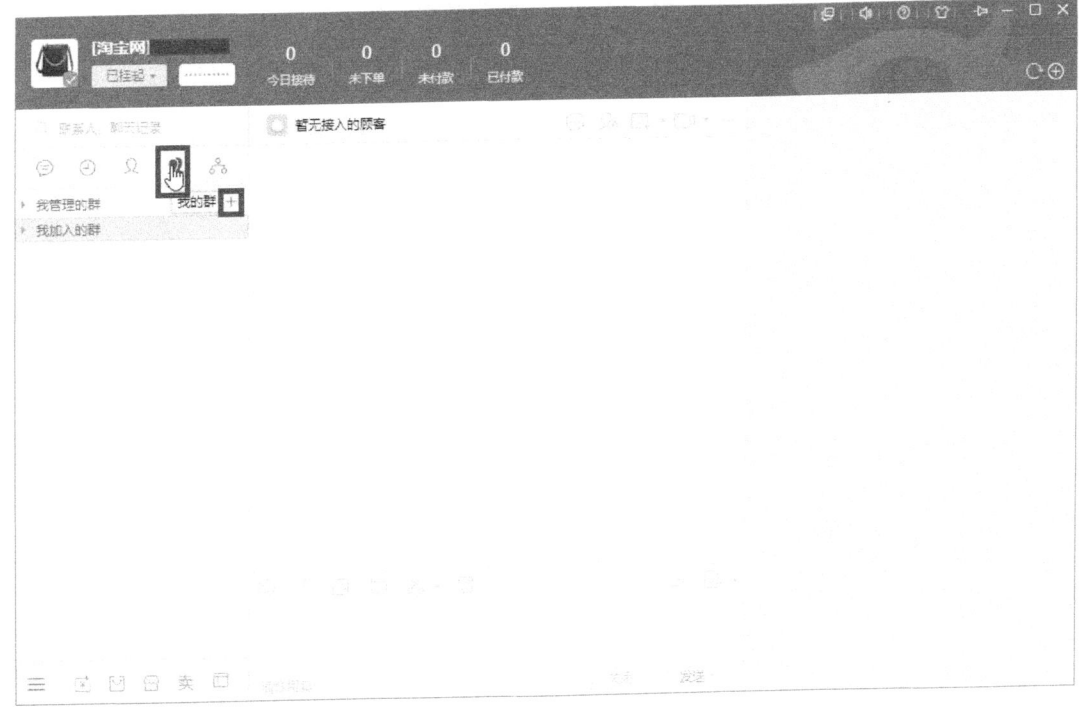

图 3-9 接待中心

（3）单击"+"按钮，弹出"创建群"对话框，卖家根据需要创建相应的群即可（有两个选项），在这里单击"创建普通群"右侧的"开始创建"按钮，如图 3-10 所示。

67

▶电商多平台运营实战
淘宝、京东、拼多多、抖音

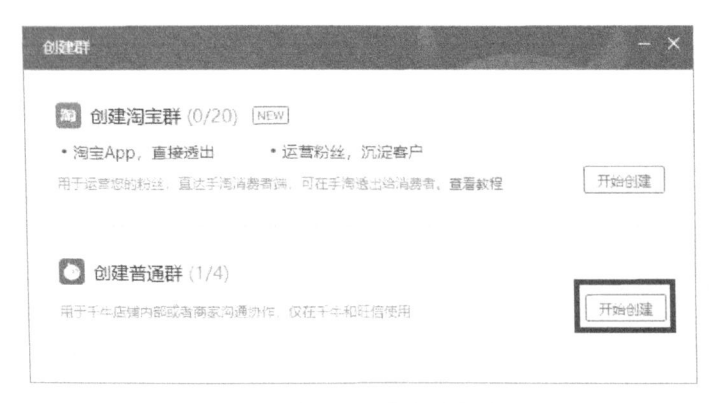

图 3-10 单击"开始创建"按钮

（4）弹出"启用群"对话框，输入"群名称"，选择"群分类"，在"群介绍"文本框中输入一些简单的文字介绍。在刚开始创建群时，"身份验证"最好选择"允许任何人加入该群"，当群成员达到一定数量时再选择其他项，然后单击"提交"按钮，如图3-11所示。

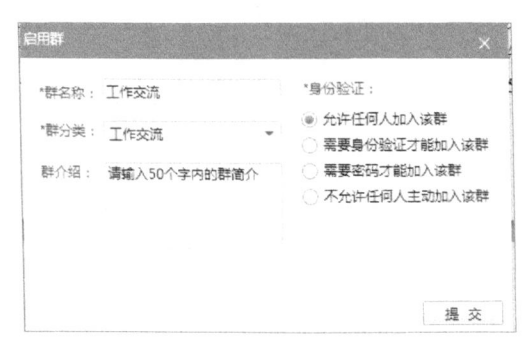

图 3-11 "启用群"对话框

（5）提示"您已成功启用群"，单击"完成"按钮，如图 3-12 所示。

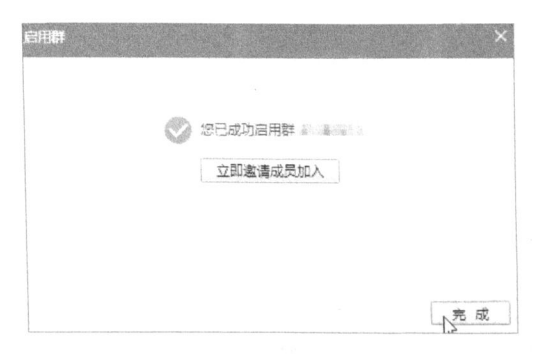

图 3-12 已成功启用群

## 3.1.4 群遍天下

通过淘宝网开发的"群遍天下"功能,卖家可以将阿里旺旺群状态发布在互联网上,消费者单击"群聊"就可以进入卖家的群,和其他买家一起交流购物经验,也可以看到卖家在群里发布的一些促销信息等。设置群遍天下的具体步骤如下。

(1)打开淘宝网首页,单击顶部的"我的淘宝"链接,在"我的淘宝"页面中单击顶部的"网站导航"下面的"旺信"链接,如图 3-13 所示。

图 3-13 单击"旺信"链接

(2)打开如图 3-14 所示的页面,单击顶部的"阿里旺旺"链接。

图 3-14 单击"阿里旺旺"链接

(3)打开"阿里旺旺"页面,单击右上角的"旺遍天下"链接,如图 3-15 所示。

(4)在打开的页面中,上方是"旺遍天下",下方是"群遍天下",四种在线状态图片风格任选其一,卖家可以选择自己想要的风格,如图 3-16 所示。

(5)填写文字提示信息,即填写阿里旺旺群号,输入图片文案,如图 3-17 所示。

> **电商多平台运营实战**
> 淘宝、京东、拼多多、抖音

图 3-15　单击"旺遍天下"链接

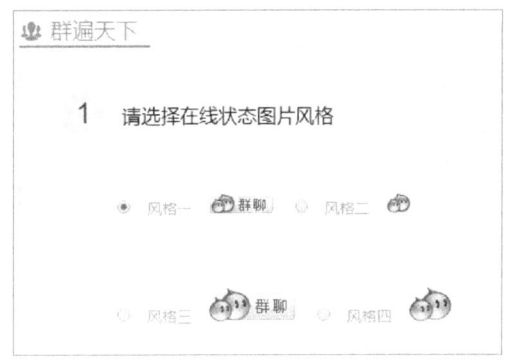

图 3-16　选择风格

图 3-17　填写文字提示信息

（6）点击生成所需的代码，如图 3-18 所示。

（7）完成，查看效果，如图 3-19 所示。

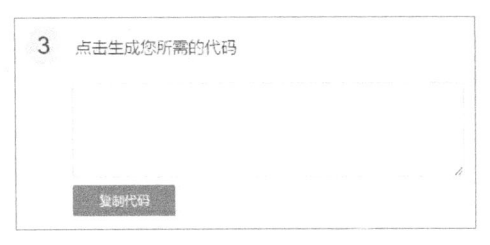

图 3-18　生成网页代码　　　　　　　　　　　图 3-19　查看效果

## 3.1.5　旺遍天下

我们可以把"旺遍天下"图标添加到不同的页面中，如店铺首页、分类页面、宝贝描述页面的某个特定位置。设置旺遍天下的具体步骤如下。

（1）进入"旺遍天下"页面，选择在线状态图片风格，填写文字提示信息，选择是否分流，单击"复制代码"按钮，如图 3-20 所示。

图 3-20　"旺遍天下"页面

（2）进入"出售中的宝贝"页面，单击"编辑宝贝"并进入其页面，单击"源码"按钮，进入编辑状态，将所复制的代码粘贴到相应的位置，如图3-21所示。

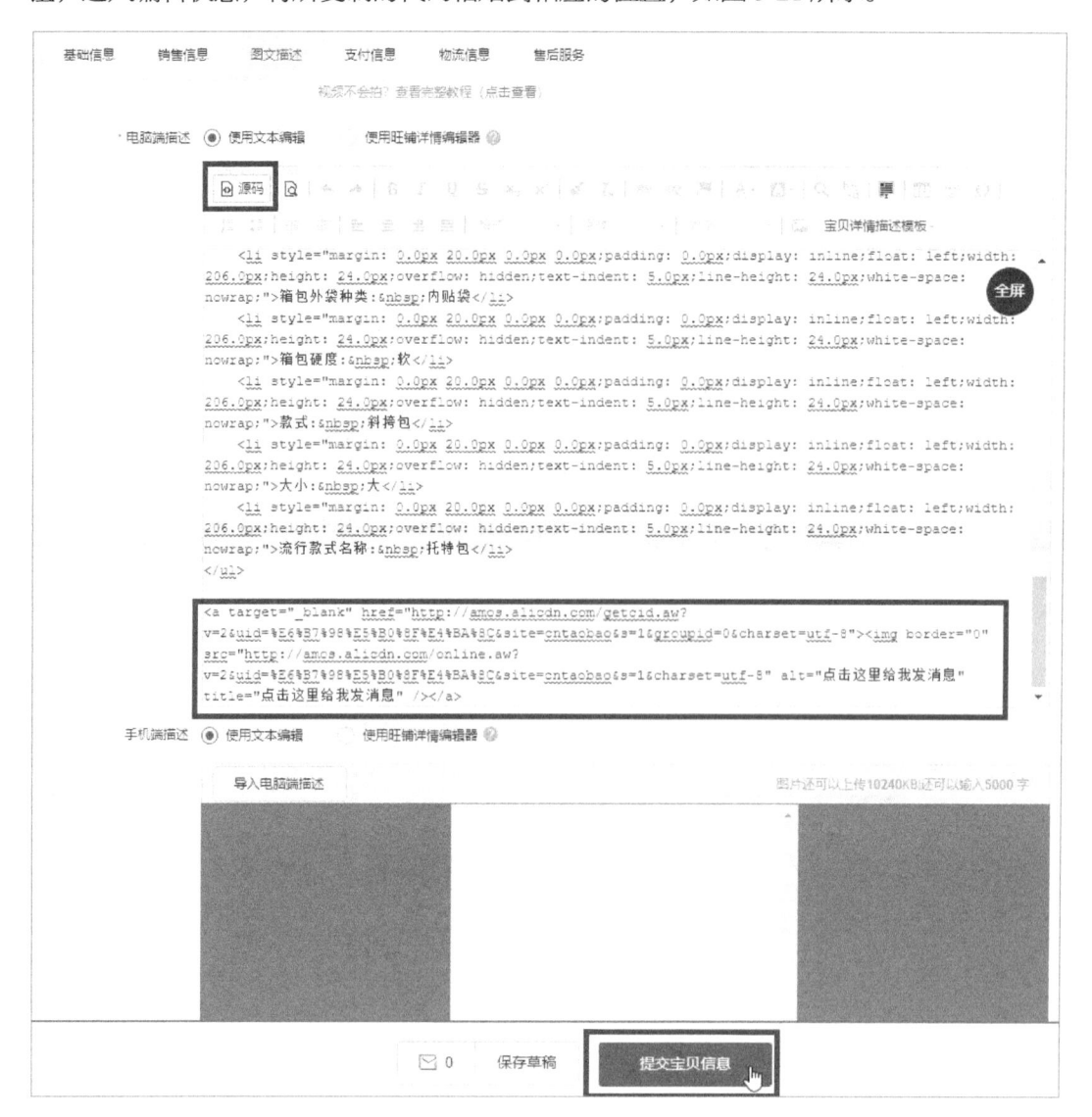

**图 3-21　粘贴代码**

（3）单击"提交宝贝信息"按钮，旺遍天下设置成功，效果如图3-22所示。

第 3 章
网店工具的运用

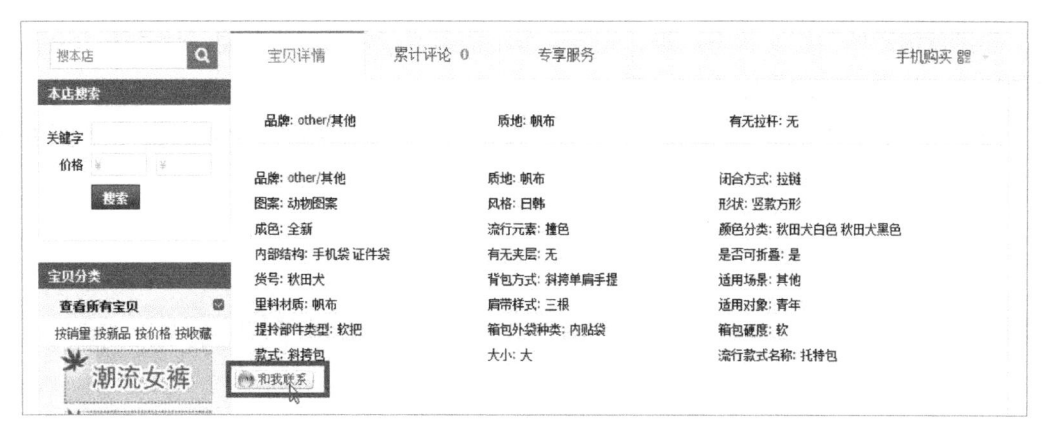

图 3-22 旺遍天下效果

## 3.1.6 设置千牛状态信息

在淘宝网开店的卖家,每天首先要做的事情就是登录千牛工作台与买家交流,进行交易管理。当卖家登录千牛工作台后,在操作界面中可以看到联系人及其自定义的状态信息,如图 3-23 所示。卖家可以利用自定义状态设置店铺的优惠活动信息。

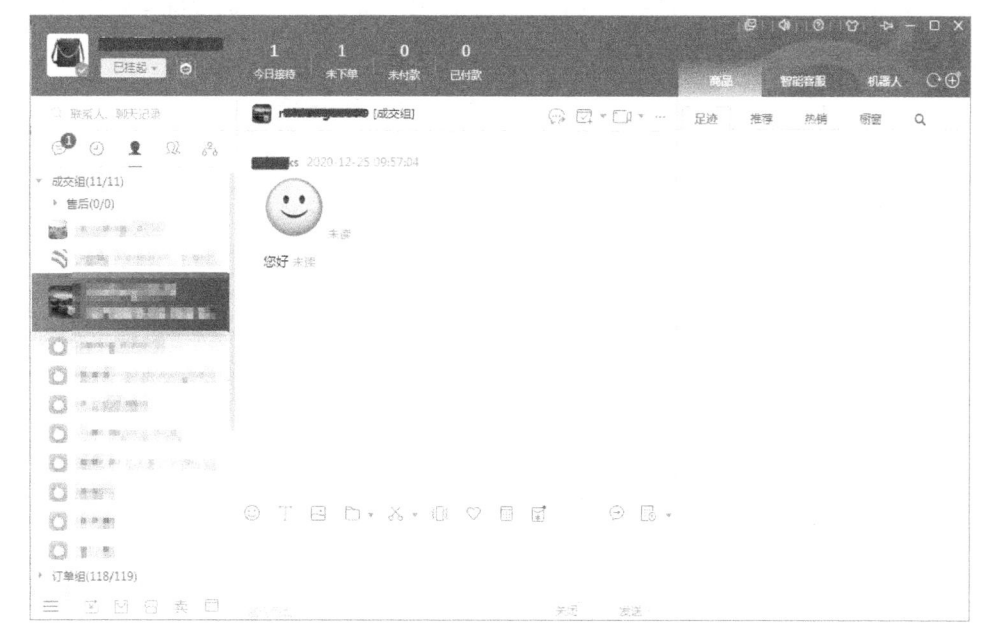

图 3-23 千牛操作界面

73

要设置滚动的自定义状态广告，先要设置好两条或者两条以上信息。使用千牛设置滚动的自定义状态广告的具体步骤如下。

（1）在千牛操作界面中，单击右上角设置按钮下拉列表中的"系统设置"，如图3-24所示。

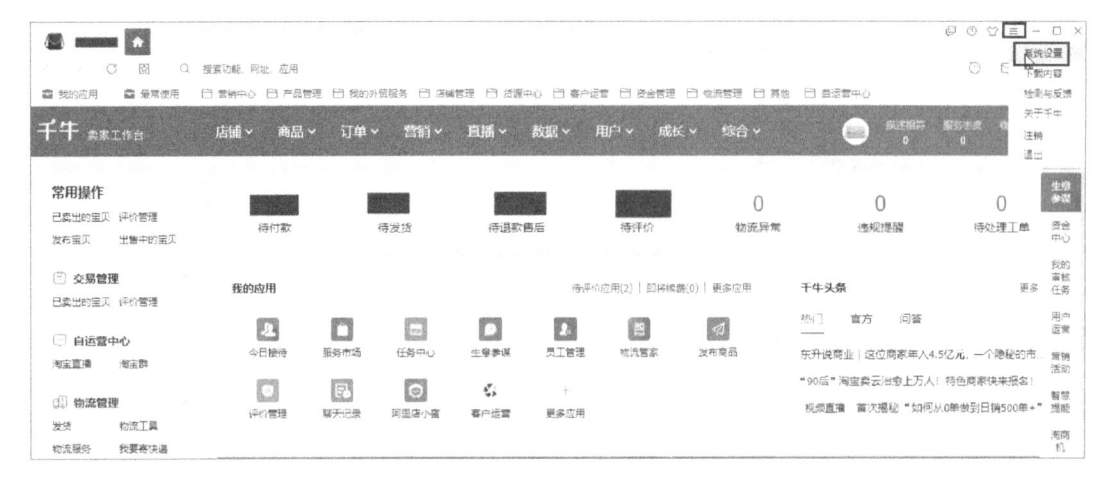

图3-24 单击"系统设置"

（2）弹出"系统设置"对话框，选择"接待设置"选项卡，然后选择左侧的"个性签名"选项，再单击"个性签名"按钮，如图3-25所示。

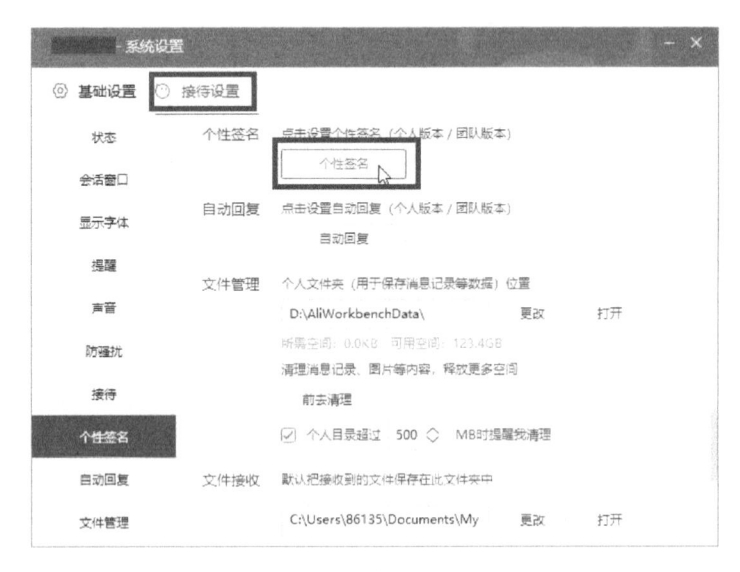

图3-25 "系统设置"对话框

（3）弹出"个性签名"对话框，单击对话框底部的"新增"按钮，如图 3-26 所示。

（4）弹出"新增个性签名"对话框，输入个性签名，单击"保存"按钮，即可添加个性签名，如图 3-27 所示。

图 3-26　"个性签名"对话框　　　　　图 3-27　添加个性签名

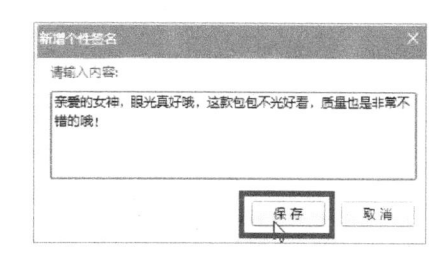

（5）成功添加个性签名，如图 3-28 所示。

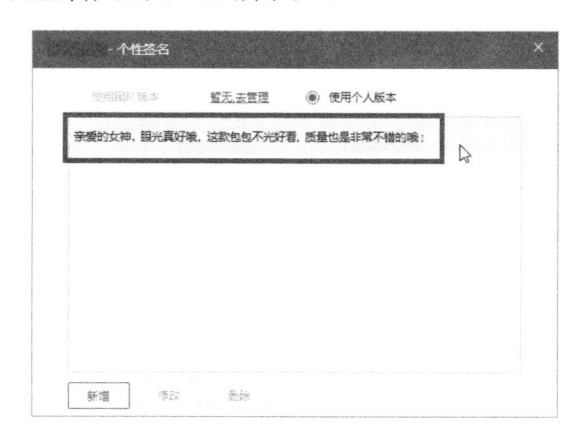

图 3-28　成功添加个性签名

## 3.1.7　巧设千牛关键词

如今，在淘宝网开店的卖家越来越多，千牛已经不仅仅是买卖双方交易的工具，更多的人已经把它当作生活中不可缺少的聊天工具了。那么，怎样才能在更好地推销店铺的同时找到志趣相投的朋友呢？这让很多卖家伤透脑筋。下面介绍通过巧设千牛关键词让更多的人找到卖家的方法，具体操作步骤如下。

▶电商多平台运营实战
淘宝、京东、拼多多、抖音

（1）登录千牛工作台，单击头像，如图 3-29 所示。

图 3-29　千牛工作台主界面

（2）在"我的资料"对话框中找到"备注"栏，设置所在的行业或者其他关键词，单击"确定"按钮，如图 3-30 所示。

图 3-30　设置个人资料

### 3.1.8 千牛工具的安全特性

千牛工具具有以下安全特性。

#### 1. 支付宝控件保护密码安全

支付宝控件采取银行级安全保护方案,使千牛账号和密码更加安全,不易被黑客破解,从而使用户可以安全购物、放心沟通。

#### 2. 举报

千牛工具会及时提醒用户最新的安全注意事项,提高用户的防范意识,用户只需要用鼠标右键单击聊天内容,在弹出的快捷菜单中选择"举报"选项,即可轻松完成举报工作,如图 3-31 所示。

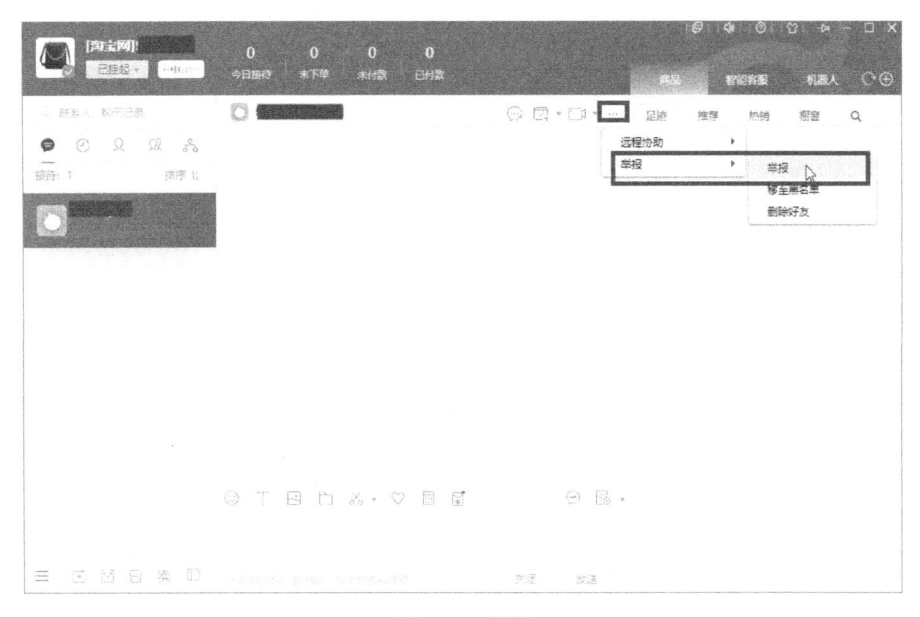

图 3-31 举报

## 3.2 支付工具

有些电商交易平台,只需要开通网上银行,就可以直接用银行卡中的钱进行网上购物

**电商多平台运营实战**
淘宝、京东、拼多多、抖音

了。但在淘宝交易平台，为了保障买家的实际利益，则要求交易双方都成为支付宝会员，流通的资金不是银行卡中的钱，而是支付宝账户里的钱。

### 3.2.1 支付宝

支付宝（中国）网络技术有限公司是国内领先的第三方支付平台，致力于提供"简单、安全、快速"的支付解决方案，始终以"信任"作为产品和服务的核心。支付宝已发展成为融合支付、生活服务、社交、理财、保险、公益等多个场景与行业的开放性平台。

在"我的支付宝"页面不仅能够实现充值、提现、转账，查看最近30日的收支情况，还能查看交易记录，以及收支明细和充值、提现记录，清楚地了解自己的支付宝财务状况，如图3-32所示。

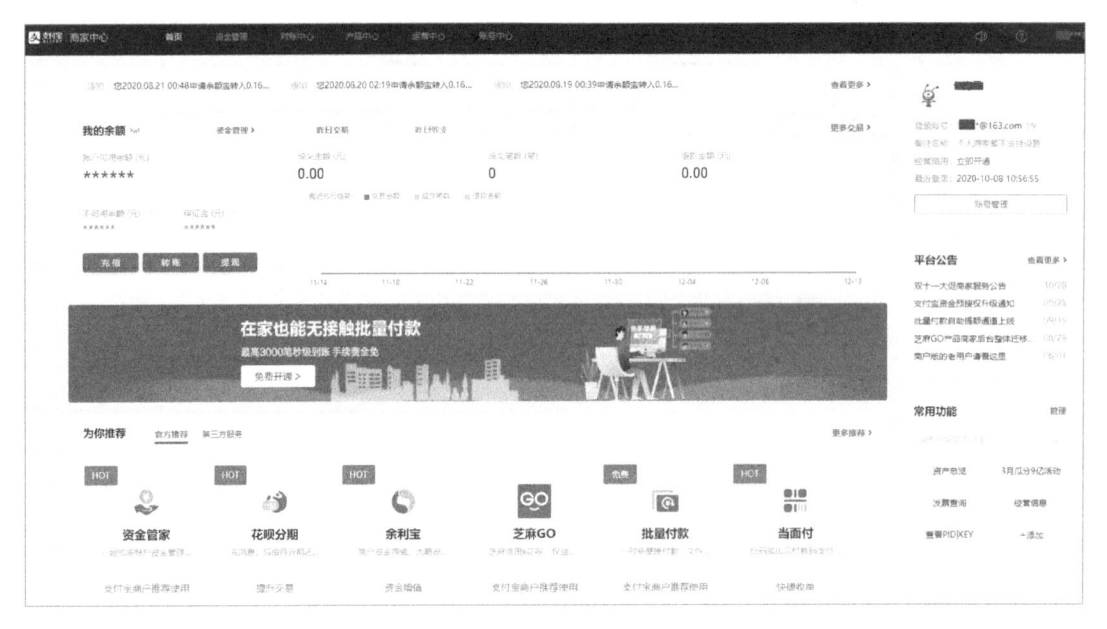

图3-32 "我的支付宝"页面

#### 提示与技巧

支付宝最初仅作为淘宝网解决网络交易安全所设的一个功能，该功能为"第三方担保交易模式"，买家将货款打到支付宝账户，支付宝通知卖家发货，当买家收到商品并确认收货后，支付宝再将货款转给卖家，至此完成一笔网络交易。

买家使用支付宝的好处如下。

- 货款先由支付宝保管，买家收到商品后，支付宝才将货款转给卖家，安全放心。
- 不必跑到银行汇款，网上在线支付，简单方便。
- 当付款成功后，卖家立刻发货，快速高效。
- 经济实惠。

卖家使用支付宝的好处如下。

- 无须到银行查账，支付宝即时通知买家付款情况，省力、省时。
- 账目分明，交易管理可以帮卖家清晰地记录每一笔交易的详细信息，省心。
- 支付宝认证是卖家信誉的有效体现。

## 3.2.2 网上银行

网上银行是各银行在互联网中设立的虚拟柜台，银行利用网络技术，通过互联网向客户提供开户、销户、查询、对账、行内转账、跨行转账、信贷、网上证券、投资理财等服务，使客户足不出户就能够安全、便捷地管理活期和定期存款、支票、信用卡及个人投资等。

网上银行的特点是客户只要拥有账号和密码，便能在世界各地通过互联网进入网络银行处理交易。与传统银行业务相比，网上银行的优势体现在以下几点。

（1）大大降低了银行经营成本，有效地提高了银行盈利能力。网上银行主要利用公共网络资源，不需要设立分支机构或营业网点，减少了人员费用，提高了银行后台系统的效率。

（2）无时空限制，有利于扩大客户群体。网上银行业务打破了传统银行业务的地域、时间限制，能在任何时候（Anytime）、任何地方（Anywhere），以任何方式（Anyhow）为客户提供金融服务，这既有利于吸引和保留优质客户，又有利于扩大客户群体，开辟新的利润来源。

（3）有利于服务创新，为客户提供多种类、个性化服务。通过银行营业网点销售保险、证券和基金等金融产品，往往会受到很大限制，其主要原因在于一般营业网点难以为客户提供详细的、低成本的信息咨询服务。利用互联网和银行支付系统，容易满足客户咨询、购买多种金融产品的需求，客户除办理银行业务外，还可以方便地在网上买卖股票、债券等。网上银行能够为客户提供多种类、个性化服务。

图 3-33 所示为中国工商银行网上银行便捷的支付方式。

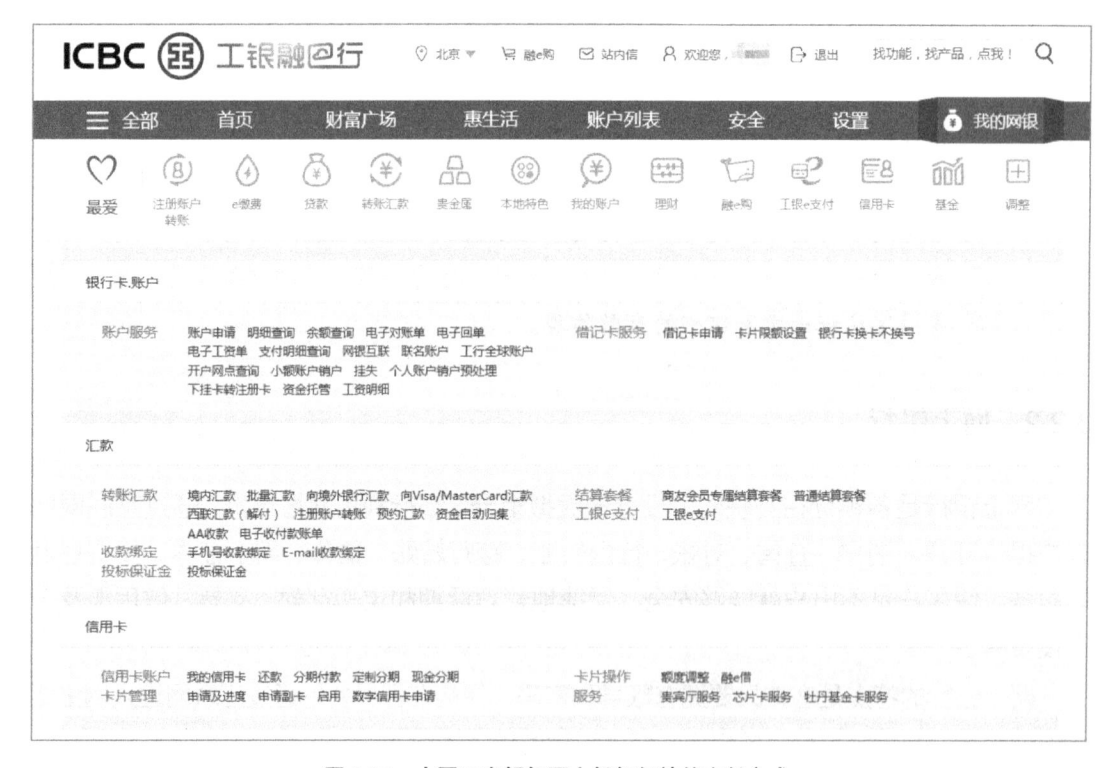

图 3-33　中国工商银行网上银行便捷的支付方式

## 3.3　淘宝助理

淘宝助理是一款功能强大的客户端工具软件，它提供了一个方便的管理界面，可以帮助卖家快速创建新商品、离线编辑商品信息、批量打印快递单、批量发货和好评。图 3-34 所示为淘宝助理界面。

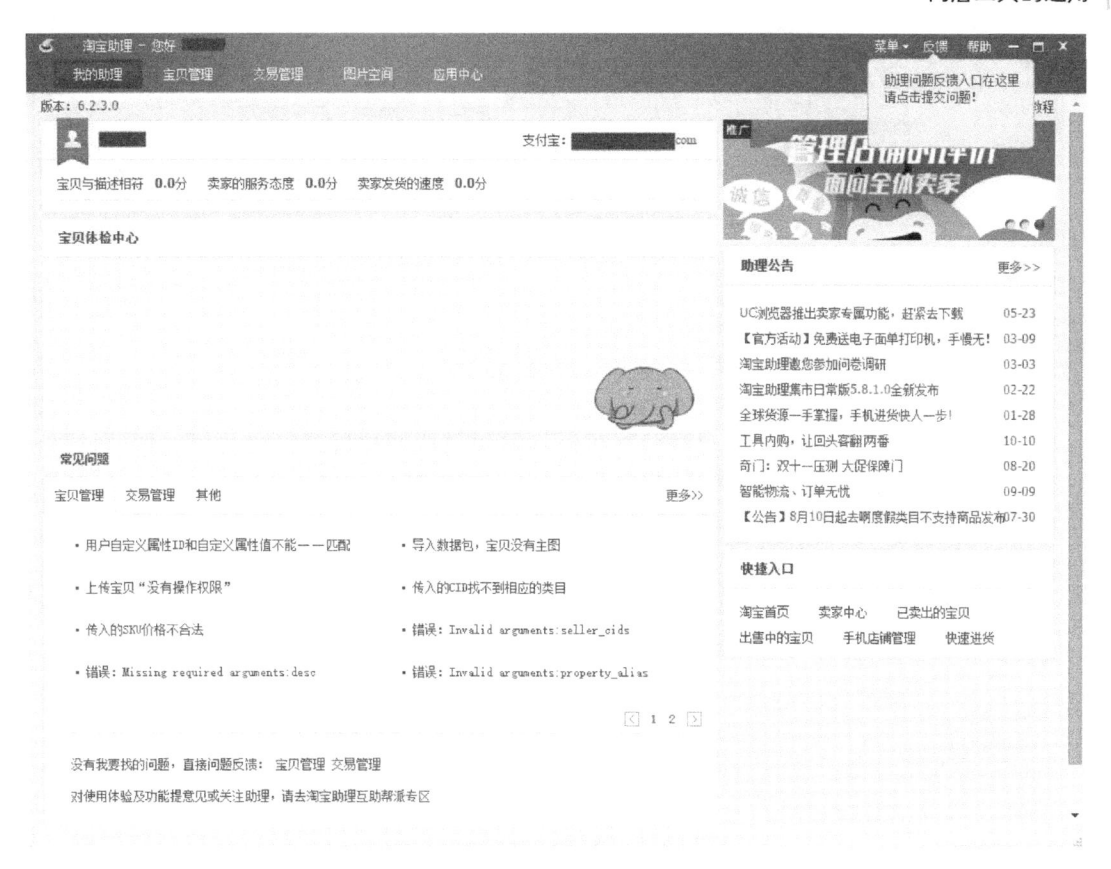

图 3-34 淘宝助理界面

淘宝助理是一个非常方便的管理工具，因为淘宝网为其开放了专门的数据接口，所以它不仅可以随平台的升级变化同步更新，还可以即时反映卖家的后台管理数据，以确保数据对接的准确性。

## 3.3.1 创建宝贝

打开"淘宝助理"，选择"创建宝贝"下的"新建空白宝贝"，如图 3-35 所示。填写宝贝"基本信息"下的每一项，然后单击"宝贝描述"选项卡继续编辑，编辑好后再单击"保存"按钮，宝贝列表中就会显示新建的宝贝。

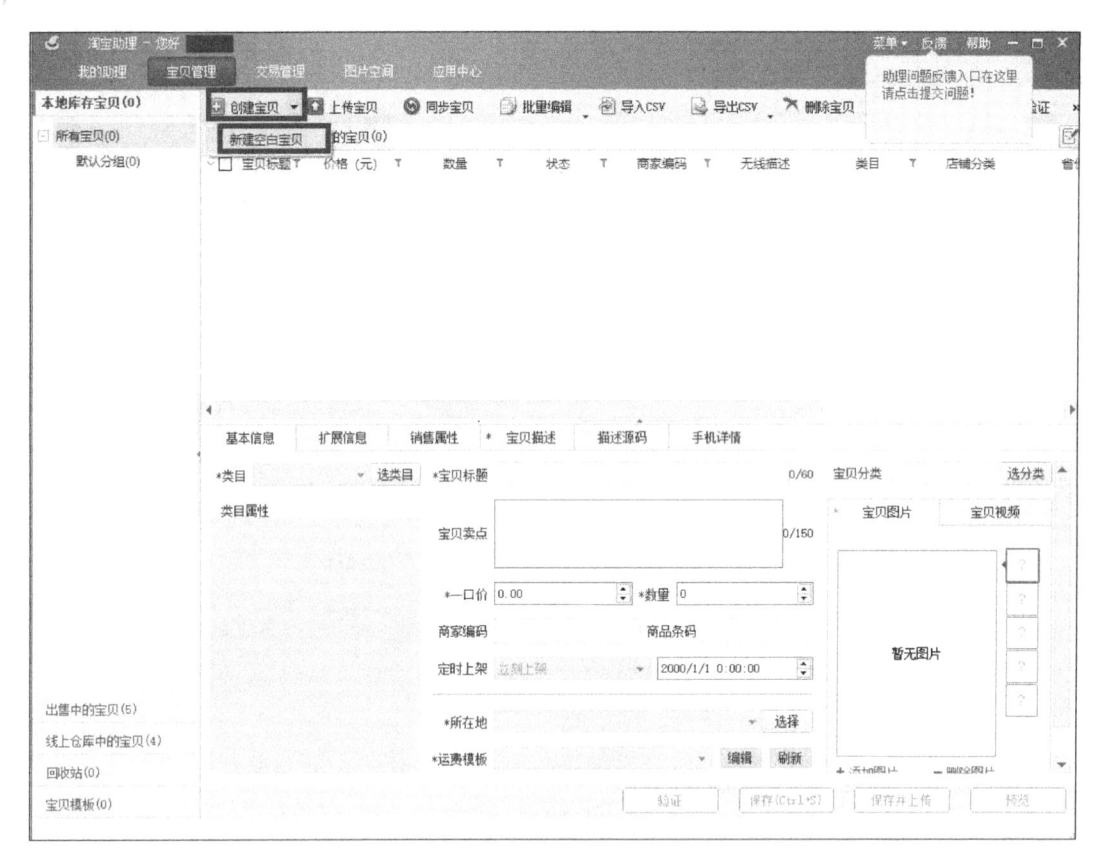

图 3-35　创建宝贝

### 3.3.2　数据的导出与导入

为了方便用户备份数据或转移数据，淘宝助理提供了导出与导入数据功能。

导出数据的具体操作步骤如下。

（1）打开"淘宝助理"，在宝贝列表中选择要导出的宝贝，单击顶部的"导出 CSV"，如图 3-36 所示。

（2）弹出"保存"对话框，如图 3-37 所示。选择相应的位置，单击"保存"按钮，即成功保存数据，如图 3-38 所示。当数据保存成功后会生成一个.csv 文件和一个同名目录。

# 第 3 章
网店工具的运用

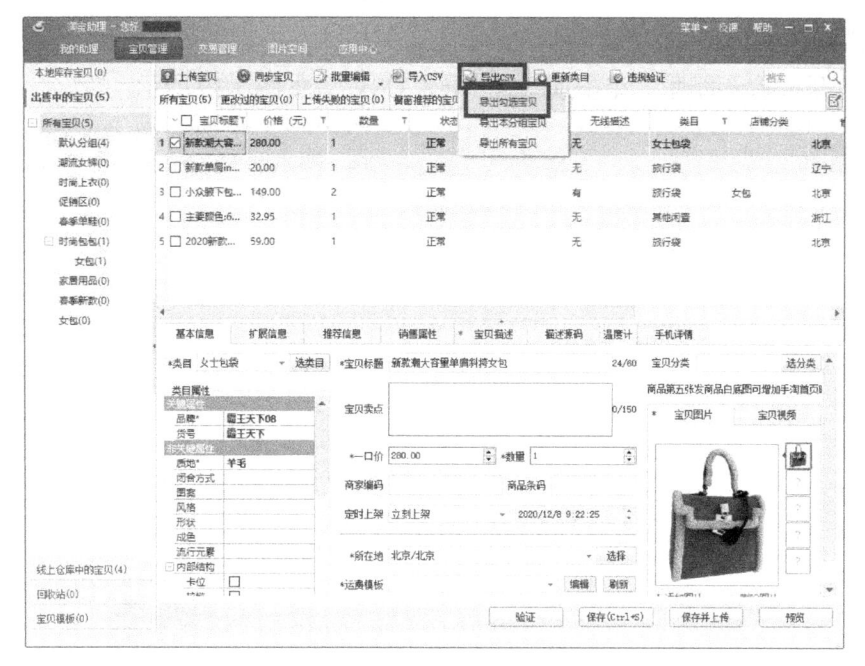

图 3-36 单击"导出 CSV"

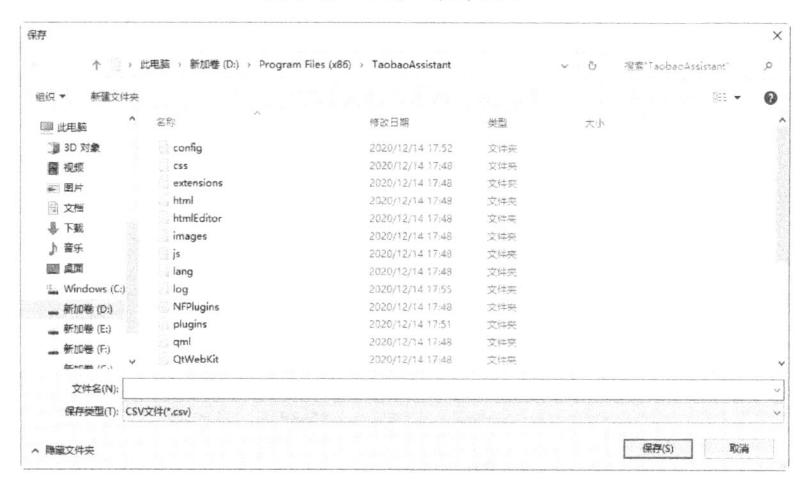

图 3-37 "保存"对话框

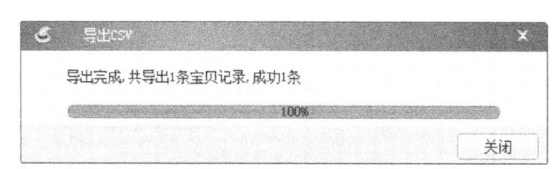

图 3-38 成功保存数据

导入数据的具体操作步骤如下。

（1）打开"淘宝助理"，单击顶部的"导入CSV"，如图3-39所示。

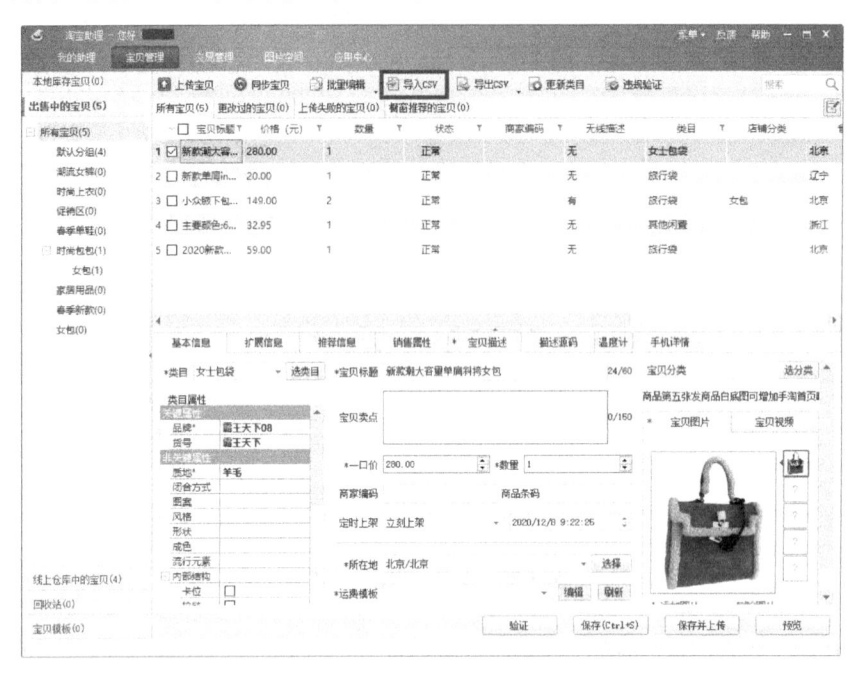

图3-39　单击"导入CSV"

（2）弹出"打开文件"对话框，如图3-40所示。选择相应的文件，单击"打开"按钮，即成功导入数据。

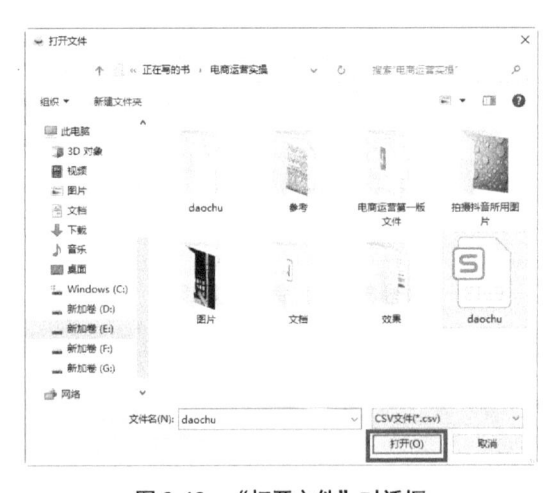

图3-40　"打开文件"对话框

### 3.3.3 批量编辑宝贝

淘宝助理的功能很强大,尤其在批量编辑宝贝方面。首先选中要批量编辑的宝贝,然后单击"批量编辑",在下拉列表中有可以批量编辑的各种信息,如标题、宝贝数量、价格、上架处理、尺码库等,如图 3-41 所示。如果要修改单个宝贝,则单击这个宝贝,在下方的基本信息处即可修改。

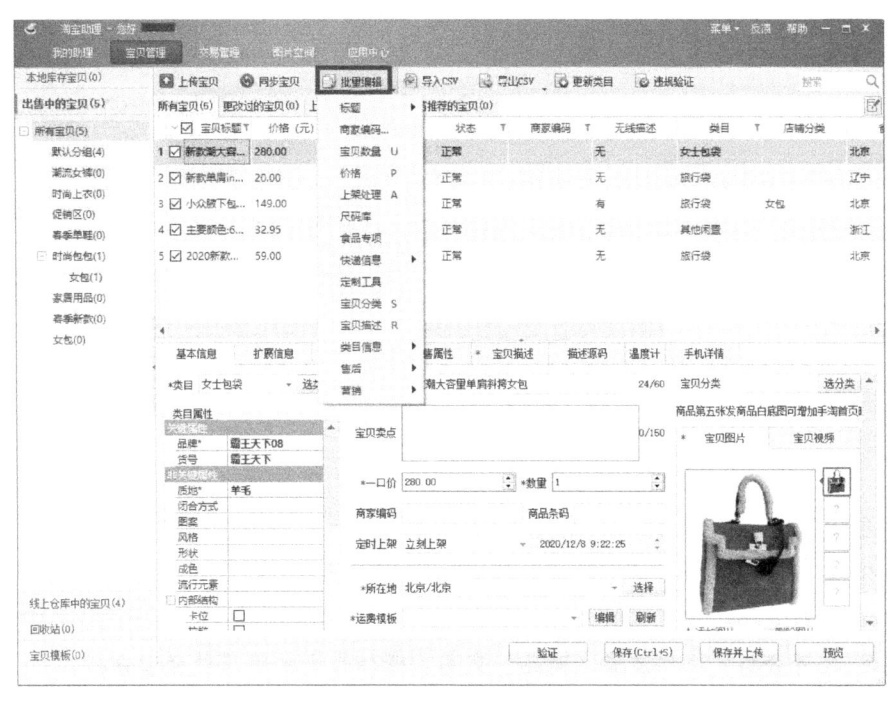

图 3-41 批量编辑宝贝

## 3.4 生意参谋

生意参谋是网店数据分析管理平台,面向卖家提供一站式、个性化、可定制的商务决策体验。它集成了海量数据及店铺经营思路,不仅可以更好地为卖家提供流量、商品、交易、营销等全链路店铺经营的数据披露、分析、解读、预测等功能,还可以更好地指导卖家进行数据化运营。图 3-42 所示为生意参谋平台。

**电商多平台运营实战**
淘宝、京东、拼多多、抖音

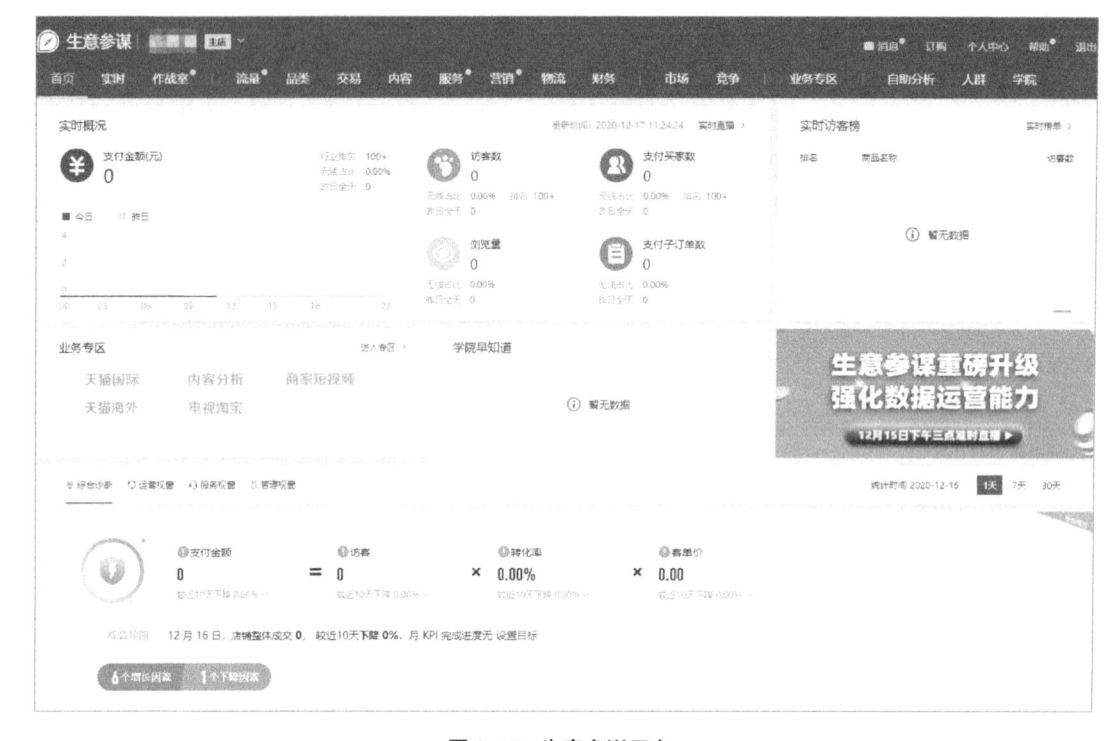

图 3-42 生意参谋平台

生意参谋的核心功能如下。

- 首页：店铺核心关键数据一目了然。
- 实时直播：洞悉实时数据，抢占生意先机。
- 经营分析：提供流量、商品、交易、营销等全链路店铺经营分析。
- 市场行情：提供全方位的行业数据分析，帮助卖家把握市场动态，发掘市场先机。
- 自助获取数据：自助获取店铺经营数据，随时随地，想查就查。
- 专题工具：专注经营的具体环节，专项问题专项解决。

## 3.4.1 生意参谋的入口

卖家怎样进入生意参谋呢？从以下几个入口均可进入生意参谋。

（1）直接访问生意参谋网址，进入生意参谋登录页面，如图 3-43 所示。

（2）进入千牛工作台，找到"生意参谋"，单击相关数据即可进入生意参谋，如图 3-44 所示。

第 3 章
网店工具的运用

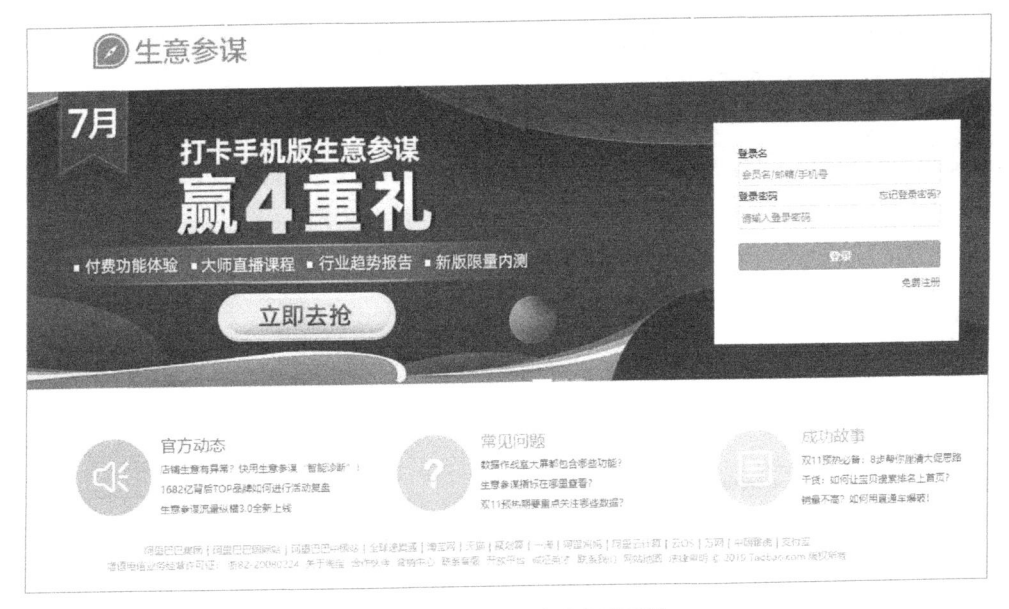

图 3-43　直接访问生意参谋网址

图 3-44　在千牛工作台中找到生意参谋

87

▶电商多平台运营实战
淘宝、京东、拼多多、抖音

（3）进入千牛工作台，在左侧导航栏单击"数据中心"下的"生意参谋"链接，即可进入生意参谋，如图 3-45 所示。

图 3-45　从千牛工作台左侧导航栏进入

## 3.4.2　实时直播抢占生意先机

生意参谋特有的实时直播有利于卖家时刻观测数据，及时调整策略。生意参谋实时直播中的数据对于店铺运营有很大的帮助。一方面，卖家可以跟踪宝贝的推广及引流效果，观测实时数据，及时发现问题并调整策略；另一方面，卖家可以实时查看宝贝的具体推广引流效果，如果转化率和点击情况不佳，则可以及时调整推广力度。

### 1. 实时概况，总览所有终端的数据

实时概况提供了实时的店铺概况数据，主要包括实时访客数、实时支付金额、实时支付买家数及对应的行业排名和行业平均值，还提供了实时趋势图，并且提供了与历史数据的对比功能，如图 3-46 所示。

图 3-46　实时概况

## 2. 实时来源，分析地域和流量来源

在生意参谋中，可查看的实时来源划分为 PC 端来源分布、无线端来源分布和地域分布，如图 3-47 所示（图太长，截取一部分）。也就是说，在生意参谋中不仅可以查看所有终端的数据，还可以切换到 PC 端和无线端查看相应的数据。

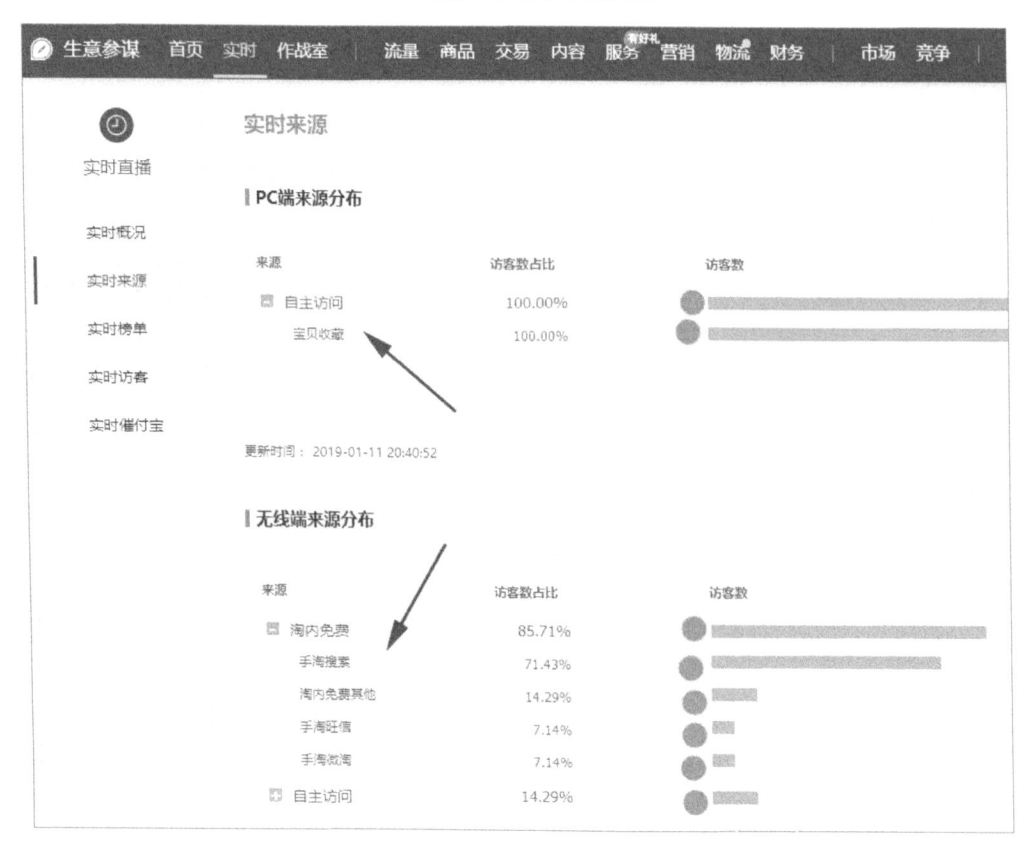

图 3-47　实时来源

对于流量来源的数据分析可以帮助卖家了解各个流量来源的详细报告，这对店铺的运营是极为有利的，卖家可以据此从各个细节进行突破——知道哪些方面的流量来源多，哪些方面的流量来源少，进而思考对流量来源少的方面是否做得不足，对流量来源多的方面是否还可以进行优化。

## 3. 实时榜单，分析热门宝贝

单击"实时榜单"，可以看到店铺热门宝贝 TOP50 的浏览量、访客数、支付金额、支付

买家数、支付转化率五个维度的数据，如图 3-48 所示。

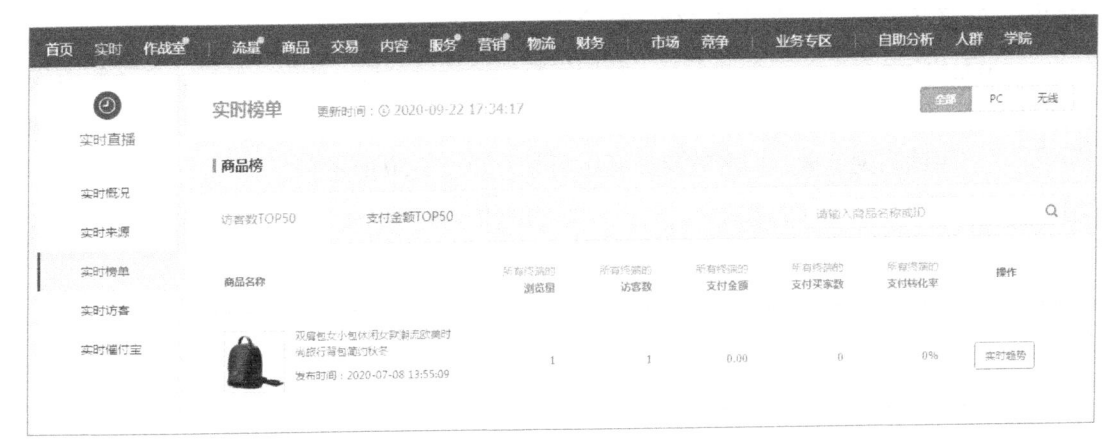

图 3-48 实时榜单

**4. 实时访客，分析客户信息及访问习惯**

实时访客主要提供店铺的实时访客记录，卖家能实时了解店铺访客的情况，如图 3-49 所示。

图 3-49 实时访客

## 3.4.3 用好流量分析，生意突飞猛进

流量纵横可以提供全店的流量概况、来源分析、动线分析等，可以帮助卖家快速厘清

流量的来龙去脉，在识别访客特征的同时，了解访客在店铺中的点击行为，从而评估店铺的引流、装修等情况，以更好地进行店铺管理。

店铺整体流量看板能够帮助卖家了解店铺整体的流量规模、质量、结构，并了解流量的变化趋势。单击"流量概况"下的"流量看板"，进入"流量看板"页面，从流量的总规模可以了解店铺的浏览量、访客数及其变化情况，如图3-50所示。

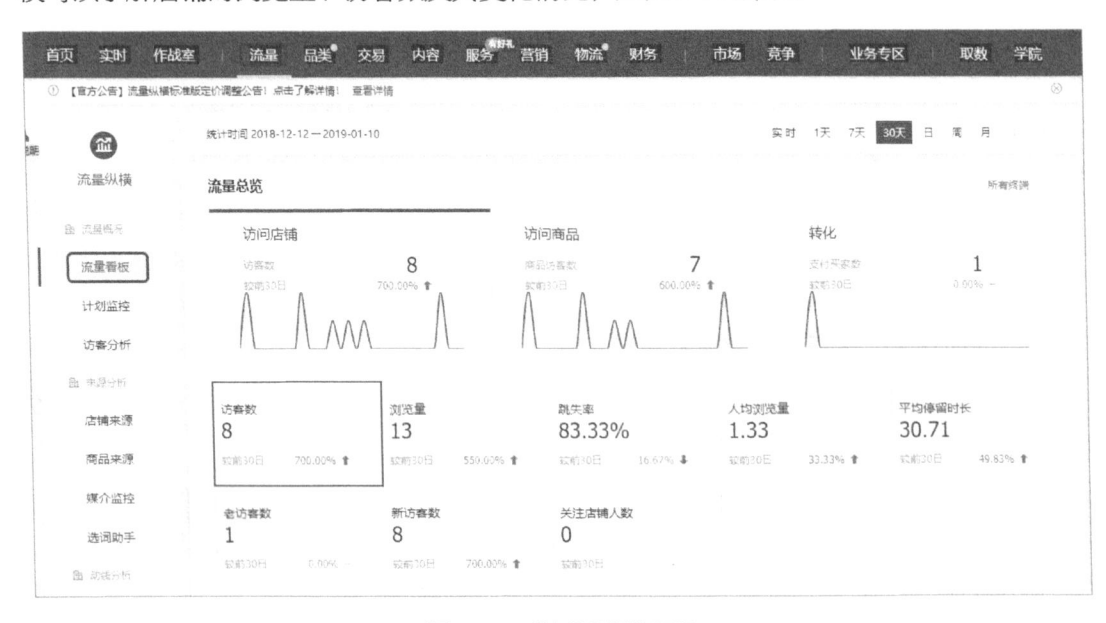

图 3-50　"流量看板"页面

### 3.4.4　用好交易分析，掌握交易概况

交易分析主要提供交易概况、交易构成、交易明细等功能，使卖家从整体到不同维度细分店铺交易情况，及时掌握店铺交易问题。

图 3-51 所示交易概况反映了从整体到不同维度的店铺交易情况，卖家能据此清晰地了解店铺的转化率，通过店铺交易趋势图和同行对比交易趋势图，了解店铺和同行的交易趋势，及时调整自己的策略。

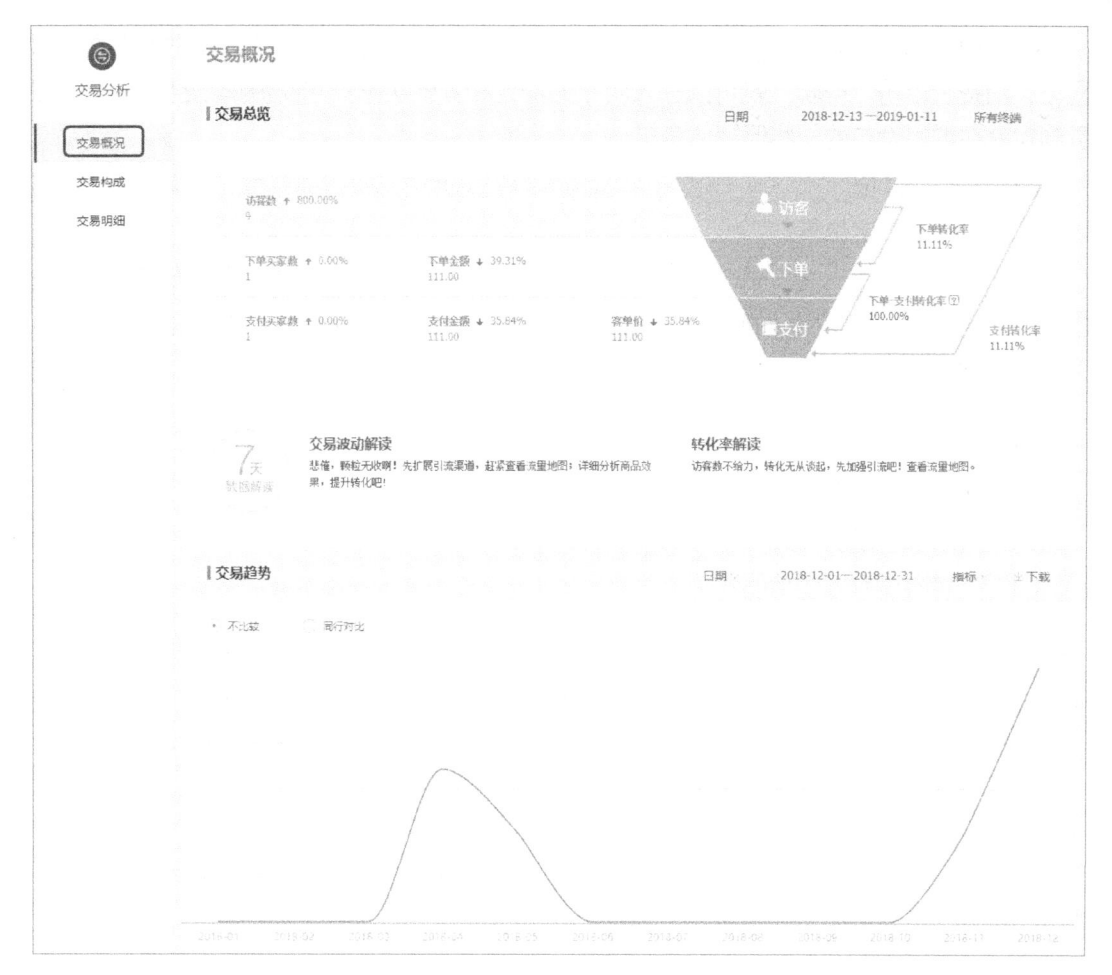

图 3-51 交易概况

## 3.5 练习题

**1. 填空题**

（1）在淘宝网使用_____沟通交流，主要原因是一旦出现交易纠纷，如果使用外部聊天工具，那么淘宝网（纠纷处理的主管部门）将无法核实会员的真实身份和对话记录的真实性，难以确保纠纷处理的公正性。

（2）通过淘宝网开发的_____功能，卖家可以将阿里旺旺群状态发布在互联网上，消费者单击"群聊"就可以进入卖家的群，和其他买家一起交流购物经验，也可以看到卖家在群里发布的一些促销信息等。

（3）我们可以把_____图标添加到不同的页面中，如店铺首页、分类页面、宝贝描述页面的某个特定位置。

（4）_____是一个非常方便的管理工具，因为淘宝网为其开放了专门的数据接口，所以它不仅可以随平台的升级变化同步更新，还可以即时反映卖家的后台管理数据，以确保数据对接的准确性。

2. 简答题

（1）使用千牛软件增加流量的技巧有哪些？

（2）买家和卖家使用支付宝分别有哪些好处？

（3）生意参谋有哪些功能？

（4）进入生意参谋的方法有哪些？

# 第 4 章

## 手机淘宝运营实战

随着移动智能端应用的快速发展，越来越多的人开始使用智能手机在网上购物，移动端购物已成为主流。阿里巴巴也早早开通了手机淘宝，手机淘宝通过简化移动端的购物流程，面向移动场景开发新功能，让用户逐步习惯通过移动端购物。本章主要介绍为什么在手机上开店、手机淘宝店铺装修、手机淘宝标题优化、手机淘宝主图优化、手机淘宝宝贝详情页优化、做好手机淘宝营销等。

**知识导图：**

```
                              ┌─ 为什么在手机上开店
                              │                      ┌─ 手机淘宝店铺装修的注意事项
                              │                      ├─ 手机淘宝店铺首页装修
                              ├─ 手机淘宝店铺装修 ───┤
                              │                      ├─ 手机版详情页装修
                              │                      └─ 购买无线店铺装修模板
                              │                      ┌─ 标题关键词的选择
  手机淘宝运营实战 ───────────┼─ 手机淘宝标题优化 ───┤
                              │                      └─ 标题诊断与优化
                              ├─ 手机淘宝主图优化
                              │                        ┌─ 为什么要做手机淘宝的宝贝详情页
                              ├─ 手机淘宝宝贝详情页优化┤
                              │                        └─ 手机淘宝宝贝详情页的优化原则
                              │                      ┌─ 搭配套餐，飙升客单转化
                              └─ 做好手机淘宝营销 ───┤
                                                     └─ 无线惊喜，天天有惊喜
```

**学习目标：**

- 熟悉为什么在手机上开店
- 掌握手机淘宝店铺装修
- 掌握手机淘宝标题优化
- 掌握手机淘宝主图优化
- 掌握手机淘宝宝贝详情页优化
- 掌握如何做好手机淘宝营销

## 4.1 为什么在手机上开店

如今，移动互联网已渗透到人们的生活、工作、学习等领域，手机购物、手机游戏、手机短视频、手机语音、手机聊天等移动互联网应用迅速发展，并且正在迅速改变着人们的社会生活。

相对电脑来说，手机的使用门槛更低，智能手机是互联网向广大群体渗透的重要途径。随着手机上网体验的改善，各大电商平台都开发了移动端 App，并且吸引了越来越多的人使用手机购物。

据了解，通过手机购物客户的成交转化率要比 PC 端高很多。具体来说，在手机上开店有以下优势：

首先，在客户浏览商品后，看见中意的商品很少议价就直接购买了。

其次，通过手机购买商品不受空间、时间的限制，当客户在火车上、公交车上，甚至走在路上突然想买一件商品时，就可以从口袋里掏出手机下订单。

## 4.2 手机淘宝店铺装修

如今，越来越多的客户使用手机淘宝进行购物，手机淘宝的流量大增，所以每位卖家都应该及时开通手机淘宝。

### 4.2.1 手机淘宝店铺装修的注意事项

2020 年，天猫"双 11"的成交总额突破 4982 亿元，其中无线端交易额占大部分。重视手机淘宝，首先应从手机淘宝店铺装修做起。图 4-1 所示为美观的手机淘宝店铺装修。

图 4-1 美观的手机淘宝店铺装修

手机淘宝店铺装修的注意事项如下。

- 为了节省时间，很多卖家把 PC 端的图片直接用在手机淘宝店铺上。这种做法是不可取的，因为手机淘宝上的图片尺寸是有限制的，如果直接使用 PC 端的图片，则可能会出现字迹不清晰、图片显示不全的情况。
- 由于手机淘宝受屏幕尺寸的影响，为了提高客户打开手机淘宝页面的速度，应该把促销活动和热卖商品放在最显眼的地方。

▶电商多平台运营实战
淘宝、京东、拼多多、抖音

♪ 为了进行视觉营销，在装修手机淘宝店铺时，色彩、风格要保持一致。色彩过于丰富的商品图片容易引起客户的反感，因此在装修手机淘宝店铺时，应该注意色彩的合理搭配。

### 4.2.2 手机淘宝店铺首页装修

当买家访问手机淘宝店铺的时候，店铺首页的信息展示是非常重要的，它在很大程度上影响着买家的去留。一个合理的首页对店铺的发展起着重要的推动作用。

店铺首页装修的目的在于降低跳失率、提升转化率、增加访问深度。虽然一部分买家是通过宝贝详情页进入店铺的，但是如果买家对店铺的商品感兴趣，一般都会来到店铺首页，看看其他商品再做决定。因此，店铺首页的装修特别重要。

在淘宝业务逐渐向无线端倾斜的大趋势下，要想提高手机淘宝店铺的成交率，店铺装修是必不可少的。手机淘宝店铺首页装修的具体操作步骤如下。

（1）打开淘宝网，单击顶部的"千牛卖家中心"，如图4-2所示。

图4-2 单击顶部的"千牛卖家中心"

（2）进入"千牛卖家工作台"页面，单击"店铺管理"下的"手机淘宝店铺"链接，如图4-3所示。

（3）选择"无线店铺"下面的"立即装修"选项，如图4-4所示。

# 第4章
手机淘宝运营实战

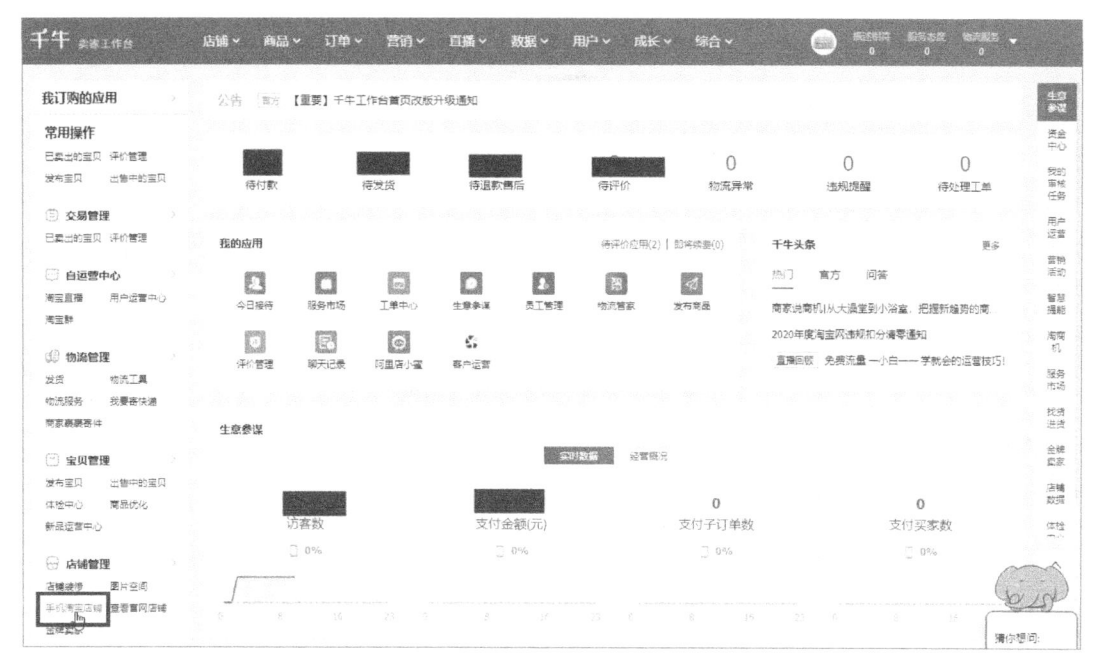

图4-3 单击"手机淘宝店铺"链接

图4-4 选择"立即装修"选项

（4）进入店铺装修页面，单击"店铺首页 线上首页"右侧的"装修页面"按钮，如图4-5所示。

▶电商多平台运营实战
淘宝、京东、拼多多、抖音

图 4-5　单击"装修页面"按钮

（5）进入如图 4-6 所示的"店铺首页"页面，选择左侧的"模板"选项。

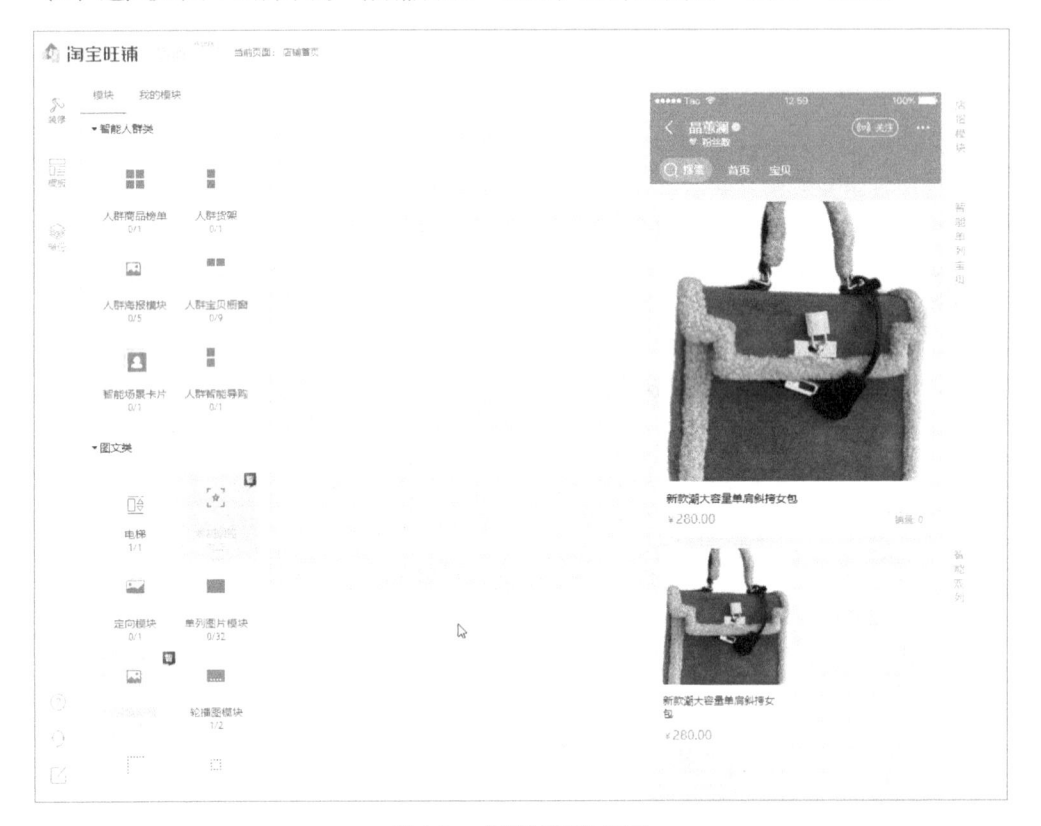

图 4-6　"店铺首页"页面

（6）在淘宝旺铺下的智能模板界面中选择想要的模板，单击"一键试用"按钮即可，如图 4-7 所示。

图 4-7　选择模板

### 4.2.3　手机版详情页装修

手机版详情页不仅承载着展示商品信息的功能，还承载着介绍销售流程的功能。在详情页的布局优化上，卖家需要将销售流程巧妙地加入详情页中。这样买家在浏览详情页时，就会不知不觉地被文字、图片所吸引，最终选择收藏或拍下商品。一个好的手机版详情页不但可以为店铺加分，从而使商品的排名更好，而且能使店铺在手机端获得更多的流量。

设置手机版详情页的具体步骤如下。

（1）进入"淘宝旺铺"页面，单击顶部的"详情装修"，如图 4-8 所示。

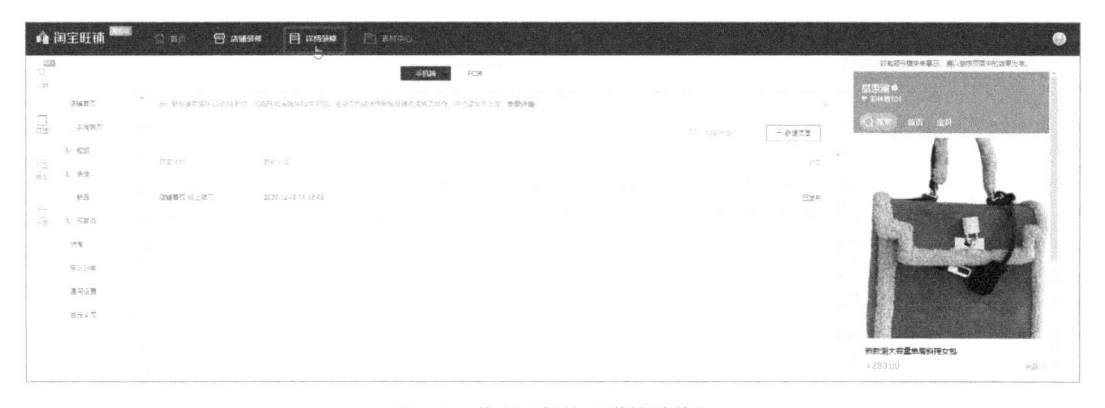

图 4-8　单击顶部的"详情装修"

（2）进入详情装修页面，单击宝贝右侧的"装修详情"按钮，如图 4-9 所示。

图 4-9　单击宝贝右侧的"装修详情"按钮

（3）进入详情编辑页面，输入产品参数，如图 4-10 所示。

图 4-10　详情编辑页面

（4）更换图片，"基础模块"列表中有"图片""文字""视频""动图""搭配推荐"，单击"图片"，如图 4-11 所示。

（5）"营销模块"列表中有"店铺推荐""店铺活动""优惠券""群聊"，单击"优惠券"，即可插入优惠券信息，如图 4-12 所示。

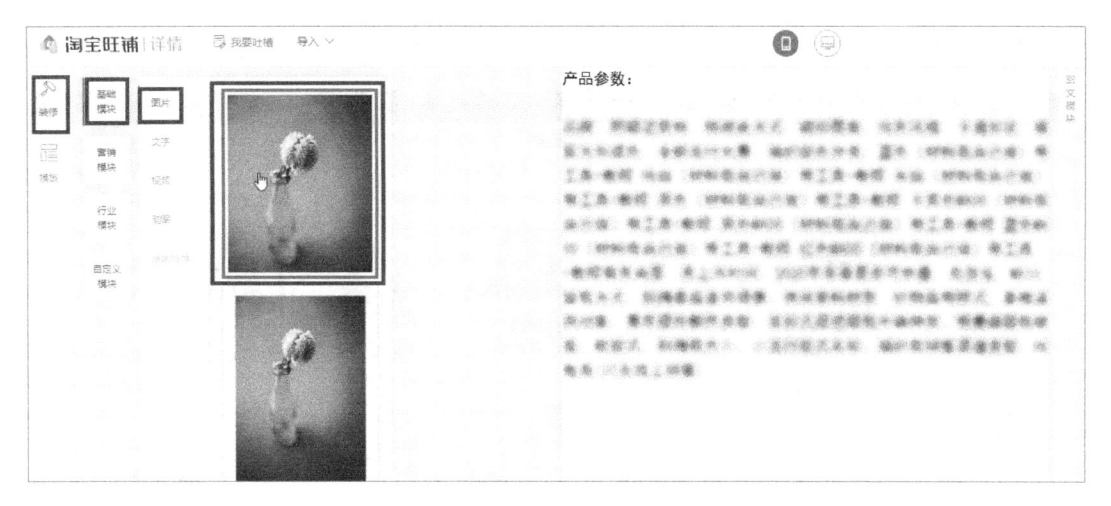

图 4-11 更换图片

图 4-12 插入优惠券信息

## 4.2.4 购买无线店铺装修模板

随着手机淘宝无线店铺装修模板的推出,淘宝网为卖家提供了更多个性化的无线店铺装修模板,在帮助卖家提高店铺销量的同时,也提升了消费者的购物体验。无线店铺装修模板以模板为单位进行购买与使用,在卖家购买了某个模板后,即可自由使用该模板。购买无线店铺装修模板的具体步骤如下。

(1)进入"淘宝旺铺"页面,选择左侧的"模板"选项,进入"智能模板"页面,在选

**电商多平台运营实战**
淘宝、京东、拼多多、抖音

择合适的模板后,单击"立即使用"按钮,如图4-13所示。

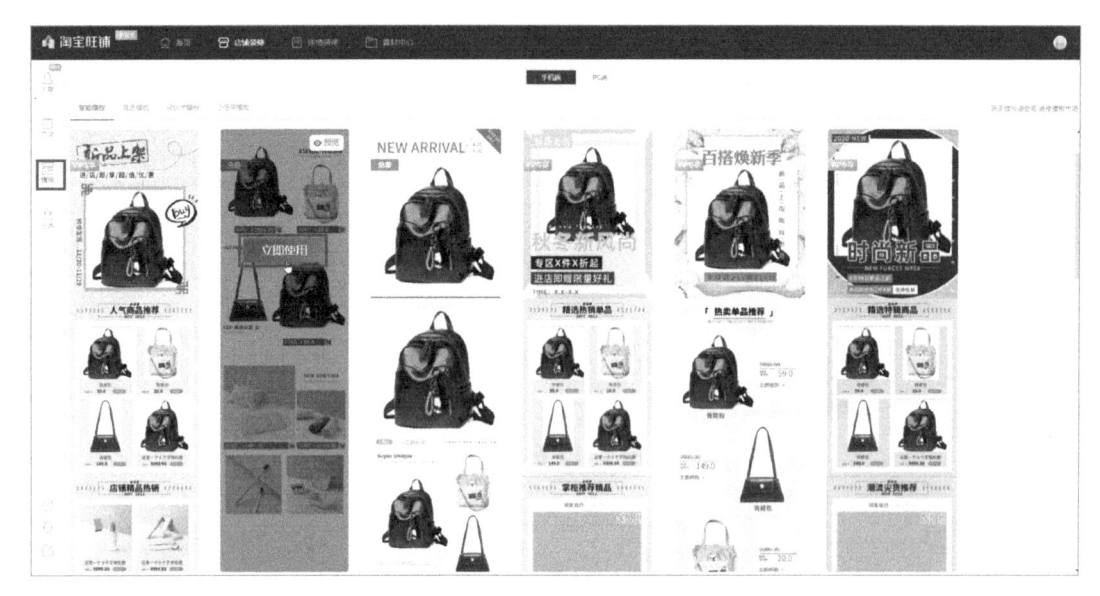

图4-13 单击"立即使用"按钮

(2)弹出"使用模板"对话框,在"选择页面"列表框中选择"店铺首页",如图4-14所示。

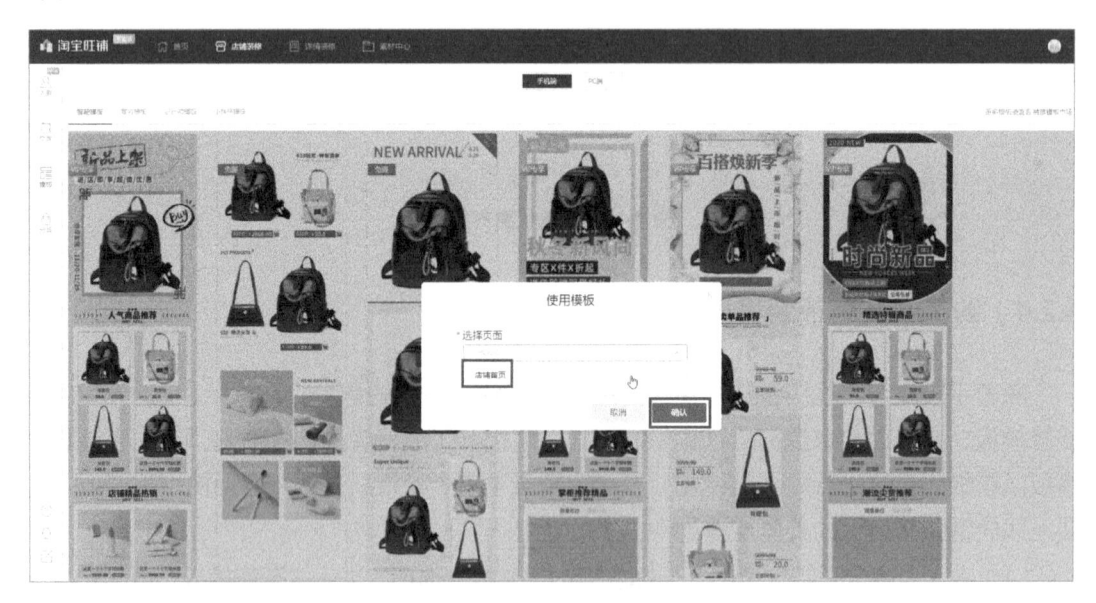

图4-14 选择"店铺首页"

# 第 4 章
## 手机淘宝运营实战

（3）弹出提示框，提示"确认使用该模板吗？"，如图 4-15 所示。如果确认则单击"确认"按钮。

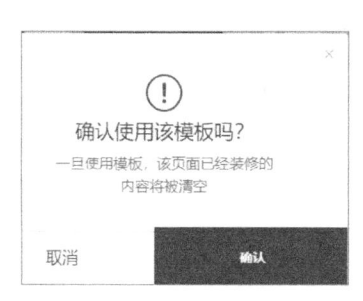

图 4-15 提示框

## 4.3 手机淘宝标题优化

标题是免费流量的重要来源，只有优化标题关键词，才能更好地提高流量。每个卖家都应该做好手机淘宝标题优化。

### 4.3.1 标题关键词的选择

相对计算机来说，手机屏幕较小，能看到的商品信息也不多。因此，在有限的屏幕上展现商品特性和具有卖点的标题就显得格外重要了。那么，如何设置标题呢？

手机淘宝标题关键词的选择技巧如下。

**1. 选择手机端热搜词及类目属性词**

如图 4-16 所示，在手机端搜索"羽绒服"，那么在弹出的下拉列表中显示的就是热搜词及对应的类目属性词，卖家可以把这些词组合起来。

**2. 提示关键词组合**

当搜索一个关键词时，会出现一些提示关键词，如图 4-17 所示。如果单击这些词，它们就可以和主搜关键词相匹配组成新的关键词搜索，卖家也可以进行关键词的组合及统计。

**电商多平台运营实战**
淘宝、京东、拼多多、抖音

图 4-16　手机端热搜词及对应的类目属性词　　　　图 4-17　提示关键词

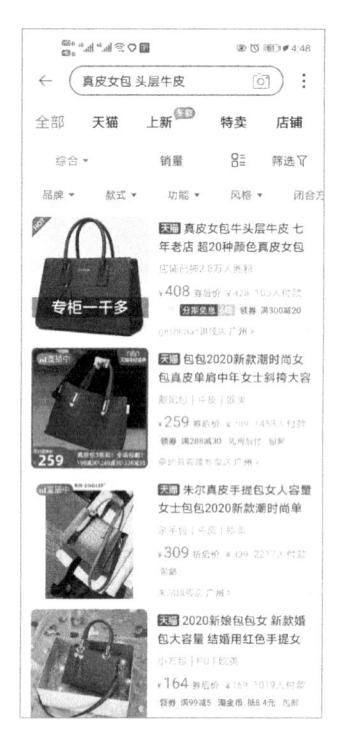

### 3. 使用生意参谋后台关键词

生意参谋无线端选词助手统计出来的关键词，也可以作为选词参考，如图 4-18 所示。

图 4-18　生意参谋后台关键词

## 4.3.2 标题诊断与优化

随着时代的发展，人们越来越习惯于轻松、便捷的移动互联网购物方式，以手机和平板电脑等为主的移动端成交量占整个电商终端的大部分。宝贝标题的诊断与优化对一般卖家来说是很头疼的一件事，不少卖家经常到处复制别人的标题或者自己创造一些极少有人搜索的关键词，结果不仅浪费了时间，还可能导致宝贝降权。卖家可以使用"宝贝团"标题优化工具来进行标题诊断，具体的操作步骤如下。

（1）打开"宝贝团"标题优化工具，单击左侧"标题优化"下的"标题诊断"，选择需要优化标题的宝贝，然后单击"立即优化"按钮，如图4-19所示。

图4-19 单击"立即优化"按钮

（2）根据优化标准的提示对宝贝标题进行修改。下面会有热门推荐词，卖家可以勾选适合宝贝的，如图4-20所示。

（3）单击"测试标题"按钮，会对新标题进行测试，如图4-21所示。如果依然存在问题，则会给出提示。

▶电商多平台运营实战
淘宝、京东、拼多多、抖音

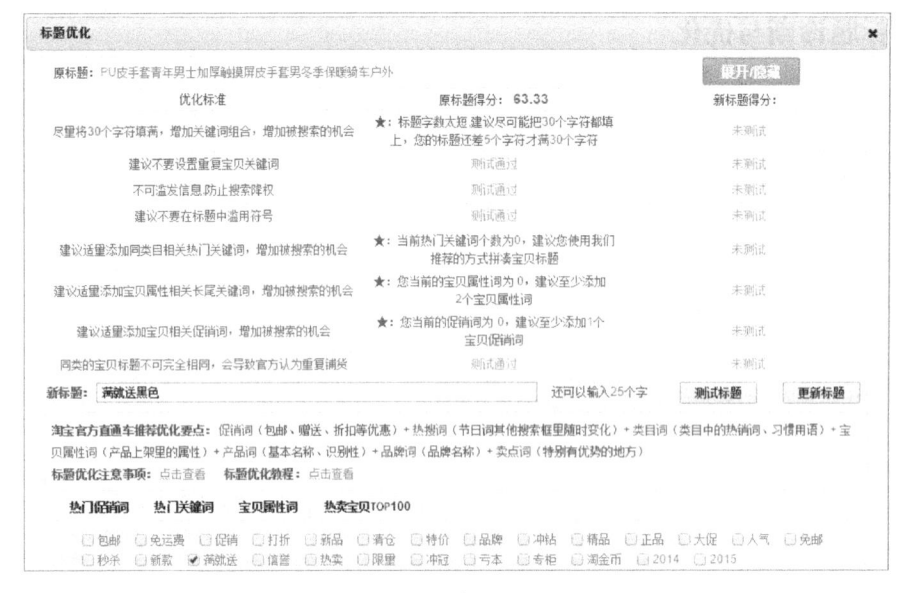

图 4-20　优化标题

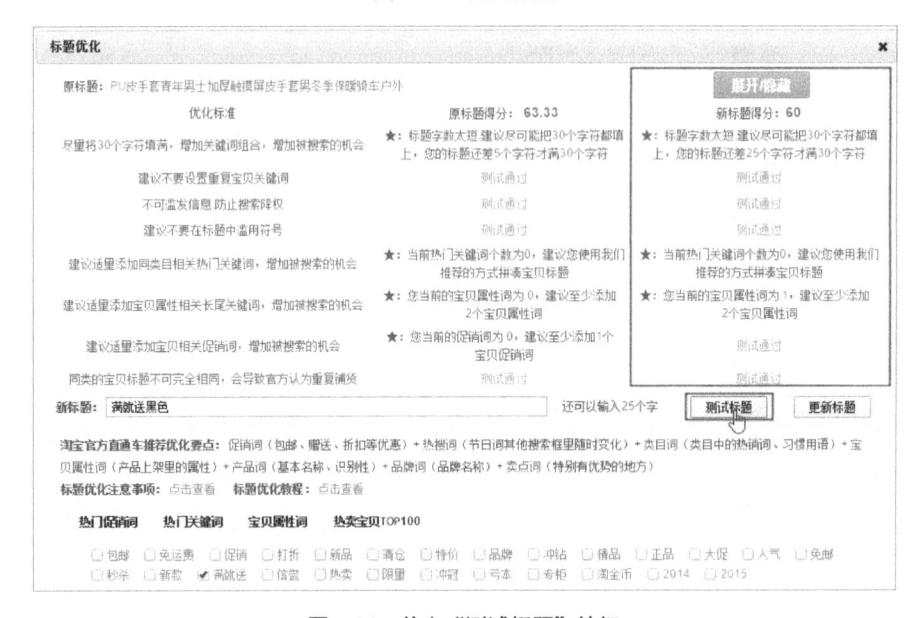

图 4-21　单击"测试标题"按钮

（4）评分达到 95~100 分的标题就可以更新了，如果没有达到则需要继续修改标题。

在采集完这些关键词数据后，卖家就能清晰地知道哪些是优秀的关键词，哪些关键词可加以利用。

## 4.4 手机淘宝主图优化

手机淘宝主图一定要做得精美、细致，体现商品特点。此外，卖家还可以在主图上适当地放一些商品的促销信息，因为手机端展示有限，图片上的信息也会成为影响买家是否购买的一个关键因素。图4-22所示为某商品的手机淘宝主图。

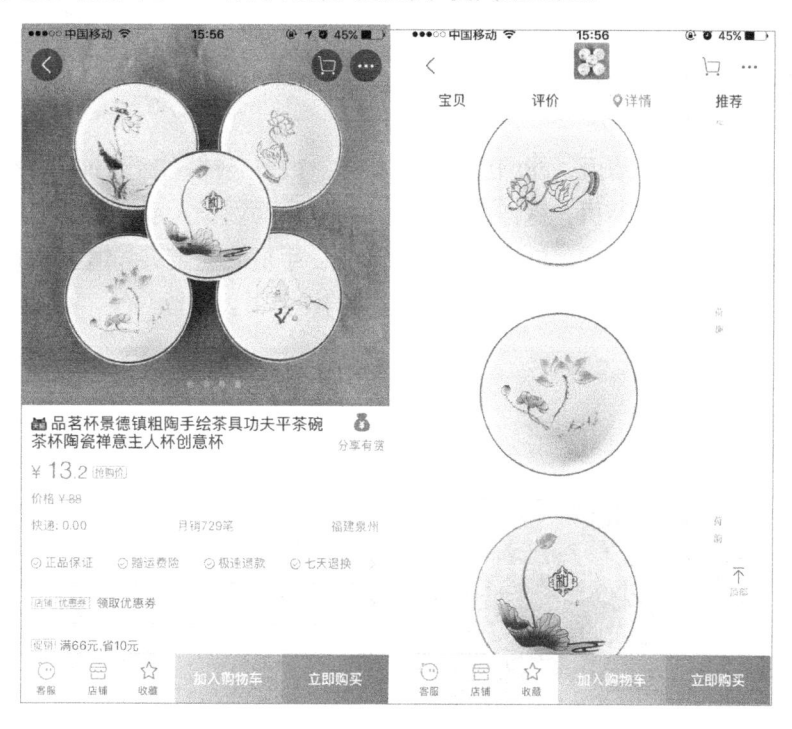

图4-22　某商品的手机淘宝主图

手机淘宝图片的尺寸及大小都有限制，因此卖家在设计图片时既要考虑限制条件，又要在保证图片完整、清晰的前提下，最大限度地缩小图片，特别是手机端宝贝详情图片。

手机淘宝主图的优化应注意以下几点。

- 注重图片放大后的效果，切忌图片模糊不清。
- 图片元素要简洁，包括店铺宝贝的展示图、店铺的整体色彩、使用的字体和文案等。
- 展示内容要突出。由于手机端页面狭小，这就要求页面承载的信息不能过多，最好使用具有人性色彩、带有角色引导的图片。

## 4.5 手机淘宝宝贝详情页优化

手机淘宝的宝贝详情页也是吸引买家购买的一个重要因素,要知道,好的手机淘宝宝贝详情页可以帮卖家获得更高的自然搜索排名。要想做好手机端,手机淘宝宝贝详情页的优化是必不可少的。

### 4.5.1 为什么要做手机淘宝的宝贝详情页

做好手机淘宝宝贝详情页,能增加宝贝的权重。很多店铺直接把 PC 端的宝贝详情页缩小作为手机端的宝贝详情页,这样会导致整个描述页面很长。手机淘宝用户在浏览宝贝详情页时,如果手机加载很慢,就会导致用户跳失。手机淘宝宝贝详情页要简单,要尽量突出宝贝的卖点。图 4-23 所示为手机淘宝某宝贝的详情页。

图 4-23 手机淘宝某宝贝的详情页

手机淘宝宝贝详情页的装修不但会给店铺增加权重，而且会提高用户打开宝贝的速度，所以宝贝详情页是影响手机淘宝流量和转化率的重要因素之一。

### 4.5.2 手机淘宝宝贝详情页的优化原则

要想做好宝贝详情页，无论是 PC 端还是手机端，都必须从买家和商品的实际情况入手，这样设计出来的页面才更具有说服力，才能达到理想的效果。手机淘宝宝贝详情页的优化原则如下。

- 排版简洁明了。由于手机端屏幕有限，无法像 PC 端那样面面俱到，排版要简洁明了，可以采用拼接式的图片，美观又简单。
- 设计的详情页不能过长，要抓住重点，最好前面就能吸引用户。如果详情页过长，用户可能就会直接关闭页面。
- 详情页的色彩要把控好，如果做出来的页面刺眼，就会给用户带来不良的体验，甚至有的用户会直接关闭页面，所以色彩应讲究舒适。
- 内容精简。详情页的内容可以取 PC 端之精华，但也要有手机端自身的特色，在字体选择方面也要格外注意。
- 注意图片存储格式。详情页在切片时要尽量占用小的内存，这样有利于缩短用户打开详情页的时间。
- 详情页要体现商品的基本属性、自身特点及其在同类商品中较突出的优势。
- 根据购买商品人群的年龄段、浏览习惯、兴趣爱好等设计页面布局、页面色调等。

## 4.6 做好手机淘宝营销

手机淘宝的市场很大，卖家要想抓住这个广大市场，手机淘宝的推广和营销是决定性因素。

### 4.6.1 搭配套餐，飙升客单转化

搭配套餐，顾名思义，就是将几种商品进行组合，设置成套餐来销售，通过促销套餐让买家一次性购买更多的商品。这种营销手段在很大程度上提高了卖家促销的自主性，也

为买家提供了更多的便利。

那么，搭配套餐能给卖家带来哪些好处呢？

- 增加好评。一个买家买一件满意的宝贝，卖家只能收到一个好评；但如果搭配套餐出售，那么在给予买家更多优惠的情况下，卖家至少能获得两个好评。
- 节省邮费。一般快递的首重是1千克。出售小件商品的卖家如果一件一件地发货，就会产生很多运费，因为都要按起步价来付费。但如果搭配套餐出售，一次发货只要不超过1千克，就同样会按起步价来算，这样可以节省不少运费。
- 提高宝贝的曝光度。这一点是搭配套餐的主要作用。卖家可以将搭配套餐的模板代码复制到自己想要添加的位置，以提高宝贝的曝光度，在无形中让买家注意到此套餐。
- 提高客单价。搭配套餐更具有真实性，买家会认为卖家在薄利多销，因此更容易相信和接受这样的促销手段，自然也就提高了客单价。

宝贝的搭配套餐设置好以后，在该宝贝的手机淘宝详情页就会自动展示该宝贝的搭配套餐，如图4-24所示。

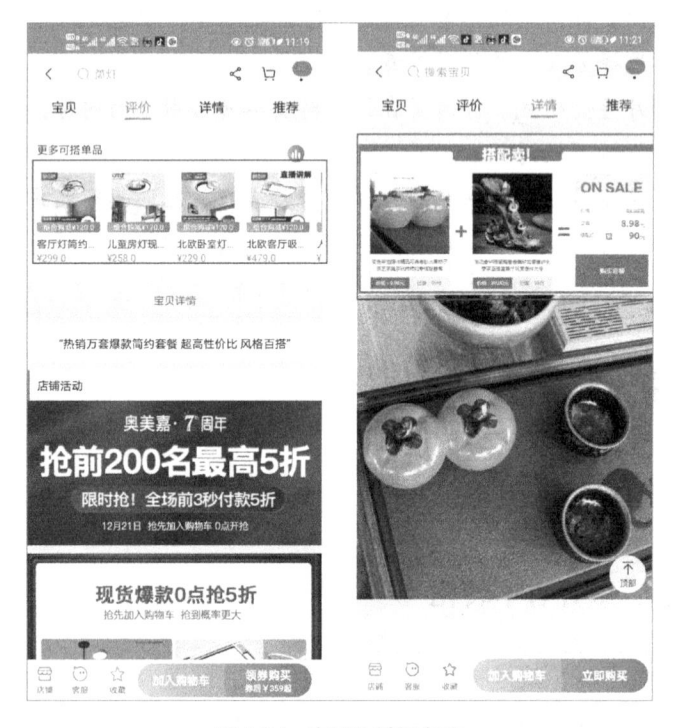

图4-24　宝贝的搭配套餐

## 4.6.2 无线惊喜，天天有惊喜

"无线惊喜"是一款基于完成店铺任务的抽奖、兑换活动的应用，客户通过完成签到、收藏、宝贝浏览等任务获得金币，并用来抽奖及兑换，是卖家开展无线营销、增加客户黏性的必备工具。

（1）登录淘宝网，进入千牛卖家中心，单击"店铺管理"下的"手机淘宝店铺"链接，如图 4-25 所示。

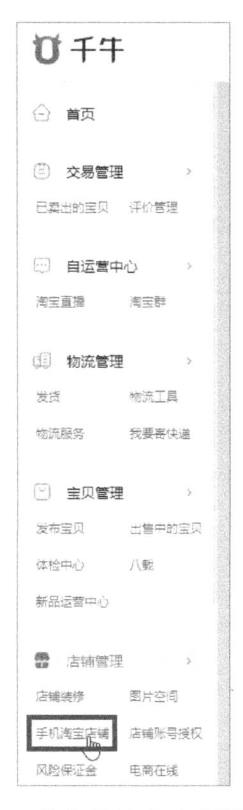

**图 4-25 单击"手机淘宝店铺"链接**

（2）单击"无线开放平台"下面的"无线应用区"，如图 4-26 所示。

（3）打开"服务市场"页面，在搜索框中输入"无线惊喜"并搜索，单击"无线惊喜"，如图 4-27 所示。

（4）进入订购软件页面，选择相应的服务版本和周期，单击"立即购买"按钮，如图 4-28 所示。

图 4-26 单击"无线应用区"

图 4-27 单击"无线惊喜"

# 第4章 手机淘宝运营实战

图 4-28 单击"立即购买"按钮

（5）进入付款页面，单击"同意并付款"按钮，如图 4-29 所示。

图 4-29 单击"同意并付款"按钮

115

（6）提示订购成功，"无线惊喜"的主要用途如图 4-30 所示。

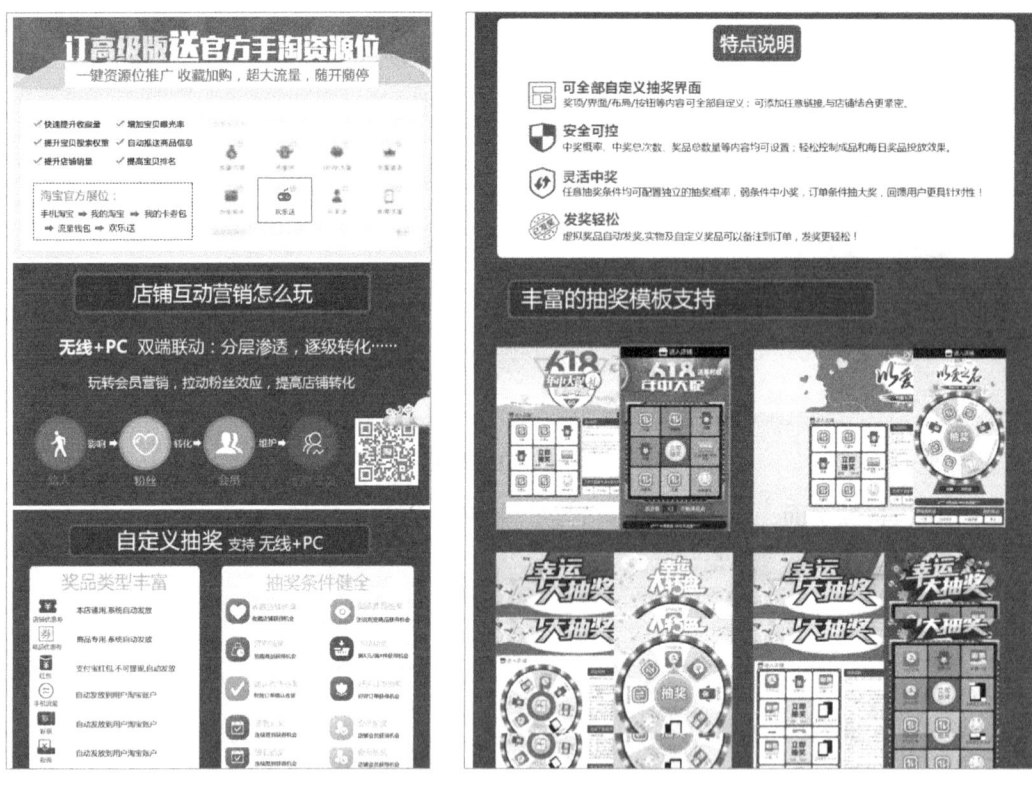

图 4-30　"无线惊喜"的主要用途

## 4.7　练习题

**1．填空题**

（1）当买家访问手机淘宝店铺的时候，店铺_____的信息展示是非常重要的，它在很大程度上影响着买家的去留。

（2）_____不仅承载着展示商品信息的功能，还承载着介绍销售流程的功能。

（3）_____是免费流量的重要来源，只有优化_____关键词，才能更好地提高流量。

（4）做好_____，能增加宝贝的权重。很多店铺直接把 PC 端的_____缩小作为手机端的_____，这样会导致整个描述页面很长。

2．简答题

（1）简述在手机上开店的优势。

（2）手机淘宝店铺装修的注意事项有哪些?

（3）简述购买无线店铺装修模板的步骤。

（4）手机淘宝标题关键词的选择技巧有哪些?

（5）手机淘宝宝贝详情页的优化原则有哪些?

# 第 5 章

## 淘宝网店免费推广与营销

开网店容易,但是想要经营好网店,并且一直有源源不断的客户并不是一件容易的事。在网上开店的店主有的月入几十万元甚至上百万元,而有的店主几个月只能卖出几件商品。网店推广分为付费和免费两种,对于刚进入淘宝网开店的卖家来说,免费推广是最好的方式。本章主要介绍一些免费且效果不错的推广方式。

**知识导图:**

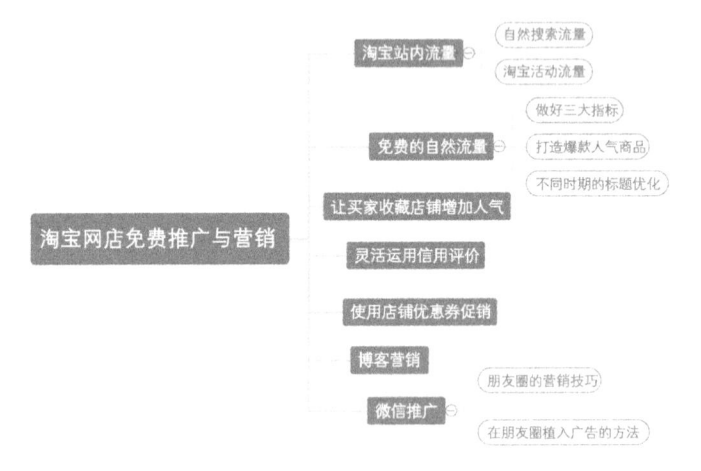

```
                        ┌─ 淘宝站内流量 ─┬─ 自然搜索流量
                        │                └─ 淘宝活动流量
                        │                ┌─ 做好三大指标
                        ├─ 免费的自然流量 ─┼─ 打造爆款人气商品
                        │                └─ 不同时期的标题优化
淘宝网店免费推广与营销 ──┼─ 让买家收藏店铺增加人气
                        ├─ 灵活运用信用评价
                        ├─ 使用店铺优惠券促销
                        ├─ 博客营销
                        └─ 微信推广 ─────┬─ 朋友圈的营销技巧
                                         └─ 在朋友圈植入广告的方法
```

**学习目标:**

- ♪ 掌握淘宝站内流量
- ♪ 掌握免费的自然流量

♪ 掌握使用店铺优惠券促销
♪ 掌握博客营销
♪ 掌握微信推广

## 5.1 淘宝站内流量

在网上开店，淘宝站内流量是非常关键的，最大限度地获取淘宝站内流量，是卖家应掌握的技巧。淘宝站内流量包括自然搜索流量和淘宝活动流量。

### 5.1.1 自然搜索流量

自然搜索流量是指来自搜索引擎的免费流量。自然搜索流量对卖家来说非常重要，它是店铺的主要流量来源。下面介绍影响自然搜索流量的因素。

**1. 店铺动态评分**

淘宝店铺动态评分主要是由描述相符、服务态度和物流服务来决定的。淘宝网根据这三个指标，并与同行业的平均水平相比较，得到一个参数值，通过这个参数值给店铺、商品分配权重。一般来说，卖家的商品描述、服务态度和物流服务好，客户就会给予高评分。

现在的淘宝搜索规则对服务的要求越来越高，如果在淘宝网搜索商品，则可以在搜索结果页面中看到排在前面的大多店铺"描述相符""服务态度""物流服务"都是高于平均水平的，如图 5-1 所示。

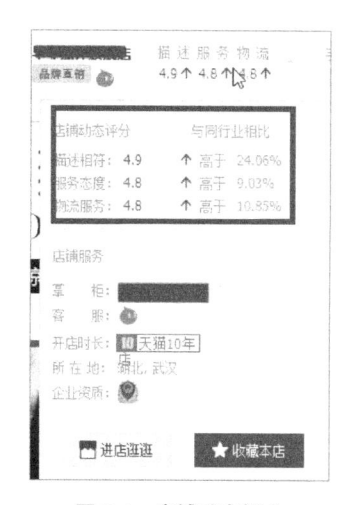

图 5-1 店铺动态评分

**2. 遵守规则**

卖家一定要遵守淘宝网规则，店铺或者商品不要违规，如果因为违规被多次扣分，那么店铺的排名是很难靠前的。图 5-2 所示为违规提醒情况。

图 5-2 违规提醒情况

### 3. 店铺好评率或单品好评率

店铺好评率或单品好评率越高越好，不要有过多的中评与差评，中评与差评过多会影响商品的搜索展现。图 5-3 所示为中评与差评过多的情况。

图 5-3 中评与差评过多的情况

## 4. 千牛在线时间

千牛在线时间及千牛的回复时间也是影响自然搜索流量的因素。如果客服人员实在忙不过来，则可以设置自动回复。

## 5. 天猫优先

天猫商家每年要交服务费，所以天猫商家排名靠前也是很正常的。如图 5-4 所示，在搜索商品时，一般天猫店铺商品排在首页。

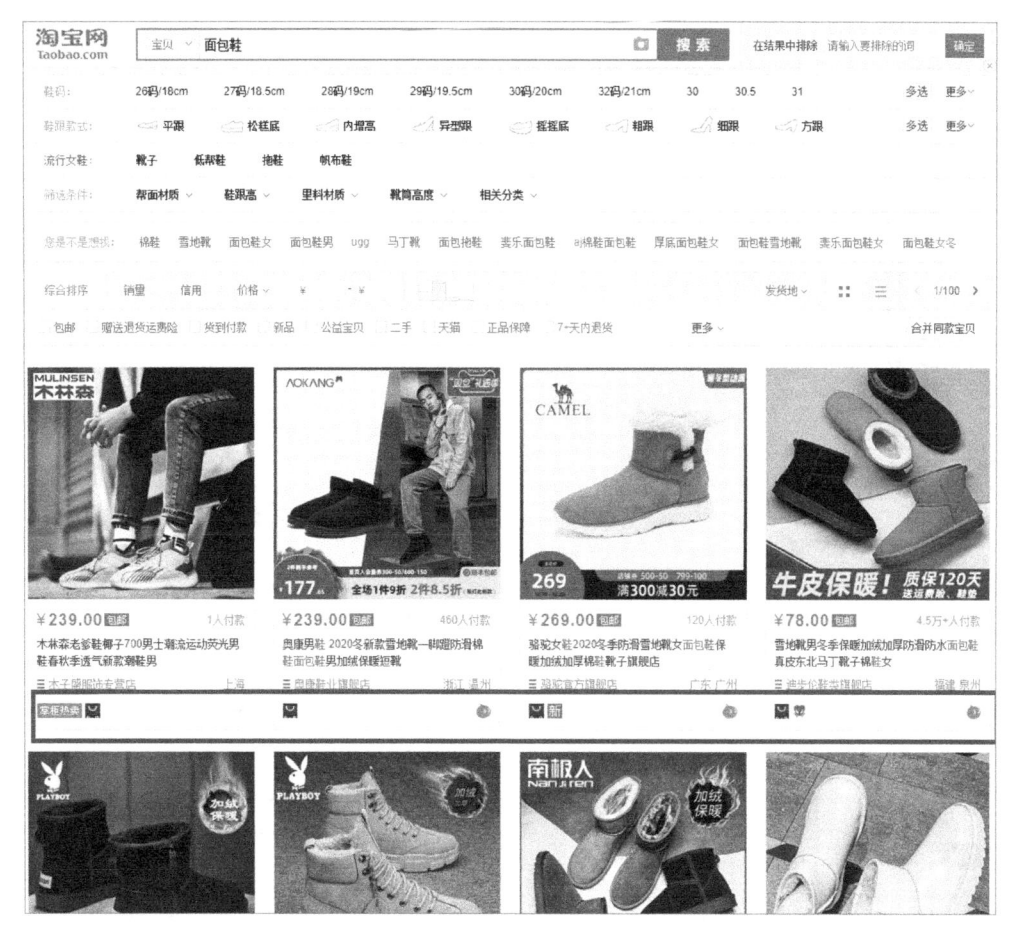

图 5-4 天猫店铺商品排在首页

## 6. 发货速度

卖家的发货速度也是影响自然搜索流量的重要因素之一，所以一旦买家付款，卖家就应及时联系快递公司发货，买家收到货越早越好。

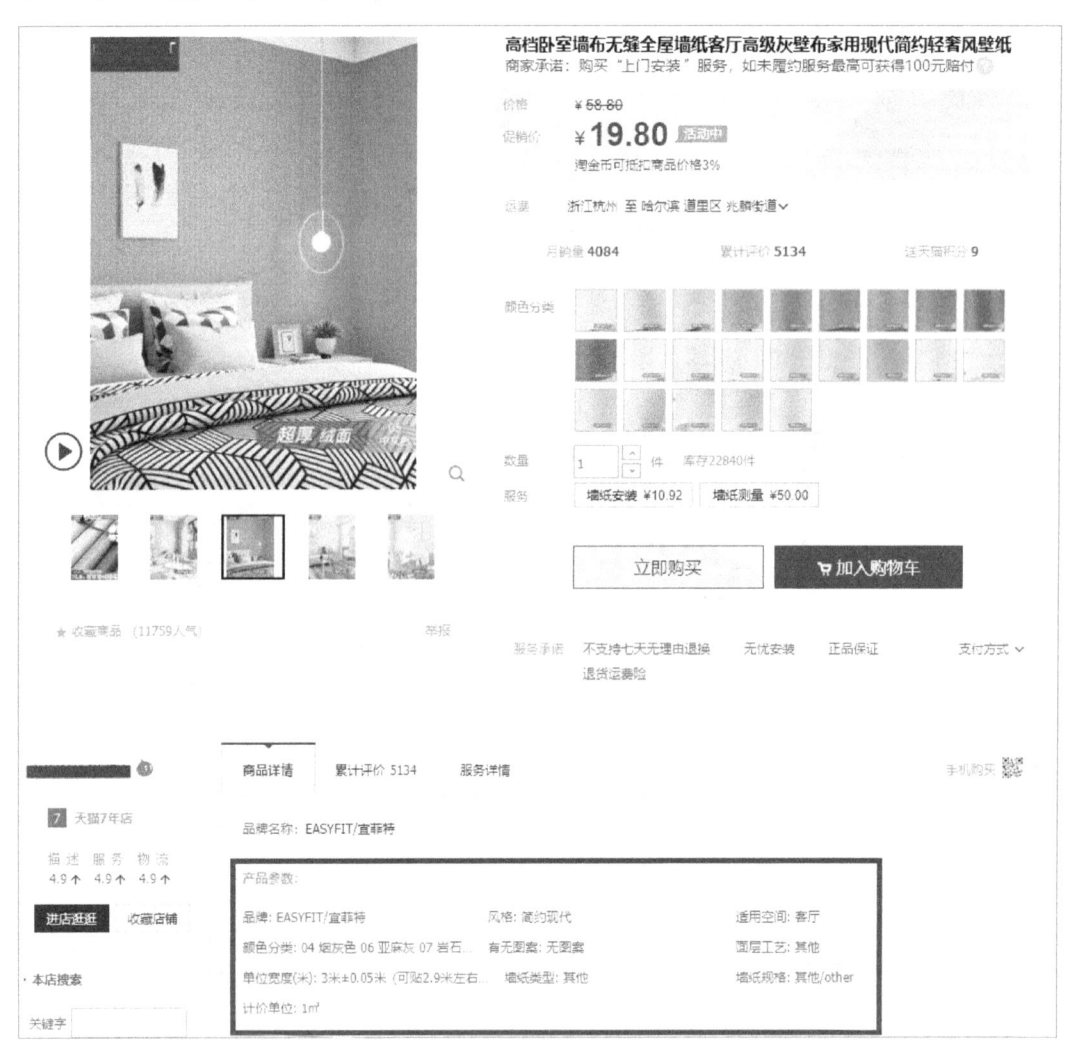

### 7. 标题与商品的相关性

标题与商品的相关性越强，商品被搜索到的可能性越大，商品的质量分就越高，尤其是在做直通车推广的时候。完善的商品属性可以让买家对商品了解得更清楚，但是不要乱写，写错了淘宝网会算作违规并扣分。图5-5所示为标题与商品的相关性。

图 5-5 标题与商品的相关性

## 8. 库存量

在商品上架后，一定要经常检查商品的库存量。库存量比较小的商品展现在靠前位置的可能性比较小，一般排名靠前的商品的库存量都比较大。如图 5-6 所示，该商品的库存量很大。

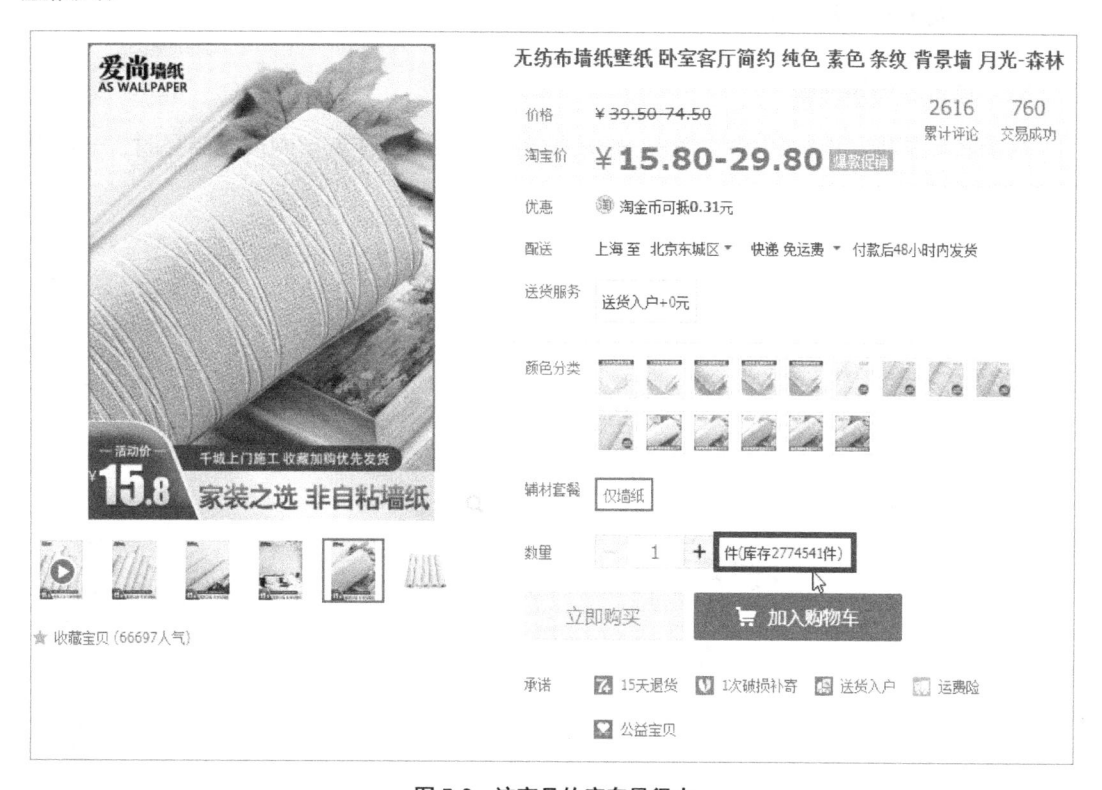

图 5-6 该商品的库存量很大

## 9. 转化率

淘宝转化率是指所有进入淘宝店铺并产生购买行为的人数和所有进入店铺的人数的比率。在一般情况下，转化率越高，自然搜索流量越多。

## 10. 虚假交易等

商品图片或标题有问题、刷信誉、在交易过程中商品价格调整幅度过大、商品更改过名字（名字改动词语多了，会被认作偷换商品炒作销量）等都会使商品被降权或被屏蔽，卖家可以通过卖家中心的"商品体检中心"来查看具体原因。

123

**电商多平台运营实战**
淘宝、京东、拼多多、抖音

### 提示与技巧

查看自己的商品是否因为刷信誉被降权的方法是：搜索一个关键词，然后按照销量单维度排序，如果是因为刷信誉导致的商品降权，那么该商品将会在该维度下排在销量为 0 的商品后面或者直接被屏蔽。

#### 11．是否为热销商品

热销商品是指在单位时间内卖得比较多的商品。因此，在淘宝网搜索商品时，一般排在前面的商品销量很高，如图 5-7 所示。

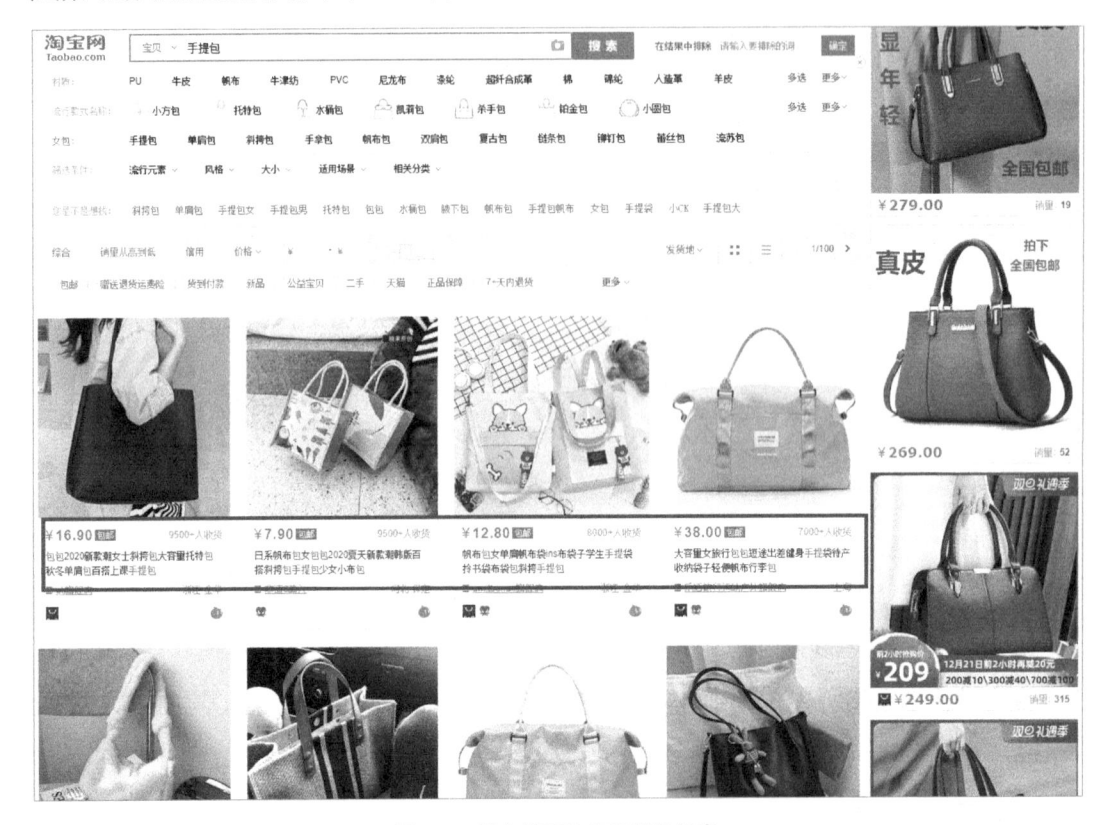

图 5-7　排在前面的商品销量很高

#### 12．回头客比例

对店铺来说，回头客越多越好，对于客户回头率高的店铺，淘宝网认为其服务态度好、发货速度快、商品质量好,这样客户才可能回头购买。卖家可以通过各种方式给老客户一些优惠和福利,吸引他们不断购买。

## 5.1.2 淘宝活动流量

做活动是为了吸引大量的免费流量,并且最大化地利用流量实现盈利。淘宝活动流量是获取免费流量的重中之重,想快速打造一个超级爆款离不开活动,大家常常看到的 30 天销量上万件的商品一般都参加了活动。如图 5-8 所示,参加活动的商品吸引了大量流量,因而成交量很大。

图 5-8 参加活动的商品吸引了大量流量

参加淘宝活动要注意以下事项。

(1)弄清楚自己做活动的目的,是清库存还是提高店铺人气。参加淘宝活动的卖家主要是为了提升销量、培养人气商品、树立客户口碑等,但不管出于什么样的目的,商品质量要放在第一位。

(2)要提前把自己的商品页面及商品主图优化好。即使把大量的流量引到店铺,但是如果商品的图片拍得不好、商品详情安排得不合理,那么买家也会失去购物的冲动。因此,卖家要尽量把图片做到买家一看到就会产生购买冲动的效果,既要漂亮,又要符合实际,力求实拍,以还原商品本身的色彩。

(3)注意引流以后的关联销售。比如,一条裙子,平时卖 89 元,在做活动时就可以卖 69 元,做活动不要想着获取高额利润,当然也不要亏钱。做活动主要是为了培养爆款,提高店铺其他商品的销量。图 5-9 所示为关联销售商品。

(4)看自己实力够不够,准备是否充分,应量力而行。卖家要注意分析活动是否适合自己参加,因为有些活动不一定适合自己的商品,如果草率参加了活动,但是表现很差,下一次想再上活动就比较难了。

(5)在做活动时,还有一件事情一定要注意,那就是客服的回复语言。客服对买家的咨询一定要及时回复并使用礼貌的语言,以增加他们的好感。

(6)在报名参加活动时一定要仔细看规则,如果不了解规则,则很难报名成功。卖家要选择店铺中销量高的商品来参加活动,要用尽可能低的价格来报名,这样可以提高通过的概率。

## 5.2 免费的自然流量

在"流量为王"的今天,可以说流量代表着一切,而广大中小型店铺没有太大的实力做直通车、聚划算或者更大的活动,往往其店铺的流量来源是自然流量。

图 5-9 关联销售商品

### 5.2.1 做好三大指标

一般而言,淘宝店铺有流量就意味着有销量,若想获得免费的自然流量,则要做好三大指标——主图、详情页、客单价。

### 1. 主图

大型店铺对主图的制作要求非常高，无论是商品图还是推广图起到的作用都是视觉营销。主图是一个特别重要的优化主体，因为客户在搜索宝贝的时候，平台呈现给客户的就是宝贝的主图。

### 2. 详情页

详情页可参考大型店铺的，记下其设计详情页的特点，如注重商品的特点、注重商品的细节图、特写商品品牌等。在设计商品详情页时需要做到拥有自己的特点、真实、描述与商品一致等，这些关系着店铺的动态评分。

### 3. 客单价

客单价是指每个客户在店铺中的平均消费金额。我们知道，店铺的销售额是由客单价和客户数所决定的，因此要提升店铺的销售额，除尽可能多地吸引客户进店，增加客户交易次数外，提高客单价也是非常重要的途径。

## 5.2.2 打造爆款人气商品

何谓"人气"？顾名思义，人气是指商品的受欢迎程度。当买家在搜索时，商品和搜索关键词的相关程度，称为相关性。目前，主要根据两个因素来进行人气排名，即相关性和人气分。

### 1. 相关性

如果相关性不好，即使有再高的人气分，那么这个商品的排名也不会靠前，或者根本没有展现的机会。决定相关性的因素有三个：类目属性、商品标题、搜索关键词。

（1）搜索关键词和类目属性的相关性。当买家搜索商品时，一般已经有较为明确的意图。例如，当买家搜索"凉鞋"时，搜索结果会优先呈现"凉鞋"类目的所有商品，而关于篮球服、连衣裙等类目的商品基本不会出现。因此，一个商品的类目属性，很多时候会直接决定其排名。

（2）搜索关键词和商品标题的相关性。目前，在淘宝网搜索的主要内容是商品标题。

### 2. 人气分

每个卖家都希望自己的商品人气排名靠前，但是淘宝网首页只能展示有限的商品，而且其中需要为天猫卖家、直通车卖家预留位置。因此，大多数店铺，尤其是中小型店铺的人气排名总是不够理想。

下面给出人气排名的优化建议。

- 保证商品没有违规。人气商品不要有任何违规的操作。
- 确保类目属性正确。在发布商品时，一定要确保类目属性正确。
- 优化具体的关键词。最好能确定两三个关键词，然后看看关键词的搜索结果有哪些，一般这些结果就是竞争对手的商品，在确定关键词时可以参考同行业优质的关键词。
- 适当做一些推广。推广有多种方式，除超级推荐、直通车、淘宝客等付费的推广方式外，还有很多免费的推广方式。
- 提高客户的转化率。每天关注人气商品，如果发现浏览量大但咨询量少，则可能在于商品描述不够吸引人；如果咨询量大但成交量低，则可以采用送小礼品、包邮等方式来提高转化率。
- 多使用支付宝交易。从技术的角度来讲，用支付宝交易，对积累人气分有好处。

### 5.2.3　不同时期的标题优化

标题优化是一个长期要做的工作，在不同的销售状态下，商品要用不同的词来做标题。一般而言，根据不同的销量，商品会有新品期、成长期和爆款期。在这几个时期要使用不同的标题。

#### 1．新品期

新品期商品的特点是没销量、没评价、没人气。这时应选用贴切的词，用"精准词＋类目词"的方式来命名商品，尤其要注意"精准词"的应用。

比如，销售一款鞋子，这款鞋子的特点是短靴、狐狸毛、平跟、女款、雪地靴、人造长毛绒、2020年秋季新品，所以可以给它设置这样一个标题：秋季女鞋短靴狐狸毛女平跟女雪地靴子。

由于该商品是新品，目前销量比较低，去争"雪地靴"这种热门关键词一般不会有好的排名。而现在用的这个标题，使用大量精准词，可以让其在被搜索的时候有较好的排名。当然，这些词的搜索量可能不会太高，但精准词的曝光率一般高于热搜词。

#### 2．成长期

当商品销量达到50～100件时，它就处于成长期了。这个时期的商品特点是有一定的销量，但销量不够高，有评价，但商品人气不足。这时可以增加一些热搜词的配额，一般可以把热搜词的比例提升至 40%～50%，然后用搜索量较高的精准词来配合。

#### 3．爆款期

当商品销量达到几百甚至几千件时，它就已经处于爆款期了。这个时期的商品特点是销量高，有大量的评价。这时可以选用搜索量高的词，让商品尽可能被更多的人搜索到，获得更高的曝光率。

## 5.3 让买家收藏店铺增加人气

淘宝店铺的收藏量对店铺权重有影响，收藏量增加能够提高自然搜索权重。收藏某家店铺的具体操作步骤如下。

（1）进入淘宝网首页，在搜索框中输入店铺类型来搜索店铺，然后单击店标、店名或会员名，打开需要收藏的店铺，单击"收藏"按钮，如图 5-10 所示。

（2）提示店铺收藏成功，如图 5-11 所示。

图 5-10　单击"收藏"按钮　　　　　　图 5-11　店铺收藏成功

## 5.4 灵活运用信用评价

在淘宝网上，广告可以说无处不在，而且可以免费做广告的地方很多，就连在给买家进行"信用评价"时，也可以宣传、展示店铺和商品。

店铺会员在使用支付宝服务成功完成一笔交易后，交易双方均有权对对方的交易情况做出评价。卖家可以针对交易情况给予买家好评、中评或差评，这些评价称为信用评价。

在"已卖出的商品"页面中，找到需要给买家评价的交易。单击"评价"按钮，然后在"评价"页面中会看到"好评""中评""差评"。卖家在"发表评论"的文本框中可以输入评论，还可以加上店铺的宣传语，这样就免费宣传了自己的店铺。

卖家除可以通过信用评价做广告外，还可以在"主评解释"或"追评解释"处做广告，如图 5-12 所示。

图 5-12 评价解释

## 5.5 使用店铺优惠券促销

店铺优惠券是虚拟电子现金券,是在卖家开通营销套餐后,额外给卖家提供的一个超强促销工具,卖家可以在不充值现金的前提下针对新客户或者不同等级的会员发放不同面额的店铺优惠券。买家在购买商品时可以使用所获得的店铺优惠券抵扣现金。店铺优惠券是由卖家赠送给本店买家的,因而只能在本店中使用。

店铺优惠券具有很高的灵活度,完全由卖家决定发放的面额、对象及数量,专门用于本店促销活动。图 5-13 所示为店铺优惠券。

图 5-13  店铺优惠券

## 5.6 博客营销

闲暇时写博客、浏览博客,是很多网民都会做的事情。因此,利用博客推广店铺也不能被忽视。

卖家在发布自己的生活经历、工作经历和某些热门话题的评论等时,可以附带宣传一下商品品牌等,特别是当卖家在某领域具有一定的影响力时,其所发布的文章更容易引起关注,吸引大量潜在的客户浏览,从而通过博客为读者提供了解卖家的机会。需要注意的是,用博客来推广店铺的首要条件是拥有良好的写作能力。

现在做博客的网站很多,虽然不可能把所有的博客都利用起来,但卖家也需要多注册几个博客进行店铺推广,新浪博客和百度博客都是常见的博客平台。

### 提示与技巧

利用博客推广自己的店铺要巧妙,不要一上来就直接做广告,最好写一篇软文。博客要尽量写得精彩,这样会吸引大家下次还来浏览,还可能获得关注。在写好博客以后,有空多去别人的博客转转，只要点击进去，浏览记录就会在其博客里显示，出于对陌生拜访者的好奇，大部分博主会来你的博客看看。图5-14所示为通过博客推广店铺示例。

图5-14 通过博客推广店铺

## 5.7 微信推广

如今，微信朋友圈商品同质化现象严重，而同一商品竞争的人很多，要想脱颖而出，卖家应用心打造朋友圈。

### 5.7.1 朋友圈的营销技巧

朋友圈的营销技巧有哪些呢？

（1）朋友圈营销的重中之重是"品牌商品的塑造"，品牌商品的专业展示是营销的基础，卖家可以发一些商品或使用方面的专业知识，吸引人们关注。

（2）分享客户现场体验的评价。

（3）偶尔分享与自己生活有关的话题，衣、食、住、行均可。比如，"今天穿高跟鞋走了一天路，脚都起泡了。"

（4）发布的朋友圈最好"图文并茂"，这样才能吸引人转发，才能在第一时间借力形成营销裂变。

（5）在分享商品时应加上自己的引导式总结内容。

（6）分享话题的最佳时间是晚上 8:00—10:00，抓住人们的碎片时间。

（7）把握字数。如果字数太多，朋友圈动态只会显示一条，其他的会被隐藏起来，因此一条朋友圈 80~110 个字即可。

（8）使用表情。如果一些人的朋友很多，那么每天的朋友圈动态可能比较多，怎样才能吸引人们的眼球，看到并注意自己的动态呢？使用表情可以解决这个问题，因为表情可以让文字更生动、具有色彩。

### 提示与技巧

尽管朋友圈的信息不会直接推送给朋友，但还是不建议用刷屏的形式进行推广，每天发布的朋友圈数量可以控制在 5 条左右，每隔一段时间发布一条，让人们在不同时间浏览朋友圈的时候看到你的动态，然后吸引他们进来看你朋友圈的全部内容。

### 5.7.2　在朋友圈植入广告的方法

下面介绍一些常用的在朋友圈植入广告的方法。

#### 1. 自己试用

一款商品好不好，往往要看卖商品的人是否在用。为了打消人们的顾虑，可以上传自己试用的照片和体会，自己试用也让人们感觉更亲切，如图 5-15 所示。

#### 2. 客户评价

如果在朋友圈天天说自己的商品好，别人看多了就烦了，甚至可能会直接屏蔽，但是如果有第三方说商品好，则往往更容易得到人们的认可。因此，卖家可以在朋友圈发布客户对商品的评价等，如图 5-16 所示。

图 5-15　自己试用　　　　　　　　　图 5-16　客户评价

### 3. 品牌文章分享

一款商品要想有说服力，品牌形象一定要做得比较好，所以适当地宣传品牌还是十分有必要的，打造新品牌的卖家应尤其注重这点。

### 4. 商品介绍

直接对一款商品进行描述，虽然相对来说广告比较"硬"，效果可能差一些，但是对一些需要展示的商品来说，商品介绍是必不可少的。比如，被子、十字绣、衣服等都是需要看图片的。

5. 展示工作

要证明你推荐的商品好，销量高也是重要的证明方法之一，要体现出销量高，可以从展示工作入手，如发布大量包裹照片、同事合影等，如图 5-17 所示。

图 5-17　大量包裹照片

## 5.8　练习题

1. 填空题

（1）_____是指来自搜索引擎的免费流量。_____对卖家来说非常重要，它是店铺的主要流量来源。

（2）_____，商品被搜索到的可能性越大，商品的质量分就越高，尤其是在做直通车推广的时候。

（3）_____是指所有进入淘宝店铺并产生购买行为的人数和所有进入店铺的人数的比率。

（4）_____是虚拟电子现金券，是在卖家开通营销套餐后，额外给卖家提供的一个超强促销工具，卖家可以在不充值现金的前提下针对新客户或者不同等级的会员发放不同面额的店铺优惠券。

2．简答题

（1）影响自然搜索流量的因素有哪些？

（2）参加淘宝活动应注意哪些事项？

（3）本章给出的人气排名优化建议有哪些？

（4）朋友圈的营销技巧有哪些？

（5）常用的在朋友圈植入广告的方法有哪些？

# 第 6 章

## 通往淘宝大卖家的必备推广武器

随着网购人数的逐渐增多，淘宝市场变得越来越庞大，同时淘宝网的规则、玩法也越来越多、越来越严格。如何突破瓶颈将店铺做大做强，成为卖家们的一大考题。本章主要介绍一些通往淘宝大卖家的必备推广武器。

**知识导图：**

通往淘宝大卖家的必备推广武器
- 店铺宝推广
  - 什么是店铺宝
  - 如何使用店铺宝
- 淘宝客推广
  - 什么是淘宝客推广
  - 如何开通淘宝客推广
  - 淘宝客推广的技巧
- 超级钻展吸引百万流量
  - 超级钻展介绍
  - 设置超级钻展
  - 超级钻展推广什么
  - 准备好素材是关键
  - 竞价技巧
- 高效使用直通车
  - 关于直通车
  - 直通车的优势
  - 加入直通车
  - 挑选合适的宝贝进行推广
  - 如何正确选择关键词
- 使用聚划算
  - 什么是聚划算
  - 聚划算的入口
  - 参加聚划算的好处

**学习目标：**

♫ 掌握如何设置"满就减（送）"
♫ 掌握淘宝客推广
♫ 掌握超级钻展推广

电商多平台运营实战
淘宝、京东、拼多多、抖音

♪ 掌握如何高效使用直通车
♪ 掌握聚划算推广

## 6.1 店铺宝推广

在淘宝网众多的营销工具中，店铺宝功能更多、更强大，可以根据卖家促销活动的主题设置不同的"满就减（送）"。

### 6.1.1 什么是店铺宝

店铺级优惠工具"满就减（送）"全面升级并更名为"店铺宝"，支持创建部分商品或全店商店的满件打折、满元减钱、满包邮、满送权益、满送赠品等营销活动，是一款提升客单价的利器，使卖家的店铺促销活动可以面向全网推广，将优惠的店铺促销活动推广到买家寻找店铺的购物路径中，缩减买家的购物成本。

卖家通过订购"店铺宝"服务，并进行相应的满就减（送）设置，就可以在每个宝贝的详情页中展示店铺的促销信息，如图6-1所示。

但是，卖家不要以为订购了店铺宝服务，以后订单就会源源不断地找上门来。不要忘记，商品和服务本身才是订单的基础。店铺宝工具更适合原本就有流量、有销量的卖家使用，这个工具可以促使买家更多地购买店

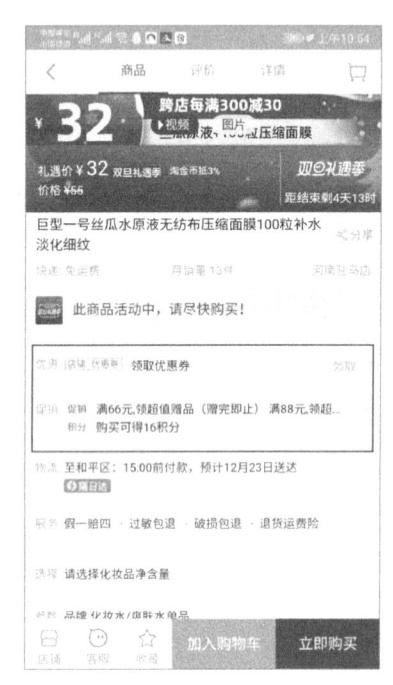

图 6-1 满就减（送）

铺中的商品，以保证所购买商品的性价比，也就是说可以省点钱。

### 提示与技巧

有些人没有很好地认识到这个活动的本质，以为是以亏本换销量的活动，其实不是。尽管有些卖家以牺牲利润来换取销量，但也有失必有得——牺牲一点眼前的利益，换来更多的人了解商品、积累更多的人气，这是每个商家都想得到的。

## 6.1.2 如何使用店铺宝

使用店铺宝的具体步骤如下。

（1）登录淘宝网，进入千牛卖家工作台，单击"营销中心"下的"店铺营销工具"链接，如图 6-2 所示。

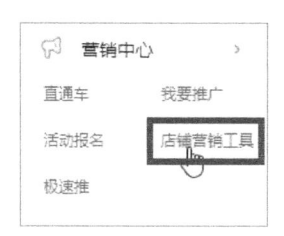

图 6-2 单击"店铺营销工具"链接

（2）进入"营销工作台"页面，单击"查看全部策略"按钮，如图 6-3 所示。

图 6-3 单击"查看全部策略"按钮

（3）进入"全部策略"页面，卖家可以选择"满元减钱""满多件送赠品""满多件返大额券""满元送高价值权益"等，选好后单击下面的"立即设置"按钮，如图 6-4 所示。

如果你还没有订购店铺宝服务，则可以前往服务市场订购。打开"服务市场"页面，选择周期后单击"立即购买"按钮，如图 6-5 所示。付款后即成功订购该服务。

▶电商多平台运营实战
淘宝、京东、拼多多、抖音

图6-4 单击"立即设置"按钮

图6-5 订购店铺宝服务

## 6.2 淘宝客推广

淘宝客推广是一种按成交计费的推广模式。只有成交后，卖家才需要向淘宝客支付佣金。

### 6.2.1 什么是淘宝客推广

淘宝客从淘宝客推广专区获取商品代码，买家经过淘宝客的推广（链接、个人网站、博客或者社区发的帖子）进入淘宝卖家店铺完成交易后，淘宝客就可得到由卖家支付的佣金。帮助淘宝卖家推广商品并按照成交效果获得佣金的人就是淘宝客。买家通过支付宝交易并确认收货后，系统会自动将应付的佣金从卖家的收入中扣除，存入淘宝客的预期收入账户中。

目前，淘宝客已经逐渐融入人们的生活中，任何人都可以帮助淘宝卖家销售商品，从中赚取佣金，淘宝客一跃成为十分有影响力的网络职业人群。图 6-6 所示为淘宝联盟下的淘宝客推广。

**提示与技巧**

在一些流量高的网店或独立网站上会把卖家的推广商品代码做成广告，如果有人通过这些广告进入卖家的店铺并且成功购买了卖家的宝贝，那么卖家就要给这些带来订单的淘宝客支付所设定的佣金。

图 6-6 淘宝联盟下的淘宝客推广

### 6.2.2 如何开通淘宝客推广

淘宝客既可以推广单个商品，也可以推广整个店铺，能够做到推广内容和推广途径完

▶电商多平台运营实战
淘宝、京东、拼多多、抖音

全自定义，使推广内容和网站内容或推广途径充分结合。

开通淘宝客推广的具体步骤如下。

（1）进入千牛卖家工作台，单击"营销中心"下的"我要推广"链接，如图6-7所示。

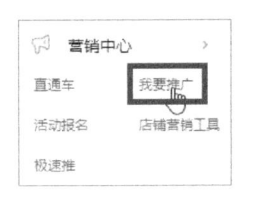

图6-7 单击"我要推广"链接

（2）进入我要推广页面，单击"淘宝客"下面的"开始拓展"按钮，如图6-8所示。

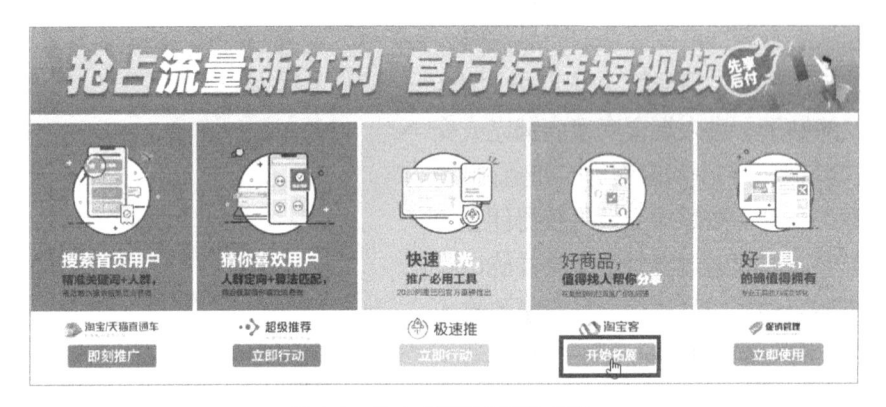

图6-8 单击"开始拓展"按钮

（3）打开淘宝客页面，可以看到当前的推广情况，如图6-9所示。

图6-9 淘宝客页面

## 6.2.3 淘宝客推广的技巧

淘宝客是一种可以先看到效果再付费的形式。不过,优秀的淘宝客并不是那么容易寻找的,因为他们需要的是能为自己带来更高收入、更好分成的卖家。做淘宝客的人很多,只要卖家的商品质量好,佣金比例设置得相对较高,自然会有很多淘宝客为卖家的商品进行宣传和推广。

做好淘宝客推广的技巧如下。

### 1．设置合理的佣金比例

淘宝客推广的佣金比例设置得不能太低,一般来说佣金比例设置在1%以内的商品很少有淘宝客进行推广。只有设置合理的佣金比例才能吸引淘宝客推广,如将佣金比例设置为5%~40%。

### 2．选择优质商品

商品销量越高越有淘宝客参与推广,那些滞销商品是很难吸引淘宝客推广的。

### 3．标题突出卖点

在标题中要突出商品的卖点,这样能在第一时间吸引淘宝客推广。

### 4．额外奖励刺激

卖家除设置基本的佣金外,还可以制订推广激励计划,对于推广多的淘宝客给予额外奖励。

### 5．提升店铺的转化率

当商品的佣金设置得很有吸引力,并且店铺的转化率很高时,淘宝客推广起来才有动力,因此卖家应努力提升店铺的转化率。

### 6．举办活动来吸引淘宝客

卖家可以举办一些活动来吸引淘宝客,并且需要重点向淘宝客讲解活动的优势,在淘宝客了解了店铺活动所具有的优势之后,自然也就倾向推广店铺的商品了。

### 7．设计美观的图片

商品图片要设计得美观,这样更易吸引淘宝客推广。

## 6.3 超级钻展吸引百万流量

超级钻展的出价方式更智能，算法更强大。传统广告中的出价通常是基于人群出价，而在超级钻展中针对买家划分不同圈层，在当前阶段，每个人群圈层相互独立，随着投放的进行，各圈层间人群将进行流转。不同的圈层通过不同的衡量指标评估投放效果。

### 6.3.1 超级钻展介绍

超级钻展能够帮助店铺实现"破圈"，拓展新客户。通过对全网数据进行挖掘，根据消费者和店铺的亲疏关系，将是否与店铺主营类目发生关系作为判断依据，划分不同圈层人群。超级钻展能够针对不同圈层人群给予不同的投放策略，实现差异化营销诉求。

超级钻展是专门为有更高信息发布需求的卖家量身定制的工具，精选了淘宝网优质的展示位置，通过竞价排序，按照展现计费，其性价比高，更适合品牌店铺的推广。图6-10所示为手机淘宝网首页优质的超级钻展。

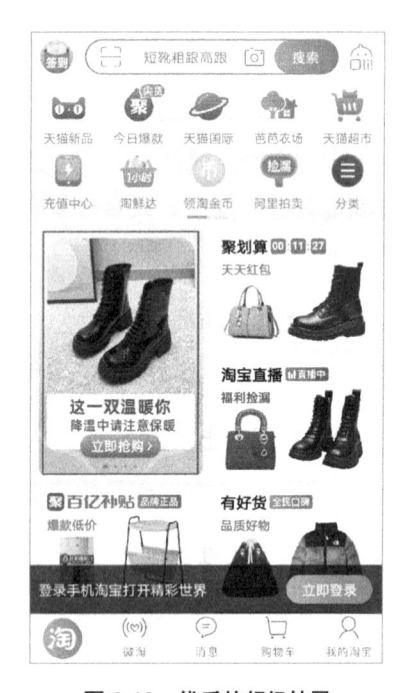

图6-10 优质的超级钻展

#### 提示与技巧

超级钻展提供了丰富而全面的统计数据，让卖家对每一分投入都清清楚楚。此外，它还提供了广告优化服务，无论是广告投放设置还是后续行为，超级钻展都会对其进行监测和分析，让卖家了解如何优化广告投放，最大限度地提升广告投放效果。

超级钻展具有以下优势。

（1）人群更清晰：对不同圈层中的同类人群，基于远近关系输出定制化策略。

（2）场景更丰富：淘内外媒体矩阵，覆盖消费者生活全场景。

（3）玩法更多元：丰富创意组件类型，多重刺激消费者互动点击。

（4）操作更智能：降低卖家平台操作门槛，智能技术加持操作更便捷。

（5）超炫展现：展现形式绚丽。超级钻展不但支持图片格式，而且支持视频格式，其尺寸一般都比较大，冲击力强，可以最大限度地吸引买家进入店铺。图 6-11 所示为绚丽的超级钻展。

（6）超优产出：按照展现次数收费，不展现不收费，自由组合信息发布的时间、位置、费用等。统计报告和效果优化服务让卖家对每一分投入都清清楚楚。

（7）定向准：目标定向性强，可以定向主流购物人群，直接生成订单。

### 6.3.2 设置超级钻展

卖家设置超级钻展的具体步骤如下。

（1）进入千牛卖家工作台，单击"营销中心"下的"超级钻展"链接，如图 6-12 所示。

图 6-11 绚丽的超级钻展

图 6-12 单击"超级钻展"链接

（2）进入超级钻展首页，单击"进入后台"按钮，如图 6-13 所示。

（3）进入超级钻展后台首页，可以看到单日投放数据、历史投放数据，如图 6-14 所示。

▶电商多平台运营实战
淘宝、京东、拼多多、抖音

图 6-13　单击"进入后台"按钮

图 6-14　超级钻展后台首页

146

# 第 6 章
通往淘宝大卖家的必备推广武器

（4）新建计划，如图 6-15 所示。首先，填写基本信息，包括计划名称和投放日期；其次，设置定向人群，定向方式可选择 AI 优选或自定义人群，建议使用 AI 优选；再次，设置资源位，投放方式建议选择优质资源位；最后，设置预算和出价，竞价方式建议选择成本控制。在设置好计划后，单击底部的"下一步，设置创意"按钮。

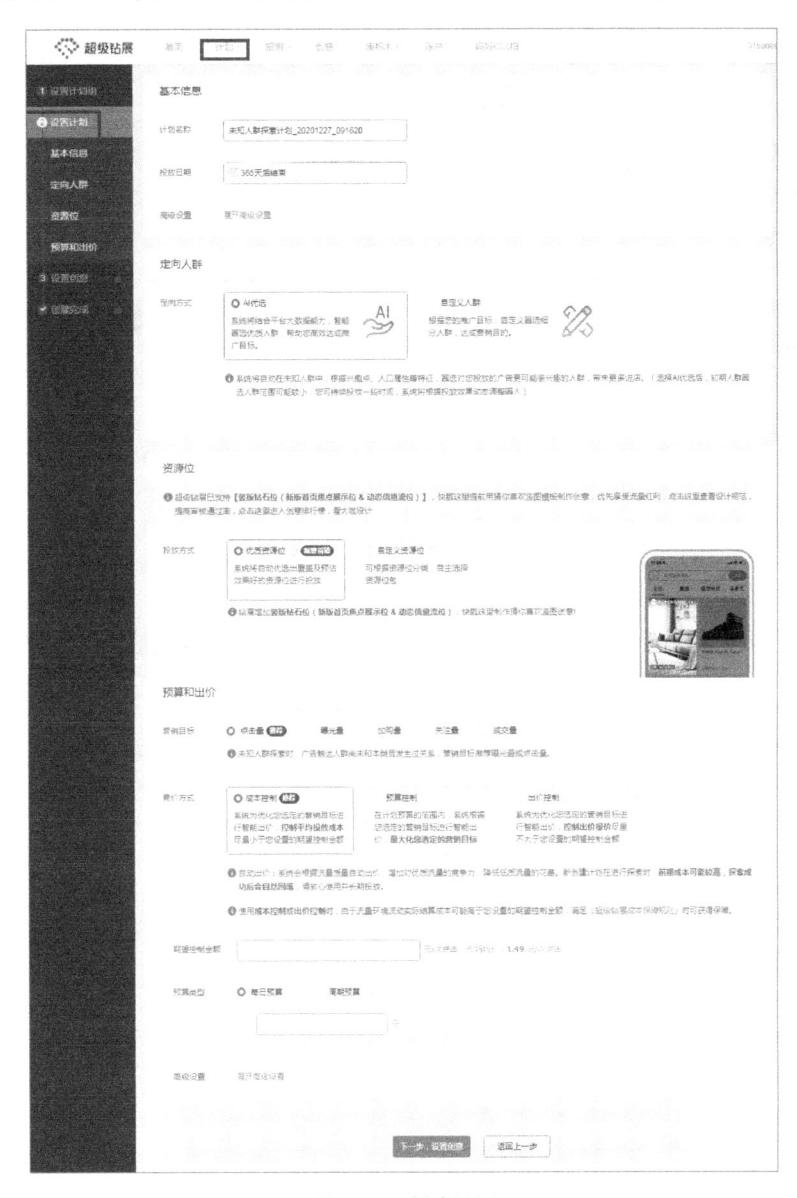

图 6-15　新建计划

（5）设置创意。打开"智能创意",系统即可自动优选店铺内的宝贝制作创意。为了帮助卖家快速设置超级钻展新首页营销场景,解决创意制作复杂的问题,超级钻展提供了"智能创意"功能,使用此功能可以一键制作创意,高效完成投放准备,如图 6-16 所示。

图 6-16　设置创意

（6）设置报表。报表包括账户整体报表、计划组报表、高级报表,如图 6-17 所示。

图 6-17　设置报表

### 6.3.3 超级钻展推广什么

超级钻展不但适合发布宝贝信息，而且适合发布店铺促销信息、店铺活动信息，以及推广店铺品牌。超级钻展推广可以为店铺带来一定的流量，还会提升买家对店铺的好感，增强买家黏性。

超级钻展到底推广什么？

**1. 推广商品**

如果主推的是商品，那么商品一定要有绝对优势和吸引力，才能吸引买家点击。因为超级钻展是按流量付费的，所以广告是否成功，在很大程度上是用点击率来衡量的。如果商品没有优势，点击率低或没有被点击，那么这个广告就是失败的。

**2. 推广店铺**

成功的超级钻展推广往往能引爆店铺的销量，但前提是先把店铺装修好，各种促销活动只有足够吸引人，才能把所引进的流量转化为成交量。

**3. 推广促销活动**

促销活动很容易抓住买家的眼球，尤其是一些优惠力度很大的活动，做超级钻展推广也可以带来很大的流量。

### 6.3.4 准备好素材是关键

超级钻展一般是中大型店铺在淘宝网首页或各个特卖频道购买的广告位，费用相对较高，其对图片质量要求也比较高。做超级钻展推广的难点在于准备素材，也就是准备广告图片。

超级钻展的图片很重要，图片一定要有足够的吸引力，如果图片不能吸引买家点击，那么展现机会再多也收效甚微。另外，做活动的素材一定要突出商品卖点，这样才能吸引对该类商品有潜在需求买家的注意。

比如，卖家想以整个店铺促销活动为主题，配合推广店铺内几款热销商品，这时通常要根据图片的长度来决定添加几张商品图片。

## 💡 提示与技巧

其实不管做什么样的宣传图片，无论是大到海报还是小到广告图片，它们包含的元素大多是一样的，一般都包括店铺名称、商品图片、促销主题、辅助信息，有的还包括人物图片，只是侧重的元素略有不同。

那么卖家应如何准备素材呢？

### 1．需要展示店铺品牌或店铺名称

一般店铺发展到一定程度，会更注重店铺品牌或店铺名称，所以该元素一定要放上去。

### 2．人物宜选用表情夸张的漂亮人物图

"爱美之心，人皆有之。"因此，在选择人物素材图时，宜选用漂亮的人物图，尤其是表情夸张的漂亮人物图。使用这类图做广告图片效果良好，容易吸引人的目光。

### 3．文字突出主题

超级钻展上文字的核心就是对颜色的使用，黄橙色比较适合做文字背景，但文字颜色建议选择黑色或其他深颜色。超级钻展图片上的文字需要足够吸引人，一般越新颖越好，但文字一定要突出主题。此外，文字尽量用粗体，还可以设置字体效果。

### 4．商品图片要清晰

在一个小小的超级钻展中，商品图片是不可能展示全部细节的，建议挑选能让大家看得清是什么商品的图片。如果图片模糊，看不出卖的是什么商品，那么谁还会去点击呢？

### 5．辅助信息

辅助信息是可有可无的元素，使用该元素是为了使整张图片看起来更加和谐，如文字可以作为辅助信息。

## 6.3.5 竞价技巧

淘宝网的超级钻展是以浏览量计费的，如果设置不好，就会"花钱如流水"。出价是有讲究的，一般来说出价越高越易被推广，但是不划算。要想找到一个相对划算的价格，则应明白，出价购买的是千次展现量，不管是出 10 元排在第一，还是出 2 元排在最后，只要

能展现出来，效果是基本相同的。下面介绍一些竞价技巧。

### 1. 竞价一定要冷静

建议卖家在竞价前先研究自己选中的广告位的特征及最近的出价数据，看准了、计算好了再出手，切忌不顾一切地去抢广告位，有时候一时冲动，可能会抢到不适合自己商品的广告位。

### 2. 科学出价

在流量没有被购买完的情况下，出价要尽量低，这样才可以在相同的预算下拿到更多的流量。当然，有些卖家是挑时间段的，如一定要在 19:00—21:00 投放广告，由于在一个比较短的时间段内的流量有限，这时取得优先权就很有必要。

### 3. 快速竞价

在一般情况下，竞价开始后的前几分钟是竞价最激烈的时候，很多卖家往往会在前几秒出价或加价，因此卖家在制订好投放计划后，可以快速竞价以迅速抢占广告位。

### 4. 时间的选择很重要

卖家在竞价时，对于时间的选择也很重要。通常，在非高峰时间段竞争者少，价格也相对低一些。需要注意的是，不同时间段的流量是不一样的。购物高峰期的流量相当大，排在前面的那些卖家的预算可能很快就用完了，这时就轮到排在后面出价比较低的卖家展示了。这里有一个小技巧，卖家在做预算的时候，可以选择在流量比较大的时间段出价相对低些，但是预算要足，这样才能以比较低的价格买到大流量。有些卖家只追求出价低，但是若买不到流量，或者只展示几分钟就下来了，这样就失去了开通超级钻展的意义。

## 6.4 高效使用直通车

淘宝直通车是店铺推广的得力助手。直通车具有广告位极佳、广告针对性强和按效果付费三大优势。淘宝直通车的核心作用是提升流量，吸引新客户，通过大量点击提高店铺的综合评分，从而增加自然搜索量。因此，直通车用得好可以帮助卖家打造爆款。

### 6.4.1　关于直通车

淘宝直通车推广带来的流量是其他推广工具和方法无法比拟的。淘宝直通车推广能给宝贝带来曝光量，精准的搜索匹配也能给宝贝带来精准的潜在买家。淘宝直通车推广通过点击让买家进入店铺，在店铺内产生一次甚至多次跳转流量，这种以点带面的关联效应可以降低店铺整体推广的成本，提高整个店铺的关联营销效果。此外，淘宝直通车还给用户（卖家）提供了淘宝网首页热卖单品活动、各个频道的热卖单品活动，以及不定期的淘宝网各类资源整合的直通车用户专享活动。

淘宝直通车推广的原理是根据宝贝设置的关键词进行排名展示，按买家点击付费，具体介绍如下。

- 如果想推广一个宝贝，则应先为该宝贝设置相应的关键词和标题。
- 当买家在淘宝网通过输入关键词搜索宝贝或者按照宝贝分类进行搜索时，就会以图文并茂的形式展现推广中的宝贝。
- 在买家通过关键词或宝贝分类搜索后，在直通车推广位点击店铺的宝贝，系统就会根据所设置的关键词或类目的出价来扣费。

### 6.4.2　直通车的优势

简单地说，淘宝直通车的优势是：把潜在的买家带到店铺中，给店铺带来流量，有了流量，卖家就能施展自己的本领，提升店铺销量。

淘宝直通车具有以下优势。

- 超值服务——独享增值服务，迅速积累经营和推广能力，让卖家成为销售高手。
- 超省成本——免费展示，按买家点击付费，卖家可以自由设置日消费限额、投放时间、投放地域，有效控制花销，合理掌控推广成本；具有强大的防恶意点击技术，系统24小时不间断运行，保证点击真实、有效。
- 超准推荐——被直通车推广的宝贝，只要买家主动搜索就能看到。在最优位置展示宝贝，只给想买的人看。
- 直通车能给整个店铺带来人气。虽然推广的是单个宝贝，但很多买家会进入店铺去浏览其他宝贝，一次点击带来的可能是多件商品的成交，这是直通车推广吸引卖家的原因之一。
- 加入直通车的卖家可以参加更多的淘宝网促销活动，参加后会有不定期的直通车用户专享促销活动。
♪ 加入直通车的卖家可以免费参加直通车培训，并且有优秀的直通车小二指点其优化推广方案，迅速掌握直通车推广技巧。

### 6.4.3 加入直通车

在对淘宝直通车的原理和优势有了基本了解之后，就可以加入淘宝直通车了。那么怎样加入直通车呢？加入直通车的具体操作步骤如下。

（1）进入千牛卖家中心，单击"营销中心"下的"我要推广"链接，如图6-18所示。进入"我要推广"页面，单击"淘宝/天猫直通车"下面的"即刻推广"按钮，如图6-19所示。

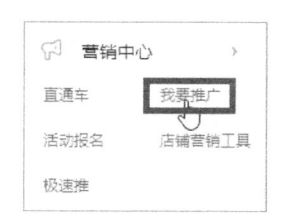

图6-18 单击"我要推广"链接

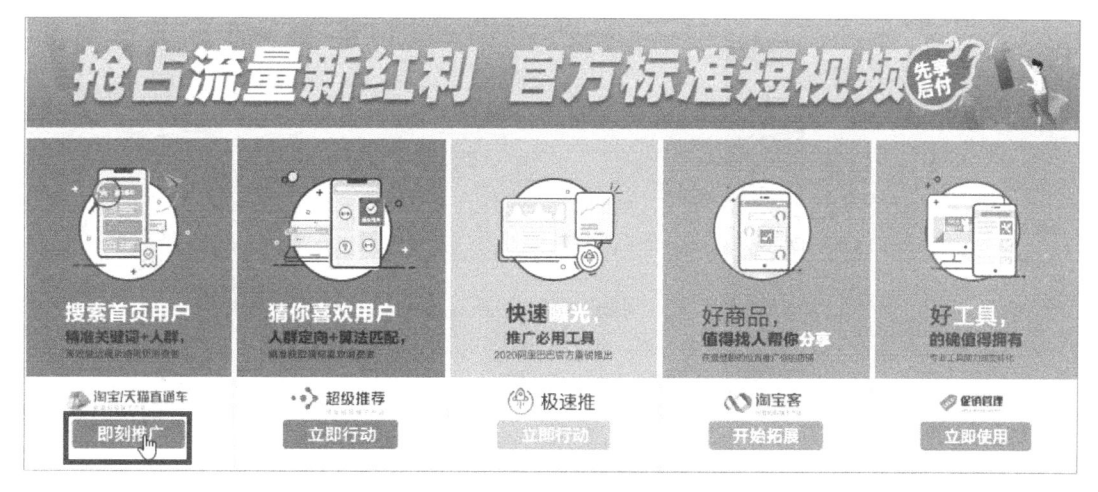

图6-19 单击"即刻推广"按钮

（2）进入淘宝/天猫直通车首页，单击"进入直通车"按钮，如图6-20所示。
（3）进入淘宝直通车首页，系统会弹出"千牛小程序"对话框，如图6-21所示。

▶电商多平台运营实战
淘宝、京东、拼多多、抖音

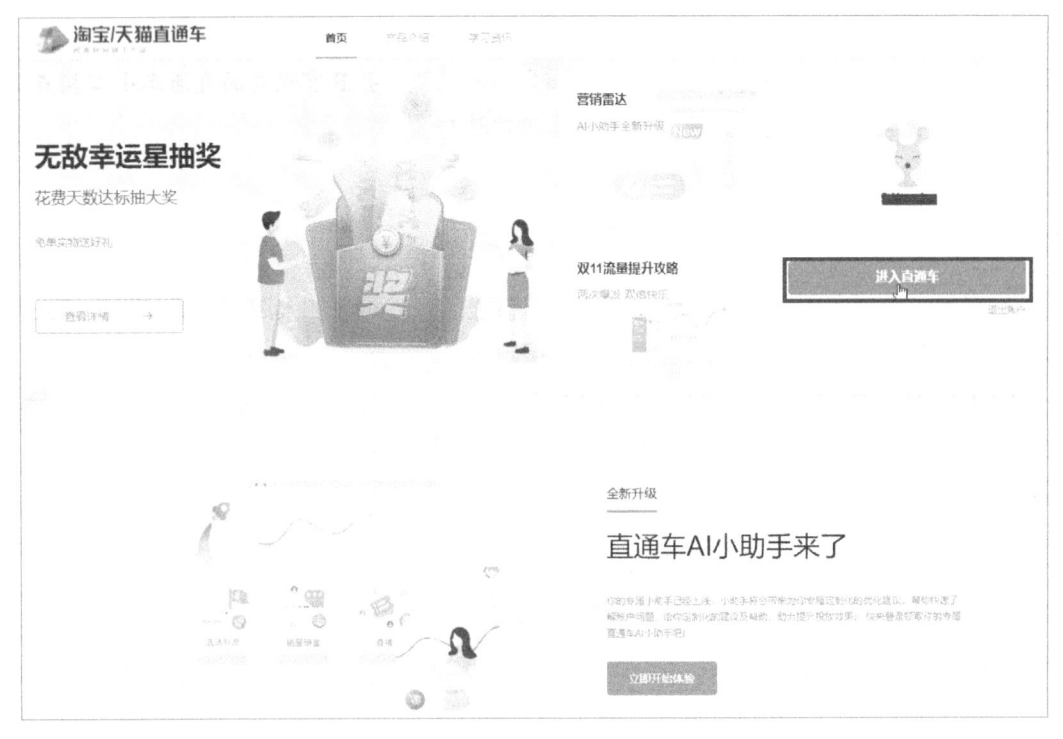

图 6-20　单击"进入直通车"按钮

图 6-21　"千牛小程序"对话框

### 6.4.4 挑选合适的宝贝进行推广

开直通车就像开跑车一样，只要把握好方向盘，就能快速前进，同时要考虑怎样更"省油"，否则会花掉很多"油钱"。但很多卖家在使用直通车进行推广时没有掌握要领，花了很多费用做推广，效果却并不理想。

卖家在使用直通车做推广时要先选好一个宝贝，这是推广的第一步。因为使用直通车推广的目的就是让宝贝有更多的曝光机会，获得买家认可并顺利地将宝贝卖出去，从而有更高的成交量。

选出来做推广的宝贝，一定要有突出、清晰的卖点，能让买家在短时间内注意到该宝贝。宝贝的卖点可以是性价比高（如价格有优势、正在进行促销等）、功能强（如宝贝本身功效好、漂亮等）、品质好（如做工精细等）。

如果买家搜索、浏览宝贝的速度非常快，那么其看广告的时间就更短了。如果宝贝图片不清晰、广告标题不简练、卖点不明确，则很可能买家在匆匆浏览之后，就不愿意关注卖家的宝贝了，卖家因此既可能错过一个大买家，也可能招来大量的无效点击，从而浪费推广费用。因此，对于好广告的基本要求是让买家即使眼睛一扫而过，也能明白卖家在卖什么宝贝、宝贝的卖点是什么等。

### 6.4.5 如何正确选择关键词

关键词是淘宝买家的搜索词，当买家搜索该关键词时，被推广的宝贝将被展现在直通车推广位上。既然关键词这么重要，那么怎样选择关键词，以及有哪些选择方法呢？

（1）将淘宝直通车提供的匹配关键词作为宝贝的关键词，如图 6-22 所示。

- 与宝贝匹配的推荐：系统根据宝贝的相关性信息提取的关键词推荐。
- 相关词查询：在搜索框中输入任意词，查询本词及相关词的流量等情况。
- 其他宝贝使用的关键词：当前账户中其他宝贝的关键词。

（2）使用宝贝标题中的关键词，如图 6-23 所示。

（3）使用宝贝详情中的属性词，如图 6-24 所示。

（4）使用淘宝网首页"搜索框"提示词里的关键词，如图 6-25 所示。

（5）使用搜索结果页面中"您是不是想找"及更多筛选条件中的关键词，如图 6-26 所示。

# 电商多平台运营实战
## 淘宝、京东、拼多多、抖音

图 6-22　淘宝直通车提供的关键词

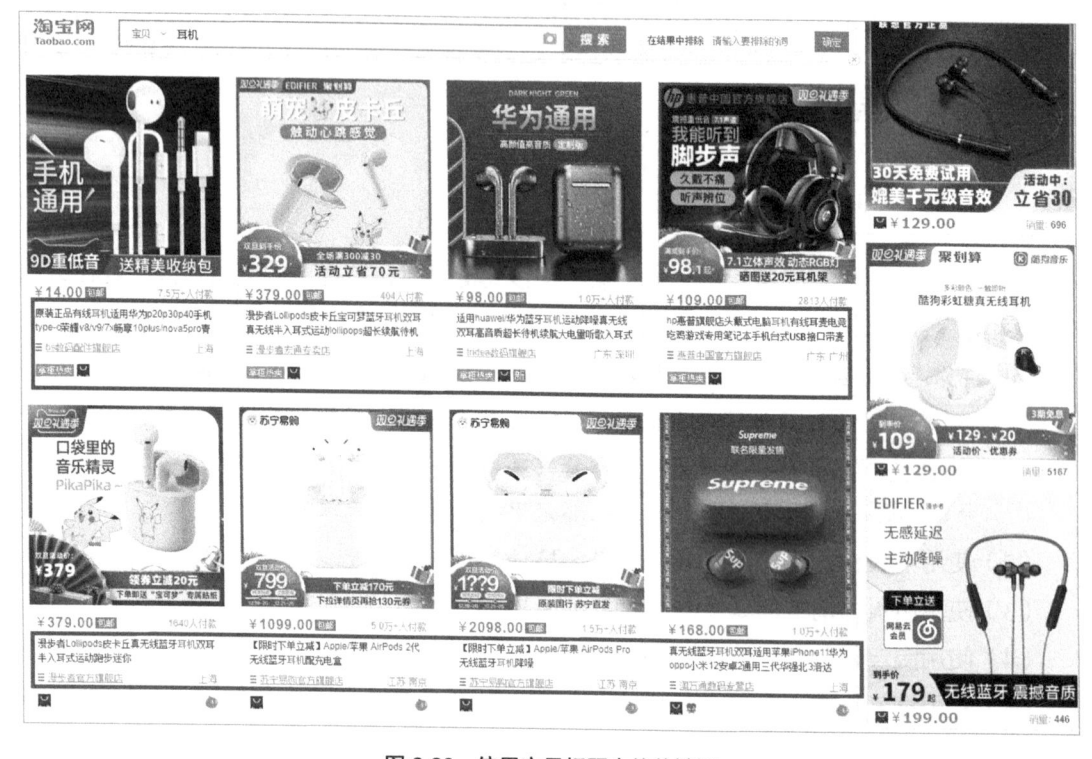

图 6-23　使用宝贝标题中的关键词

图 6-24 使用宝贝详情中的属性词

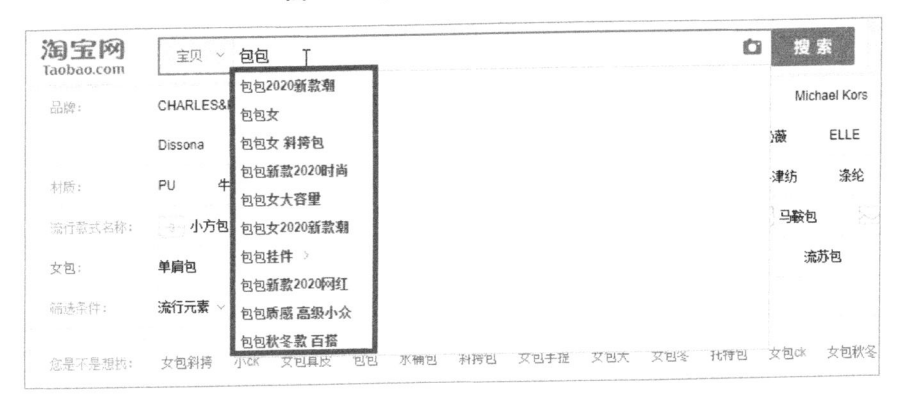

图 6-25 使用淘宝网首页"搜索框"提示词里的关键词

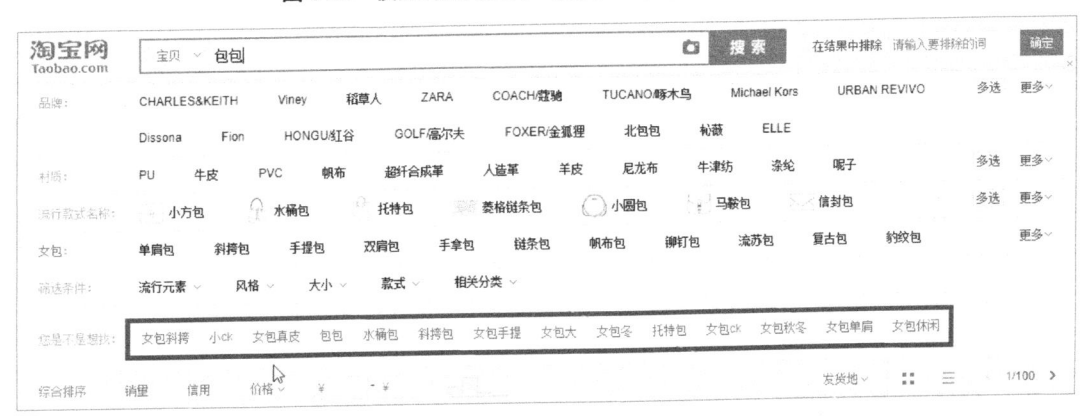

图 6-26 使用搜索结果页面中"您是不是想找"及更多筛选条件中的关键词

## 提示与技巧

要想提升直通车推广效果,需要建立一个专门的表格来跟踪宝贝、关键词、位置的表现,获得各个位置的点击率和展现的第一手数据,这样才具备"少花钱,多做事"的基础。

157

（6）使用"类目词"中的关键词，如图 6-27 所示。

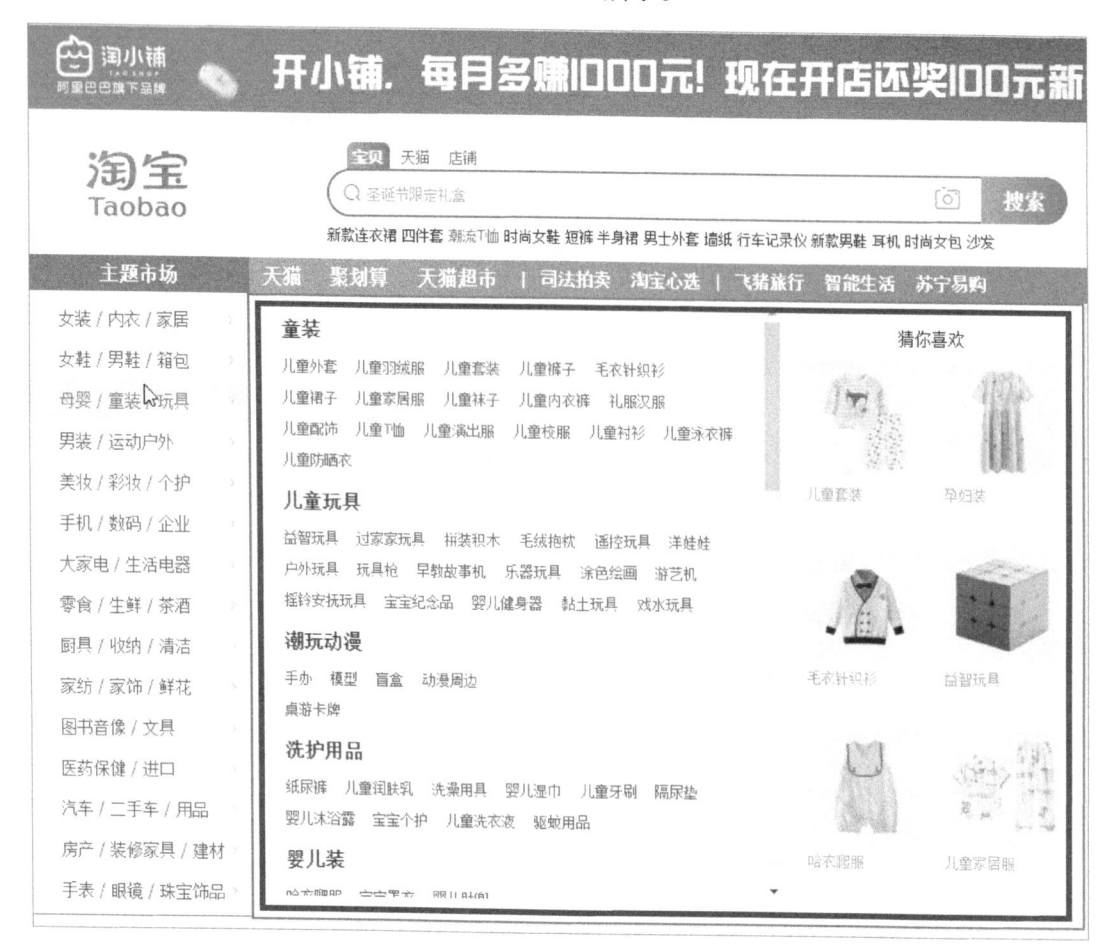

图 6-27　使用"类目词"中的关键词

## 6.5　使用聚划算

如今，在网上购物已经是一件普通的事情，随着互联网的普及，跨地域的消费者开始有组织地组成团队通过网络购物，这种消费模式即网络团购。

## 6.5.1 什么是聚划算

随着团购的兴起，作为拥有众多卖家的淘宝网怎么会错过这个机会呢？聚划算是淘宝网推出的团购平台。每天有众多消费者发起品质团购，从在线商品到地域性生活服务，聚划算已经发展成为展现淘宝网优质卖家服务的互联网消费者首选的团购平台，确立了其重要的团购网站地位。

依托广大的卖家和买家，聚划算一经推出就得到了很多人的关注。淘宝网卖家把它当作推广店铺、打造人气宝贝的好方法；网购买家花很少的钱就能淘到自己中意的宝贝。聚划算实现了淘宝网卖家和买家的双赢，图 6-28 所示为聚划算平台。

图 6-28 聚划算平台

在聚划算的宝贝描述中，做关联销售是十分重要的，展示店铺形象和品牌文化也很重要。在参加聚划算之后，店铺客单价会在一定程度上得到提高。如果宝贝质量不错，客服的服务态度很好且服务及时，则会给店铺带来不少好评，这些好评同时影响着宝贝乃至整个店铺的口碑。图 6-29 所示为聚划算的关联营销。

图 6-29　聚划算的关联营销

## 6.5.2　聚划算的入口

聚划算带来的单品销量巨大,这是显而易见的,而且是相当重要的。聚划算拥有强大的粉丝团,再加上多个官方大流量入口,从而保证了其买家流量是巨大的。聚划算的入口主要有以下两个。

（1）淘宝网首页顶部导航栏中的"聚划算",如图 6-30 所示。

（2）淘宝网首页底部导航栏中的"聚划算",如图 6-31 所示。

# 第 6 章
## 通往淘宝大卖家的必备推广武器

图 6-30　淘宝网首页顶部导航栏中的"聚划算"

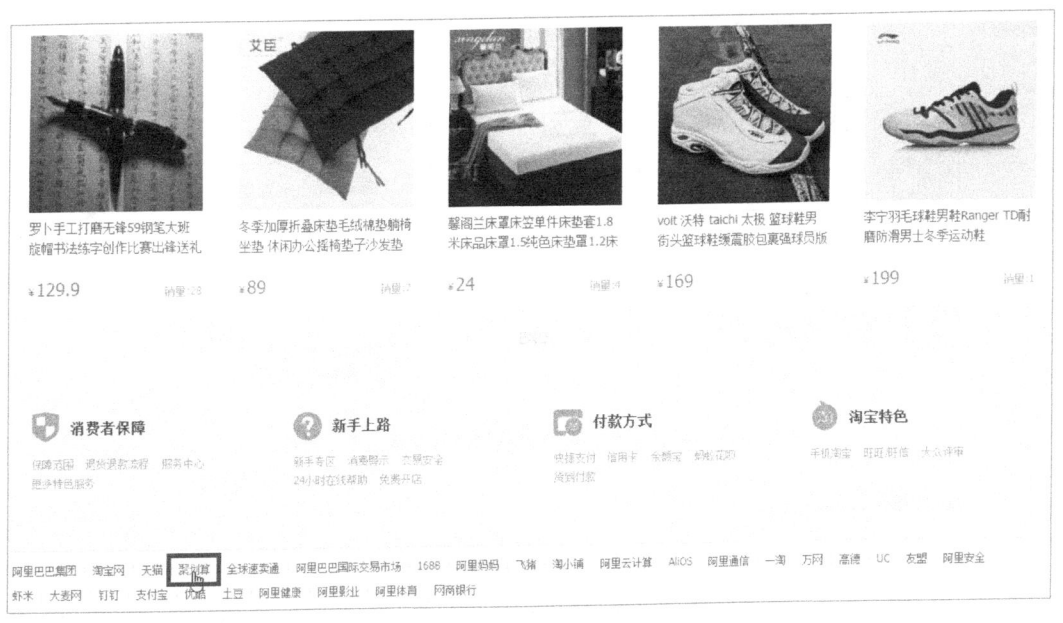

图 6-31　淘宝网首页底部导航栏中的"聚划算"

### 6.5.3 参加聚划算的好处

卖家为什么要参加聚划算呢？参加聚划算有什么好处呢？

#### 1. 提高流量和销量

一旦商品在聚划算页面展示成功，就会有一定的浏览量，也许不到 5 分钟时间几千件团购商品就会被一抢而光。参加聚划算，不但会提高商品销量，而且会展示商家的店铺——买到参加聚划算商品的买家收到货后对商品很满意，一般就会到卖家的店铺中转一转，浏览其他宝贝；没买到参加聚划算商品的买家也可能到卖家的店铺中转一转并浏览其他宝贝。

因此，参加聚划算能迅速提高店铺流量，使店铺快速曝光。如图 6-32 所示，参加了聚划算的商品单件月销量超 5.5 万件。通常，参加聚划算能让卖家的商品加入爆款的行列。

图 6-32　参加了聚划算的商品单件月销量超 5.5 万件

#### 2. 提升品牌的曝光度

买家购买参加聚划算的商品一方面可以获得较低的价格，另一方面商品的质量和服务能够得到有效保障。参加聚划算的商品不仅可以吸引买家疯狂抢购，还可以大大提升品牌的曝光度。很多卖家参加聚划算主要是为了提高店铺的流量,提升品牌的曝光度,并不是为了依靠团购单品赚钱。

### 3. 店铺成长迅速

参加聚划算活动在给卖家带来巨大流量的同时,也带来了很高的销量。巨大的流量和销量对卖家的运营能力是一个强劲的考验,可以使店铺迅速成长。如图 6-33 所示,多次参加聚划算的店铺成长迅速。

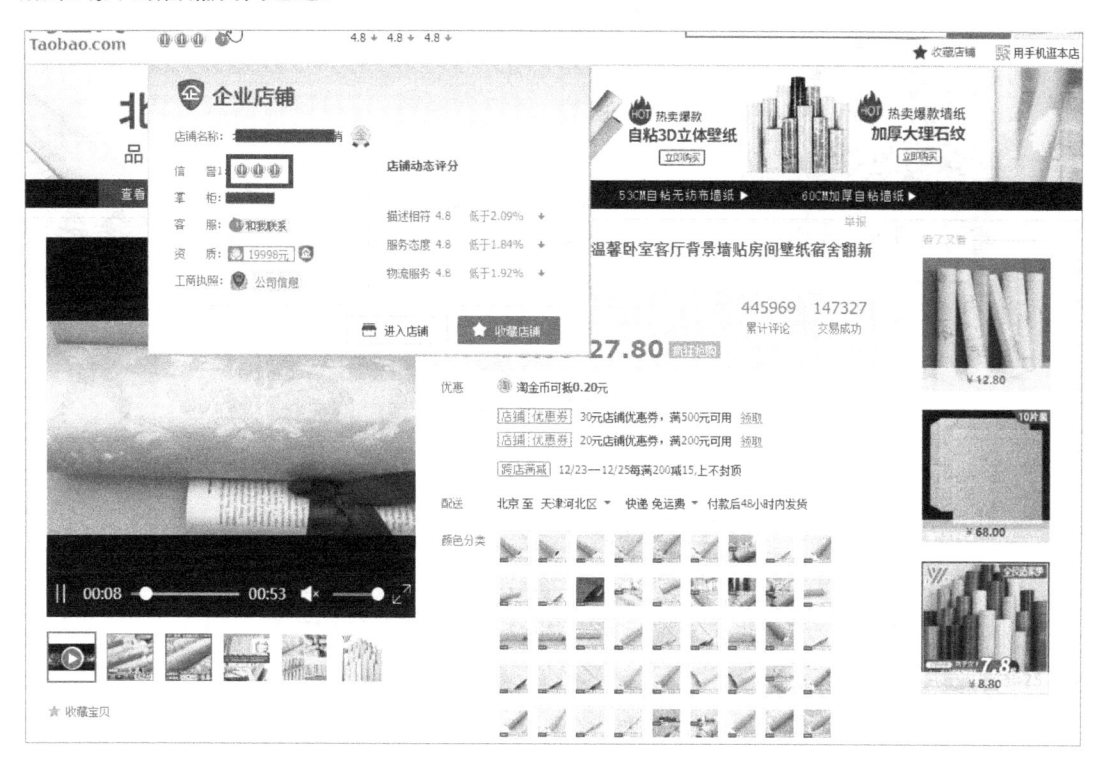

图 6-33 多次参加聚划算的店铺成长迅速

### 4. 组合营销

通过聚划算带来的巨大流量会带动店内其他商品的销售,卖家可以进行关联营销、搭配套餐,以提高客单价。比较常见的组合营销有"满就送""满就减"等。图 6-34 所示为店铺的组合营销。

▶电商多平台运营实战
淘宝、京东、拼多多、抖音

图 6-34 店铺的组合营销

## 6.6 练习题

### 1. 填空题

（1）店铺级优惠工具"满就减（送）"全面升级并更名为_____，支持创建部分商品或全店商店的满件打折、满元减钱、满包邮、满送权益、满送赠品等营销活动，是一款提升客单价的利器。

（2）_____是一种按成交计费的推广模式。只有成交后，卖家才需要向_____支付佣金。

（3）_____提供了丰富而全面的统计数据，让卖家对每一分投入都清清楚楚。此外，它还提供了广告优化服务，无论是广告投放设置还是后续行为，_____都会对其进行监测和分析，让卖家了解如何优化广告投放，最大限度地提升广告投放效果。

（4）_____具有广告位极佳、广告针对性强和按效果付费三大优势。_____的核心作用是提升流量，吸引新客户，通过大量点击提高店铺的综合评分，从而增加自然搜索量。

（5）_____是淘宝网推出的团购平台。每天有众多消费者发起品质团购，从在线商品到地域性生活服务，_____已经发展成为展现淘宝网优质卖家服务的互联网消费者首选的团购平台，确立了其重要的团购网站地位。

### 2. 简答题

（1）如何使用店铺宝？

（2）如何开通淘宝客推广？

（3）做好淘宝客推广的技巧有哪些？

（4）怎样加入直通车？

（5）在使用直通车进行推广时，如何正确选择关键词？

（6）卖家参加聚划算有什么好处？

# 第 7 章

# 在天猫开店

天猫为阿里巴巴集团旗下业务，致力服务日益追求更高质量产品与购物体验的消费者，大量的国际与国内品牌和零售商都已入驻天猫。天猫拥有知名品牌旗舰店，为消费者提供全球精选好货和无后顾之忧的优质服务，致力于打造品质购物体验！

**知识导图：**

```
                    ┌── 天猫店铺与淘宝C店的区别
                    ├── 天猫平台简介
                    ├── 天猫平台的规则 ──┬── 招商入驻
                    │                    └── 天猫平台规则介绍
     在天猫开店 ────┤                    ┌── 运营服务
                    ├── 天猫增值服务 ────┼── 物流服务
                    │                    └── 商家工具
                    │                    ┌── 商家入驻供销平台的好处
                    └── 借力供销平台 ────┼── 商家如何入驻供销平台
                                         └── 写出优质的招募书
```

**学习目标：**

- 掌握天猫店铺与淘宝 C 店的区别
- 熟悉天猫平台
- 熟悉天猫平台的规则
- 掌握天猫增值服务
- 掌握供销平台的使用

## 7.1　天猫店铺与淘宝 C 店的区别

天猫是优质产品和高品质服务的象征，在天猫购物，就如同在线下大型购物商城购物一样，代表着更高的品位、更可信的品质、更满意的服务。因此，天猫平台更适合品牌的企业化运作，同时意味着这项工作要求客服人员积累各方面的知识和经验，以达到更高的从业要求。

天猫店铺与淘宝 C 店的区别如下。

### 1．入驻条件不同

天猫入驻商家全是企业，准入门槛较高，入驻商家需要提供企业营业执照、企业税务登记证等信息；而淘宝网入驻商家既有企业又有个人，个人店铺入驻比较简单，只需要提供身份证和手机号码即可。

### 2．入驻费用不同

（1）淘宝店铺最低可以 0 元开店。
（2）天猫店铺的入驻费用较高，包括软件服务年费、保证金等。

### 3．信誉和评价体系不同

淘宝网采用好评、中评、差评制度，天猫采用动态评分制度。

（1）淘宝店铺：淘宝店铺的信誉和店铺的等级是有一定联系的，给人的感觉就是等级高的店铺信誉也高。

淘宝店铺的评价体系：评价分为三种，分别是好评、中评、差评。

（2）天猫店铺：天猫店铺的评价体系和淘宝店铺不一样，天猫店铺动态评分可以对描述相符、卖家服务、物流服务等方面打分。

## 7.2　天猫平台简介

近几年，天猫的商品类目有了明显增加，从电器、电脑、医疗保健到服饰、家居用品、家装建材等，分类齐全。

天猫首页主要用于展示商品信息，方便买家查找商品，同时汇聚了商家的各种优惠信息。我们可以通过手机天猫 App 直接进入，手机天猫首页如图 7-1 所示。和淘宝网相比，天猫首页对商品的推荐及对买家购物的引导更直接、针对性更强。

## 7.3 天猫平台的规则

天猫平台的门槛相对较高，不少中小型商家都因天猫平台的入驻要求和规则而止步。天猫平台汇集了优质的资源，能够给买家提供更好的商品和购物体验。

### 7.3.1 招商入驻

天猫平台致力于向消费者提供更丰富的品牌商品和更优质的服务，欢迎优质品牌和商家入驻，共同打造全球消费者挚爱的品质购物之城。

图 7-1 手机天猫首页

商家入驻天猫的具体步骤如下。

（1）单击天猫首页右上角"商家支持"下面的"商家入驻"链接，如图 7-2 所示。

（2）进入"欢迎入驻"页面，单击"开店"下面的"立即入驻"按钮（此处以国内"天猫"为例），如图 7-3 所示。

（3）单击"了解流程"按钮，如图 7-4 所示。

（4）阶段一：入驻申请。此阶段需要查询申请资格、准备资料、提交入驻资料，如图 7-5 所示。

（5）阶段二：审核。整个审核周期为 3~6 个工作日，包括品牌评估和资质审核（初审、复审），如图 7-6 所示。

第 7 章
在天猫开店

图 7-2 单击"商家入驻"链接

图 7-3 单击"立即入驻"按钮

> **电商多平台运营实战**
> 淘宝、京东、拼多多、抖音

图 7-4　单击"了解流程"按钮

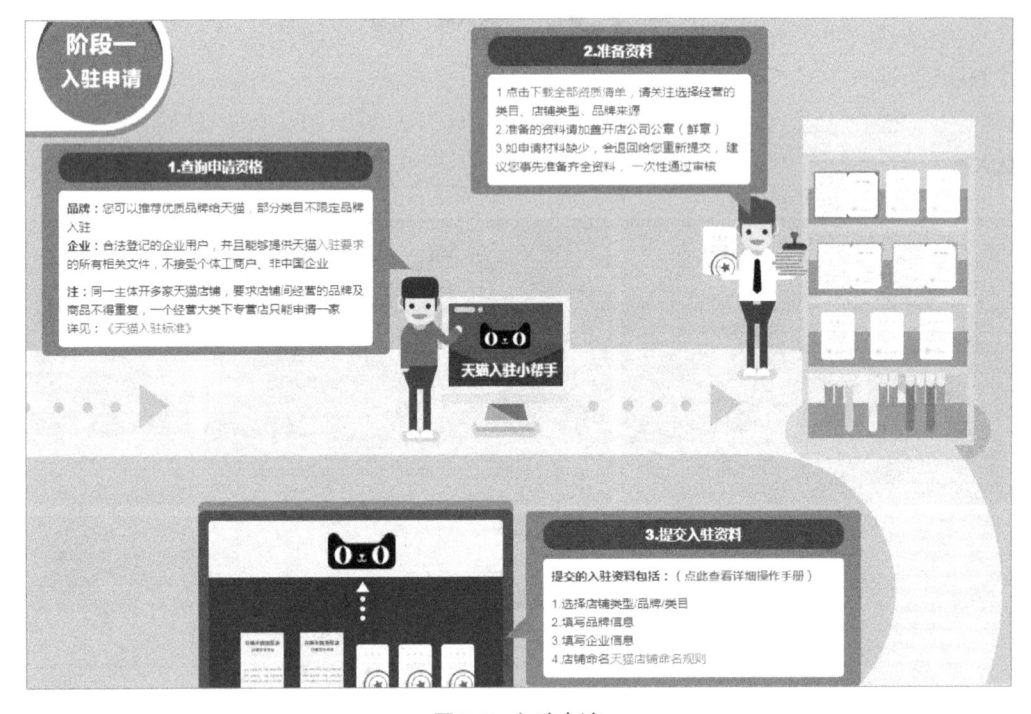

图 7-5　入驻申请

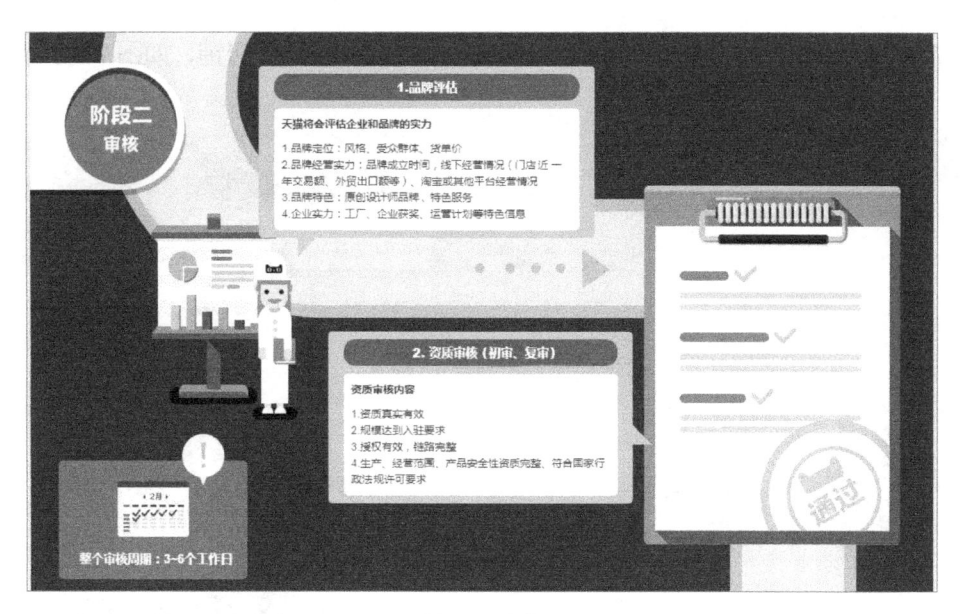

图 7-6　审核

（6）阶段三：完善店铺信息。此阶段包括激活账号、完成开店前相关任务、缴费，如图 7-7 所示。

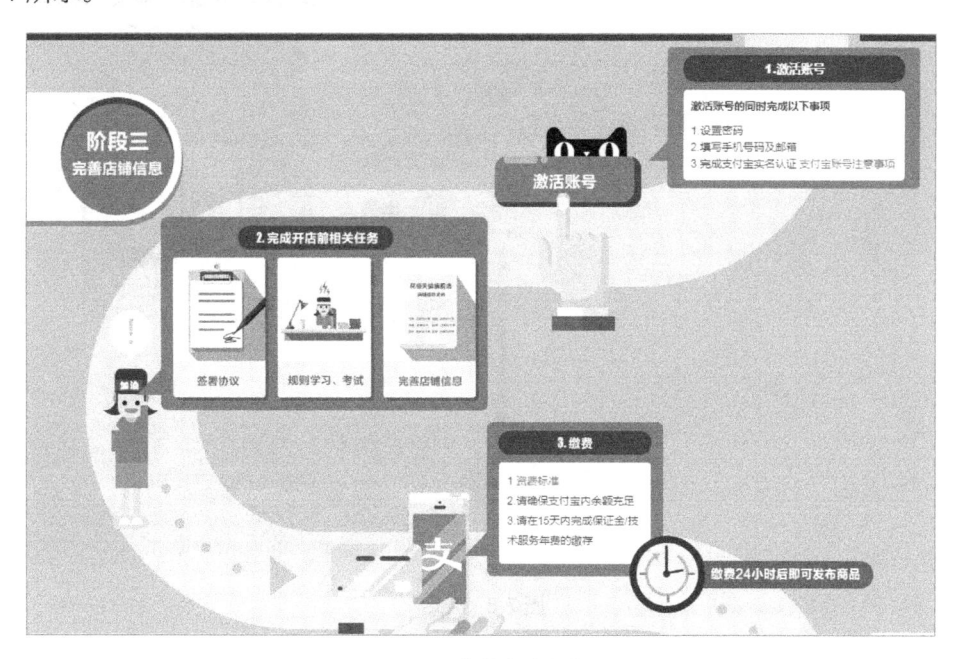

图 7-7　完善店铺信息

（7）阶段四：开店。此阶段包括发布商品、装修店铺、上线店铺，如图7-8所示。

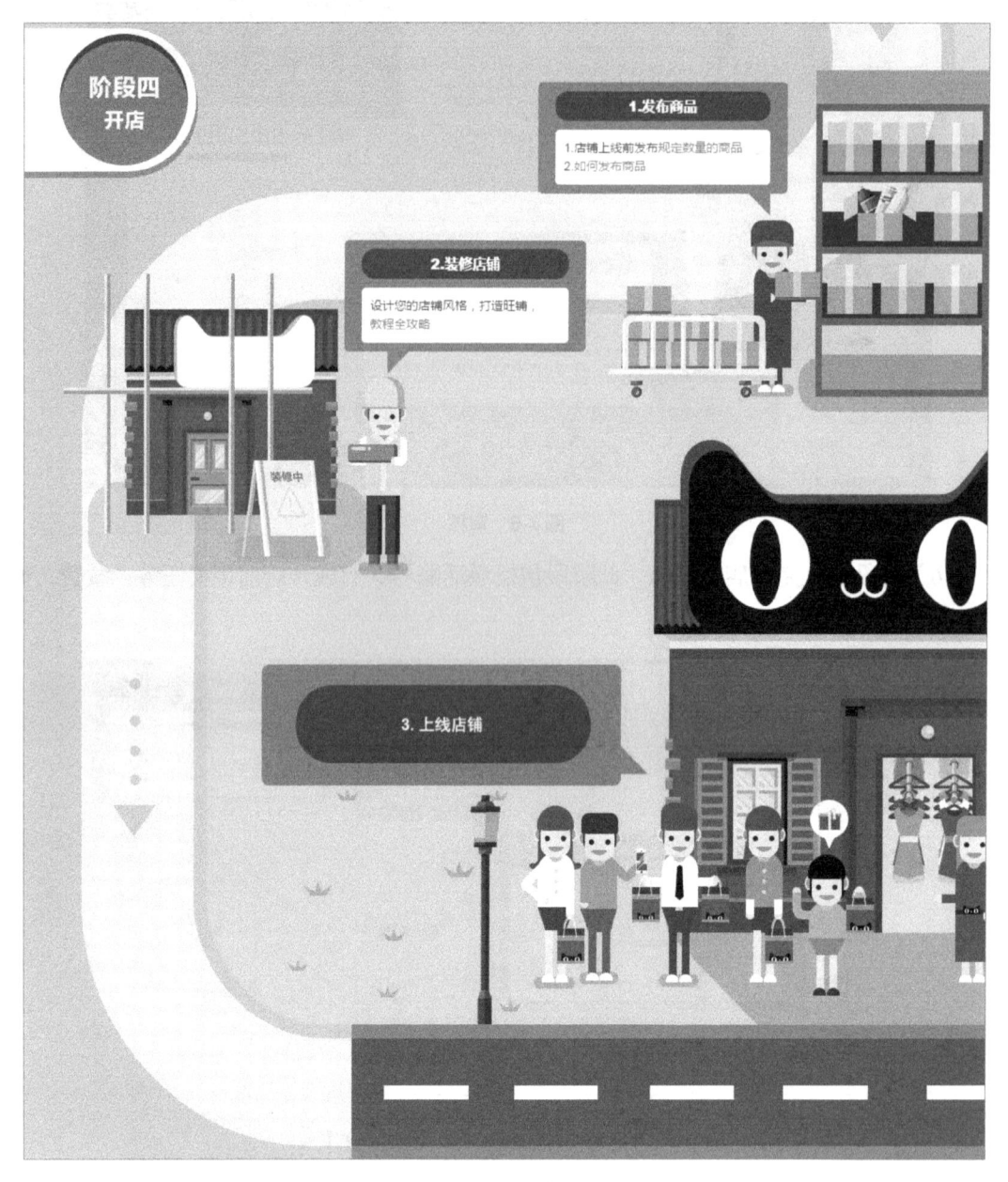

图7-8 开店

## 7.3.2 天猫平台规则介绍

随着天猫商家数量的不断增长,为了提升消费者的购物体验,提高商家的服务质量,使行业有序、规范地发展,天猫制定了一系列规则。

单击天猫首页右上角"商家支持"下面的"天猫规则"链接,打开如图 7-9 所示的"天猫规则"页面,商家可以根据自己所在的行业来了解和学习相应的规则。

图 7-9 "天猫规则"页面

入驻天猫的商家必须学习天猫市场规则,尤其是违规管理中的对于商家的行为规范及惩罚措施,避免因为对规则不熟悉而被系统处罚,造成一定的损失。图 7-10 所示为天猫市场管理规范(部分)。

对于不同的违规行为,在天猫规则中有详细的阐述和解释。此规则是商家需要不断关注和学习的,因为随着规则的不断变化和调整,商家应根据当前的天猫规则来规范自己的店铺运营行为,这样才能避免因为违规而受到处罚。如果商家因为对规则不熟悉而导致店铺被处罚,是非常可惜的。

图 7-10 天猫市场管理规范（部分）

## 7.4 天猫增值服务

天猫提供了运营服务、物流服务、商家工具等增值服务。下面来介绍这些增值服务。

### 7.4.1 运营服务

天猫运营服务商是通过天猫资质审核，在电商领域具有一定的硬件和软件能力，可提供天猫店铺全部或部分电商外包运营服务的第三方电商服务平台。

天猫运营服务商作为第三方电商服务平台，是商家们依赖的对象，品牌商以合同的方式，委托天猫运营服务商为其提供网络零售、网络分销、营销推广、品牌建设、垂直频道运营等电商服务。

第 7 章
在天猫开店

### 提示与技巧

选择运营服务商什么好处？

- 缩短企业对于电商知识的学习时间，加快企业发展。
- 提升企业变现效率，提高企业电商产能。
- 减少企业人员配置，降低成本，提升转化率。

天猫服务商可以提供的服务如图 7-11 所示。

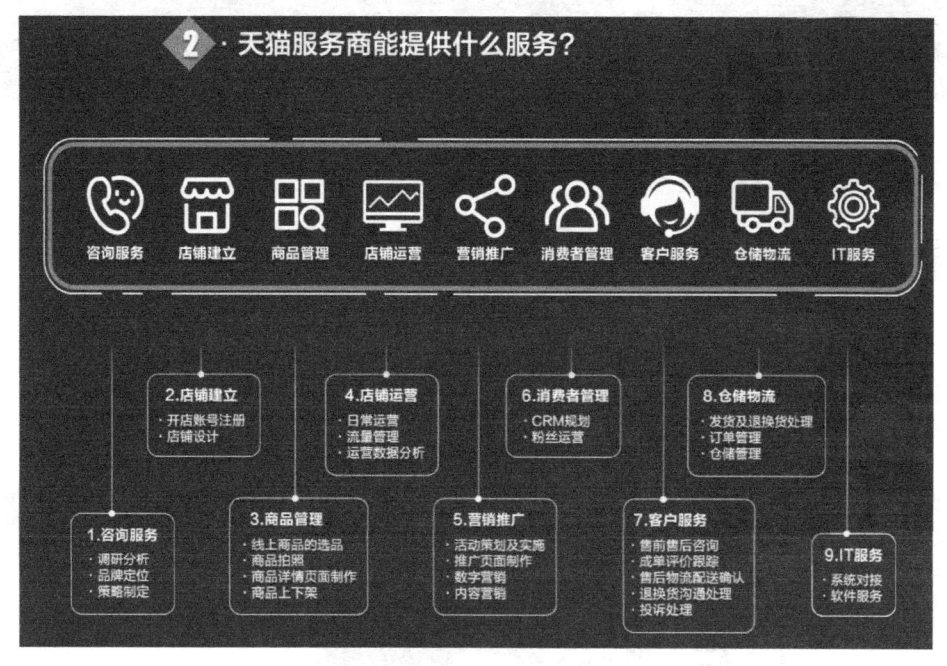

图 7-11 天猫服务商可以提供的服务

商家可以通过浏览天猫运营服务网站，对多个运营服务商进行比较，选择合适的运营服务商，具体操作步骤如下。

（1）进入天猫商家后台，单击"商家地图"下面的"运营服务"链接，如图 7-12 所示，进入天猫星级运营服务商首页，如图 7-13 所示。

（2）单击"全部服务商"按钮，商家可以根据行业、服务类型、地区、服务商星级选择适合自己的服务商，图 7-14 所示为筛选出来的服务商。

（3）单击通过各种维度筛选出来的其中一个服务商，进入详情页面，进一步了解该服务商的能力，如图 7-15 所示。

175

▶ **电商多平台运营实战**
淘宝、京东、拼多多、抖音

图 7-12 单击"运营服务"

图 7-13 天猫星级运营服务商首页

第 7 章
在天猫开店

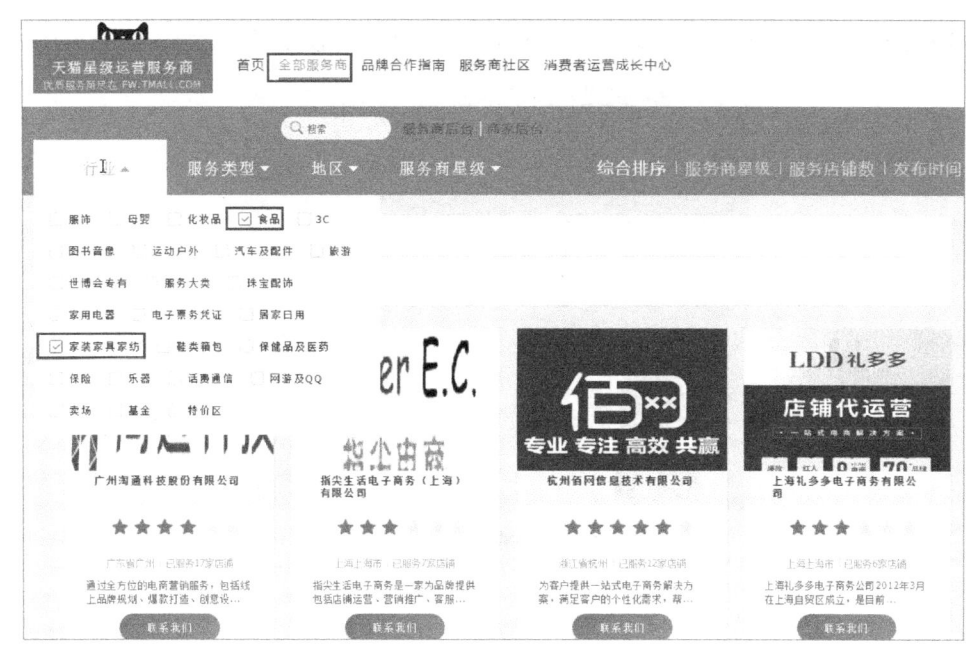

图 7-14　选出来的服务商

图 7-15　详情页面

**电商多平台运营实战**
淘宝、京东、拼多多、抖音

（4）通过查看服务商的资质及进行线下沟通，全面了解服务商的情况，如图 7-16 所示。

图 7-16　查看服务商的资质

### 7.4.2　物流服务

随着电商的快速发展，越来越多的商家在发展过程中遇到瓶颈，如仓储面积不足、仓内操作能力无法与销量匹配、发货速度慢、人员配置不稳定、快递配送不及时等。

社会化物流体系已无法满足电商发展的需要，物流资源已成为限制行业发展的瓶颈，建立一套网络化的仓储及系统控制配送体系，为商家提供全程可视、可控的物流服务，已刻不容缓。

（1）进入天猫商家后台，单击"商家地图"下面的"物流服务"链接，如图 7-17 所示。

图 7-17　单击"物流服务"

（2）进入物流服务首页，输入物流商和运单号，如图7-18所示。

图7-18 物流服务首页

（3）单击"查询"按钮，进入"物流跟踪"页面，如图7-19所示。

图7-19 "物流跟踪"页面

▶电商多平台运营实战
淘宝、京东、拼多多、抖音

（4）可以查询线路，只要输入发货地和收货地，就可以显示两地不同快递公司的价格和运输时效，如图 7-20 所示。

图 7-20  查询线路

（5）选择一家物流公司，单击其右侧的"发货"按钮，就可以从网上发货，如图 7-21 所示。

图 7-21　从网上发货

### 7.4.3　商家工具

服务市场主要提供各种第三方开发的工具，提供的服务主要以软件工具的形式来满足商家店铺运营的需要，包括购物小程序、流量/运营/管理工具、运营/营销/客户服务、装修/设计/摄影/视频、特色市场/类目、市场前沿资讯等类型的工具。这些工具大多是第三方企业开发的，让第三方企业参与对整个行业的生态建设有很大帮助。在服务市场中，有很多工具供商家使用，如图 7-22 所示。

在天猫使用商家工具的具体步骤如下。

（1）天猫装修设计为商家提供一站式网店装修设计解决方案。在"装修设计"板块下可以找到一些装修设计工具，如图 7-23 所示。

> **电商多平台运营实战**
> 淘宝、京东、拼多多、抖音

图 7-22　服务市场

图 7-23　装修设计工具

(2)在"商品管理"板块下可以找到一些商品管理工具,如图7-24所示。

图7-24  商品管理工具

(3)营销推广工具可以帮助商家解决营销问题,为商家提供以买家为中心的营销解决方案。在"营销推广"板块下可以找到一些营销推广工具,如图7-25所示。

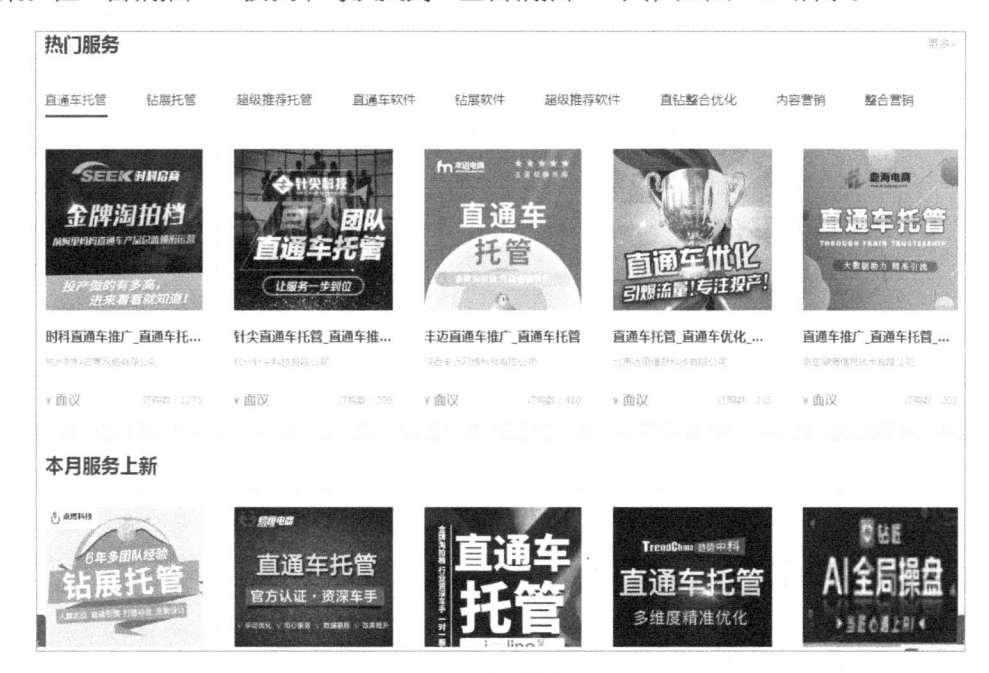

图7-25  营销推广工具

（4）购物小程序是帮助买家做购物决策，提升购物体验，有乐趣、有温度的商家应用。在"购物小程序"板块下可以找到一些工具，如图 7-26 所示。

图 7-26　购物小程序

## 7.5　借力供销平台

天猫供销平台是天猫专门为商家提供代销、批发的平台，可以帮助商家快速找到分销商或成为供应商。这个平台是完全平等的、开放的，进入的门槛也不高。直线式的供销平台不但可以降低商品买卖交易中的各种运费成本和保险成本，而且可以帮助商家快速地获得相关的商品资讯，更快速地掌握行业信息、提高市场份额。

### 7.5.1　商家入驻供销平台的好处

如果商家在开店过程中遇到了下面提到的一些问题，就可以加入天猫供销平台。图 7-27

所示为天猫上的优质供应商。

- 每年为拓展渠道投入大量的人力和物力，效果却不甚理想。
- 广告宣传成本高，产出却达不到预期。
- 资金回笼不够快，总有几个方面阻碍资金流动。
- 库存积压、物流不完善。
- 找代理商、供销商困难。
- 管理困难，无法将分散经营、集中管理，整合资源、协同工作同时铺开。

图 7-27　天猫上的优质供应商

商家入驻供销平台后会获得以下好处。

- 打造属于自己的网络供销体系，提升企业形象，创立网络品牌。
- 快速招商，建立自己的供销渠道，使上游与下游资源整合，开展批发、代销业务。
- 培养、管理和扶持供销商，完善渠道。
- 供销和直销兼顾，使批发、零售更轻松。

◊ 可以招募更多的供销商。
◊ 互通多个子站，铺货、订单数据同步，网络连锁、网络供销更容易，库存、下单、打包、发货都可以实现自动化，大大简化了流程。

## 7.5.2　商家如何入驻供销平台

如今，各种网店的经营日益成熟，自主开网店已经不是问题了，开网店的焦点集中在货源上。商家应如何入驻供销平台呢？

商家入驻供销平台的具体步骤如下。

（1）登录天猫供销平台，单击"我要入驻供销平台"按钮，如图7-28所示。

图7-28　单击"我要入驻供销平台"按钮

（2）进入"招商标准"页面，阅读相关条件，按照招商标准，准备入驻资料，查看是否符合入驻要求。根据自己的条件选择是供应商入驻还是分销商入驻（这里选择供应商入驻），如图 7-29 所示。

图 7-29 "招商标准"页面

> **提示与技巧**

如果登录的账号此时已经是供销平台的分销商，必须先将该账号的分销商身份退出供销平台，才能申请成为供应商。

（3）页面自动跳转到供应商入驻申请流程，单击"立即填写"按钮，如图 7-30 所示。

（4）进入"填写企业基本信息"页面，如图 7-31 所示，填写好以后单击"确认"按钮。在填写企业基本信息时，注意账号名称不要以"供应商"结尾，申请成功后账号名称结尾自动带上"供应商"三个字。

▶电商多平台运营实战
淘宝、京东、拼多多、抖音

图 7-30　单击"立即填写"按钮

图 7-31　"填写企业基本信息"页面

## 7.5.3　写出优质的招募书

一份优质的招募书必须有店铺名称、品牌介绍、自身优势、供销商申请条件、供销商激励政策、折扣措施、支持政策、售后服务、产品优势、联系方式等，在这些内容都具备后再进行招募书的美化工作，颜色尽量选择同一色系、排版规整、字体统一，并有意识地突出重点，适当插入图片，使招募书图文并茂。某供应商的招募书如图 7-32 所示。

图 7-32 某供应商的招募书

这个供应商的招募书很长，首先侧重介绍品牌、品牌优势和主营产品；然后说明成为代理商的条件；最后介绍返利支持，以激发代理商的积极性。这份招募书风格独特、制作精美，说明提纲挈领，还体现了企业的实力和对供销的关注度。

## 7.6 练习题

### 1．填空题

（1）天猫是_____的象征，在天猫购物，就如同在线下大型购物商城购物一样，代表着更高的品位、更可信的品质、更满意的服务。

（2）淘宝网采用好评、中评、差评制度，天猫采用_____。

（3）入驻天猫的商家必须学习天猫市场规则，尤其是违规管理中的对于商家的_____及_____，避免因为对规则不熟悉而被系统处罚，造成一定的损失。

（4）_____是通过天猫资质审核，在电商领域具有一定的硬件和软件能力，可提供天猫店铺全部或部分电商外包运营服务的第三方电商服务平台。

（5）一份优质的_____必须有店铺名称、品牌介绍、自身优势、供销商申请条件、供销商激励政策、折扣措施、支持政策、售后服务、产品优势、联系方式等。

### 2．简答题

（1）天猫店铺与淘宝 C 店有何区别？

（2）天猫平台的规则有哪些？

（3）商家入驻供销平台的好处有哪些？

（4）商家如何入驻供销平台？

# 第 8 章

# 在京东轻松开店

快捷、方便、可选择性多，网上购物已受到越来越多人的喜爱。网上开店已经成为一种大趋势，所以很多人选择在网上开店。京东是专业的综合网上购物商城，在线销售数万个品牌，也是为第三方商家提供服务的交易平台。

**知识导图：**

```
                         ┌─ 京东平台介绍
              ┌─ 入驻京东 ─┼─ 店铺命名规则
              │           └─ 入驻京东的步骤
              │
              │           ┌─ 店铺分类
在京东轻松开店 ─┼─ 店铺管理 ─┼─ 设置店铺上新
              │           ├─ 试用活动
              │           └─ 评价有赏活动
              │
              │           ┌─ 购物送红包活动
              └─ 促销推广 ─┼─ 满赠促销活动
                          └─ 满减促销活动
```

**学习目标：**

- 掌握入驻京东的方法
- 掌握店铺管理方法
- 掌握店铺促销推广方法

## 8.1 入驻京东

京东于 2004 年正式涉足电商领域，2019 年，京东集团市场交易额超过 2 万亿元。加入京东是个不错的选择，那么商家应怎样入驻京东呢？

### 8.1.1 京东平台介绍

京东是我国的综合网络零售商，是我国电商领域受消费者欢迎和具有影响力的电子商务网站之一。京东零售已完成全品类覆盖，是我国领先的电脑数码、手机、家电、消费品、生鲜等零售商，也是全球几千家超亿元品牌和数十万个第三方商家入驻的平台。

京东平台是为商家提供从入驻到商品销售、售后服务、仓储配送等一系列服务的开放式平台，覆盖服饰、消费品、居家、家电、3C 电子等。

京东平台主要有以下招商方向。

**1．品牌**

这里的品牌是指国内及国际知名品牌。京东平台将一如既往地最大限度维护商家的品牌利益，尊重品牌传统和内涵，欢迎优质品牌入驻。

**2．货品**

这里的货品是指能够满足京东客户群体优质、有特色的货品。

**3．垂直电商**

京东平台欢迎垂直电商企业入驻，愿意和专业的垂直电商企业分享其优质客户群体，并且欢迎垂直电商企业为平台客户提供该领域专业的货品及服务。

### 8.1.2 店铺命名规则

**1．店铺命名限制**

（1）店铺名称不得超过 30 个字符。

（2）店铺名称不得与已经开通的店铺名称重复，如果两个店铺同时申请同一店铺名，则依照申请在先原则审批开通店铺，未通过审批的店铺需更换其他店铺名重新提交申请。

（3）店铺名称必须且只限定选择×××旗舰店、×××专卖店、×××专营店三种形式之一。

（4）店铺名称审批通过后无法修改（店铺命名资质不符合本规则规定，或者存在侵权情形除外）。

（5）店铺名称不得含有以下内容。

- 有损国家、社会公共利益，或者有损民族尊严的内容。
- 含有封建文化糟粕、有消极政治影响，或者违背少数民族习俗、带有民族歧视的内容。
- 可能对公众造成欺骗或者引起误解，或者引起公众不良心理反应的内容。
- 外国国家（地区）名称、国际组织名称。
- 政党名称、党政军机关名称、群众性团体组织名称、社会团体名称及部队番号，或者国家领导人、老一辈革命家的名字。
- 不文明、格调低级、庸俗的不雅词汇。
- 与经营主体无关，含有除京东平台信息外的其他电商平台信息的内容。
- 未经授权的品牌名称或知名人士姓名。
- 其他法律、行政法规规定禁止的内容。

**2. 各类店铺命名规则**

1）旗舰店命名规则

- 旗舰店，指商家以自有品牌（商标为R或TM状态），或由权利人出具的在京东平台开设品牌旗舰店的独占性授权文件（授权文件中应明确独占性/不可撤销性），入驻京东平台开设的店铺。
- 规则：以"×××（品牌名）旗舰店"命名，品牌名应为已经注册的商标（R状态）或正在受理注册中的商标（TM状态，注册申请时间应满六个月），商家是该品牌（商标）的权利人，或商家持有该品牌（商标）的权利人出具的在京东平台开设品牌旗舰店的独占性授权文件，授权文件中应明确独占性/不可撤销性。此外，开设旗舰店的时间应在授权期内。如超出授权期未继续获得授权，则不得再以"×××旗舰店"命名。
- 命名形式：品牌名+企业商号+类目关键词+旗舰店（商号、类目关键词为选填项）。

2）专卖店命名规则

- 规则：以"×××（品牌名+企业商号）专卖店"命名，品牌名应为已经注册的商标（R 状态）或正在受理注册中的商标（TM 状态，注册申请时间应满六个月），商家应持有自该品牌（商标）权利人至商家销售该品牌商品的完整授权链的销售授权书。经营多个品牌的，各品牌应归同一实际控制人所有；如超出授权期未继续获得授权，则不得再以"×××专卖店"命名。企业商号，即字号，是企业名称中除行政区划/行业或者经营特点/组织形式外显著区别于其他企业的标志性文字。

♬ 命名形式：品牌名+企业商号+专卖店。

3) 专营店命名规则

♬ 规则：以"×××（企业商号+类目关键词）专营店"命名，商家在京东同一一级类目下经营两个及两个以上品牌商品，商家为商标权利人，或商家持有由品牌（商标）权利人出具的完整授权链的销售授权书。

♬ 命名形式：企业商号+类目关键词+专营店，不得以"×××（品牌名）专营店"命名。

### 8.1.3 入驻京东的步骤

商家入驻京东的具体步骤如下。

（1）进入京东商家在线入驻系统，单击"立即注册"按钮，如图 8-1 所示。

图 8-1 单击"立即注册"按钮

第 8 章
在京东轻松开店

（2）进入"京东用户注册协议和隐私政策"页面，阅读后单击"同意并继续"按钮，如图 8-2 所示。

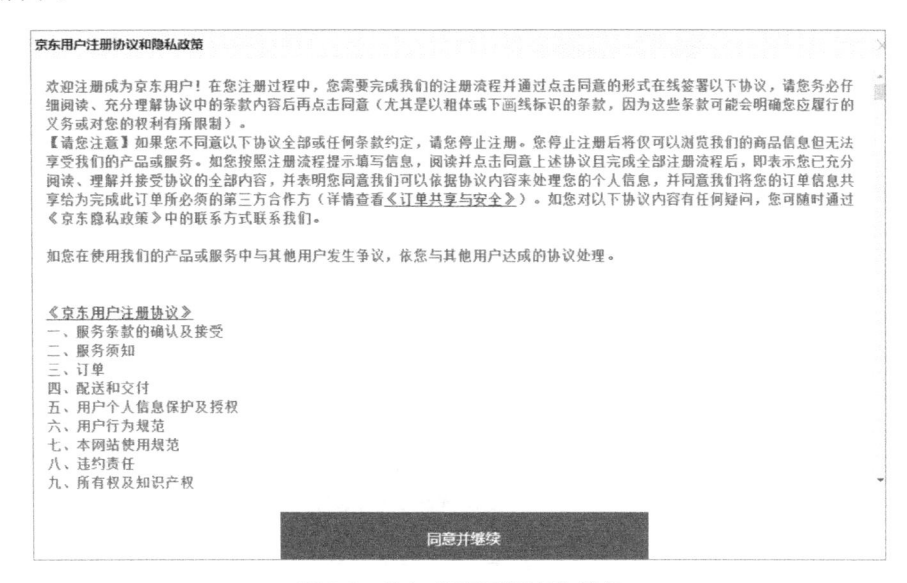

图 8-2　单击"同意并继续"按钮

（3）进入注册页面，验证手机号，如图 8-3 所示。

图 8-3　注册页面

195

▶电商多平台运营实战
淘宝、京东、拼多多、抖音

（4）在手机号验证成功后，进入填写账号信息页面，填写好后单击"立即注册"按钮，如图8-4所示。

图8-4　单击"立即注册"按钮

（5）在注册成功后，进入京东招商页面，可以查看入驻流程、资质资费、招商会等信息，如图8-5所示。

图8-5　查看入驻流程、资质资费、招商会等信息

(6)在查看完信息后,单击"马上入驻"按钮,如图8-6所示。

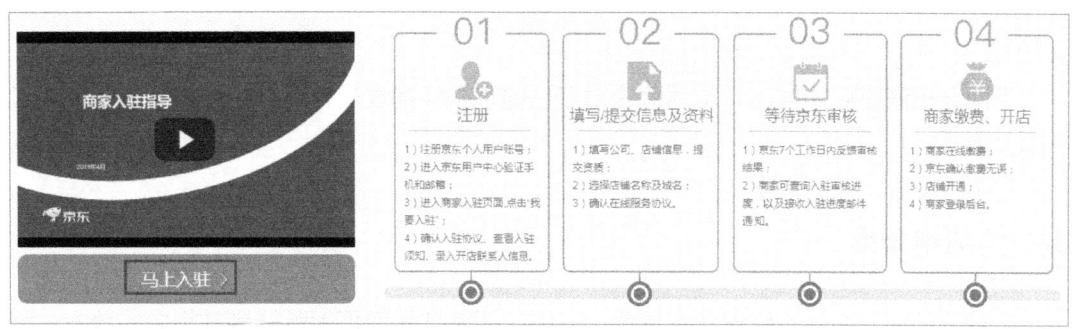

图8-6 单击"马上入驻"按钮

(7)进入填写主体信息页面,填写企业信息或个体工商户信息,如图8-7所示。只要根据提示一步步填写完成即可入驻成功。

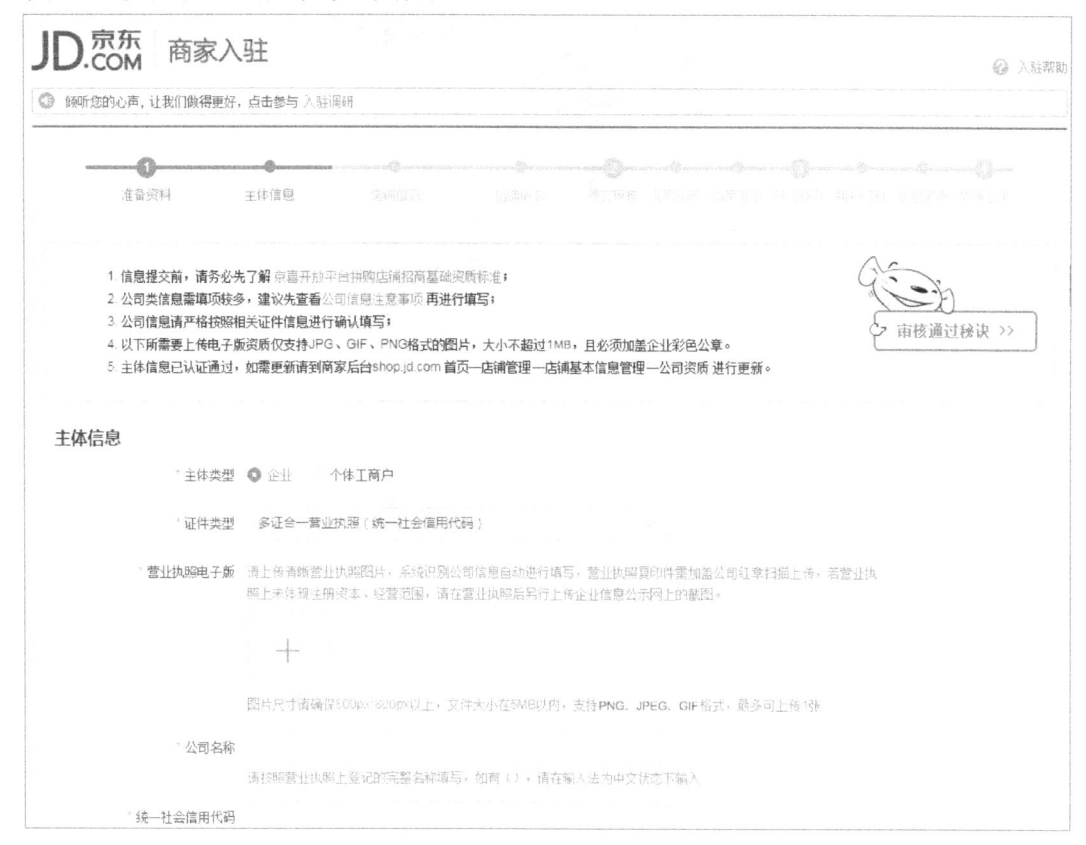

图8-7 填写主体信息

## 8.2 店铺管理

下面介绍商家应如何在日常运营中对自己的京东店铺进行管理，主要包括店铺分类和店铺上新。

### 8.2.1 店铺分类

店铺分类在店铺中的位置非常重要，它能让买家从任何页面跳转到其想去的地方，因此建议将店铺分类放在明显的位置，以便买家浏览其他商品。分类的原则应以实用为主，尽量做到简洁明了，不要为了追求美观而盲目使用一些闪烁、花哨的图片。图 8-8 所示为创维电视京东自营旗舰店的店铺分类。

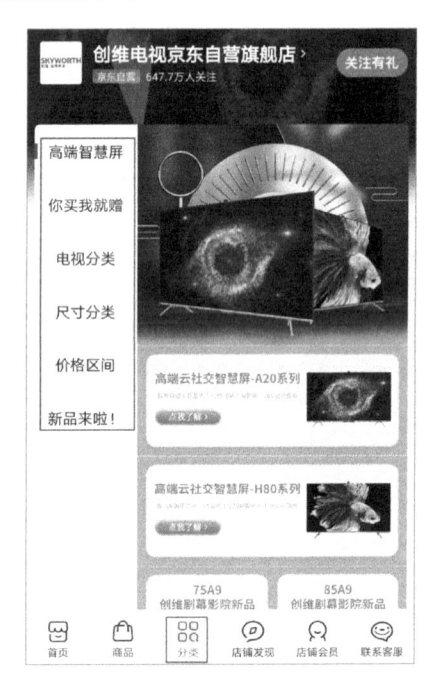

图 8-8 店铺分类

如何设置店铺分类呢？

首先进入"京东·商家后台"，单击"我的店铺"下面的"店铺设置"，然后选择"店内分类管理"选项。此时，单击"添加新分类"可以添加一级类目，单击"添加子分类"可以在每个类目下添加子类目，如图 8-9 所示。在添加好之后进行保存，店铺分类设置即完成。

图 8-9 设置店铺分类

商家既可以根据商品的适用人群或者商品的名称进行分类，也可以根据商品的用途进行分类。清晰的分类能减少买家在店铺中查找商品的时间，店铺内商品对应的分类准确了，商品才容易被查找到。因此，商家应该完善商品分类，店铺中很多细节被完善了，商家可以更好地对店铺商品进行管理。

## 8.2.2 设置店铺上新

店铺上新具有帮助商家告知买家近期店铺上新周期、推广重点新品的功能，如图 8-10 所示。商家可以在上新公告设置中选择周期（周、月）上新、特定日期上新，也可以根据店铺最新活动，填写自定义上新公告，还可以在上新海报设置中，上传新品或新品活动的宣传海报，并可自定义跳转链接。需要注意的是，上新海报设置应

图 8-10 店铺上新

> ▶电商多平台运营实战
> 淘宝、京东、拼多多、抖音

注重视觉效果,尽可能使买家快速了解店铺近期重点新品。

设置店铺上新的具体步骤如下。

(1)登录"京东·营销中心",单击"场景营销"→"上新 Tab",如图 8-11 所示。

图 8-11　单击"上新 Tab"

(2)在打开的页面中单击左侧的"上新公告",即可出现上新公告编辑区,在公告模块中单击"设置"按钮即可对公告进行设置,如图 8-12 所示。

(3)根据店铺特点设置上新周期或自定义上新公告的内容,如图 8-13 所示。在设置好以上任意功能后,不要忘记保存。

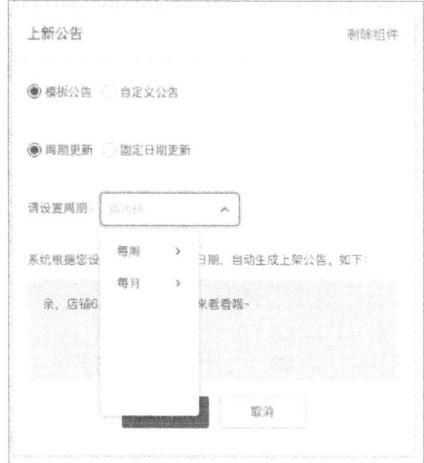

图 8-12　上新公告编辑区　　　　　　　　　图 8-13　设置上新周期

## 8.3　促销推广

相信很多人都清楚促销带来的流量，在京东也可以通过促销推广提升客流量。

### 8.3.1　试用活动

试用活动是指商家根据京东平台的要求，在京东试用中心创建的免费体验商品的活动。在用户成功申请到试用商品后，需要向试用中心提交试用报告。商家创建的试用活动会在"京东试用"频道展示，如图 8-14 所示。

▶电商多平台运营实战
淘宝、京东、拼多多、抖音

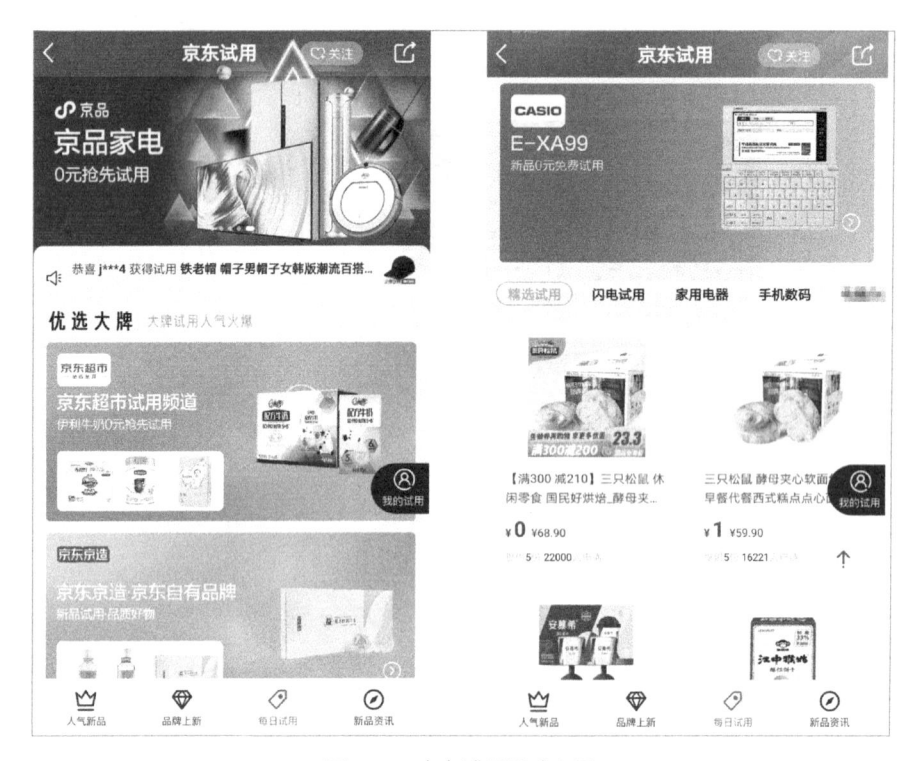

图 8-14 京东试用活动商品

参加试用活动的具体步骤如下。

（1）登录"京东·商家后台"，单击"促销推广"下的"创建促销"，如图 8-15 所示。

图 8-15 单击"创建促销"

（2）单击页面左侧的"试用活动"，如图 8-16 所示。在"试用活动列表"页面中，单击"创建试用活动"，如图 8-17 所示。

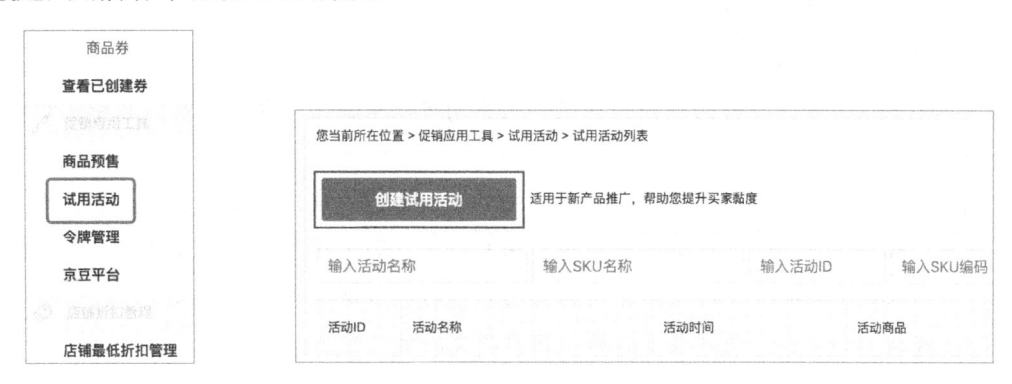

图 8-16　单击"试用活动"　　　　图 8-17　单击"创建试用活动"

（3）进入"创建试用活动"页面，填写活动信息，如图 8-18 所示。在填写好活动信息后，单击"创建"按钮，活动报名完成。

图 8-18　填写活动信息

### 提示与技巧

商家参加试用活动需要注意什么？

（1）所有试用活动都是免单免邮。

（2）无论试用商品是样品还是试用装，用户均可以根据京东售后政策，享受正常的售后服务。

（3）在试用活动创建后，商家需保证活动结束后十天内试用商品是上架销售状态，且库存充足，如果因商品下架或库存无货造成用户投诉，则由商家全权负责补偿用户及赔偿京东平台因此遭受的损失，同时京东有权关闭商家的试用权限。

（4）在活动结束后，商家要及时审核用户提交的试用报告。

## 8.3.2 评价有赏活动

评价有赏指的是商家通过设置活动的各类奖励，激发用户参与此活动并发布与活动要求相符的评价，商家在活动结束后发奖给符合得奖条件的优质评价用户。图 8-19 所示为评价有赏活动。

评价有赏可以给商家带来以下好处。

（1）促进商品成交，提高用户忠诚度，增加商家在用户群体中的可信度。

（2）提升商品/新品好评率，从而提高用户的回购率。

（3）打造品牌爆品，增加爆品的曝光度。

评价有赏活动入口如下。

（1）活动入口一：进入"京东·营销中心"，单击"用户营销"→"互动营销"→"评论有赏"，如图 8-20 所示。

（2）活动入口二：进入"京东·商家后台"，单击"商品管理"→"商品评价管理"→"评价有赏管理工具"，如图 8-21 所示。

图 8-19 评价有赏活动

第 8 章
在京东轻松开店

图 8-20 京东·营销中心中的"评论有赏"

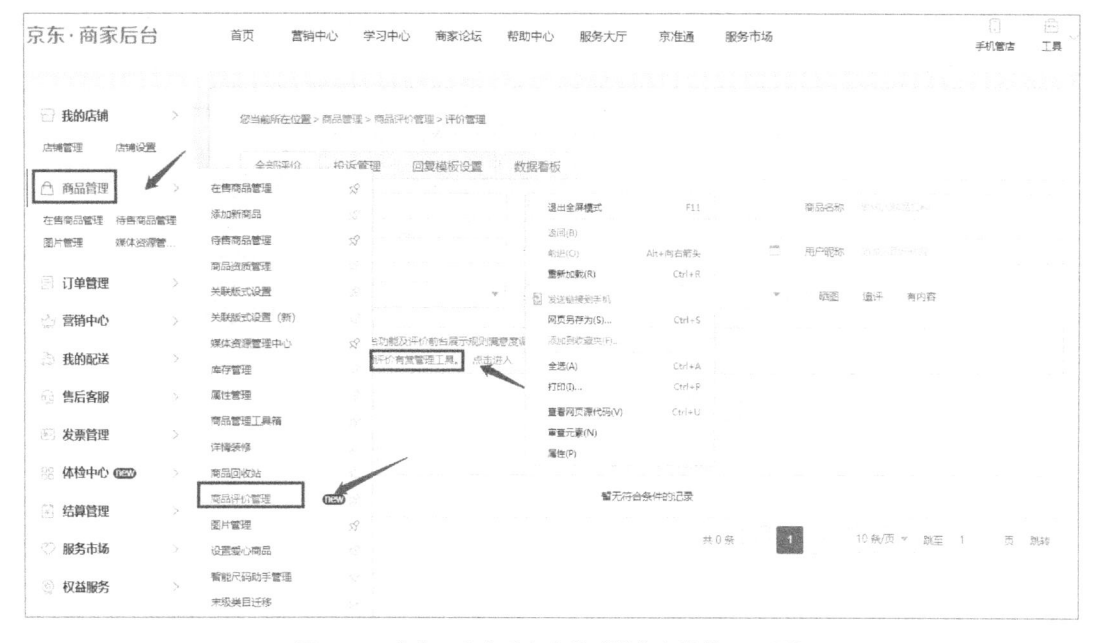

图 8-21 京东·商家后台中的"评价有赏管理工具"

## 提示与技巧

如何设置活动公告让用户知晓评价有赏活动？

（1）在商品详情页中设置活动公告。

（2）在京东 me 上设置自动回复的活动公告。

（3）通过进行售后服务将活动通知（包括但不限于短信、服务卡片等）已在店铺消费过的用户。

### 8.3.3 购物送红包活动

购物送红包活动可以在当前的促销基础上新增"送红包"奖励，通过红包去吸引用户，促使用户做出购买决策，提升商品转化率。参与送红包活动的商品，送红包的利益点会在购物车、结算等流程展示，给予用户提示。商家还可以将其包装成"限时购物送×××现金红包"，通过红包利益点去吸引流量。

购物送红包活动主要展示在以下位置。

（1）参与购物送红包的优质单品会在京东 App 首页的"领金贴"频道优先获得曝光机会，如图 8-22 所示。

图 8-22 "领金贴"

（2）在京东 App 中搜索"领现金"，进入"签到领现金"页面，如图 8-23 所示。

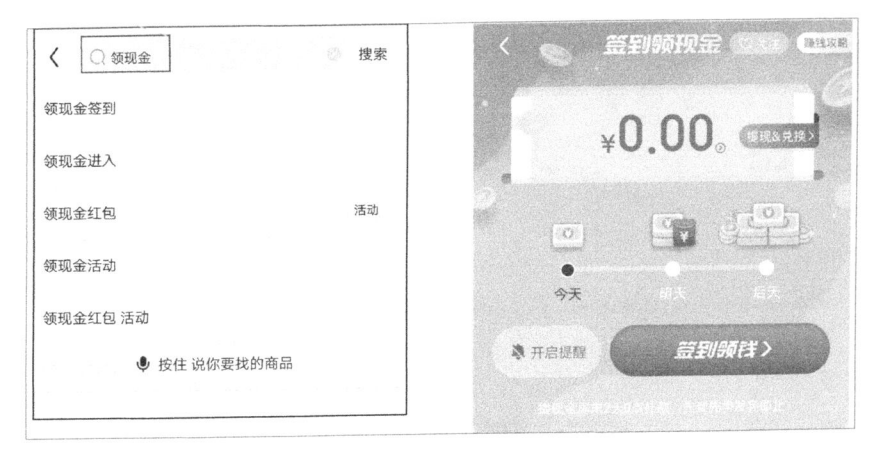

图 8-23　搜索"领现金"

设置购物送红包的具体步骤如下。

（1）进入"京东·营销中心"，单击"营销工具"→"自营管理创建的促销"→"新建单品促销"，如图 8-24 所示。

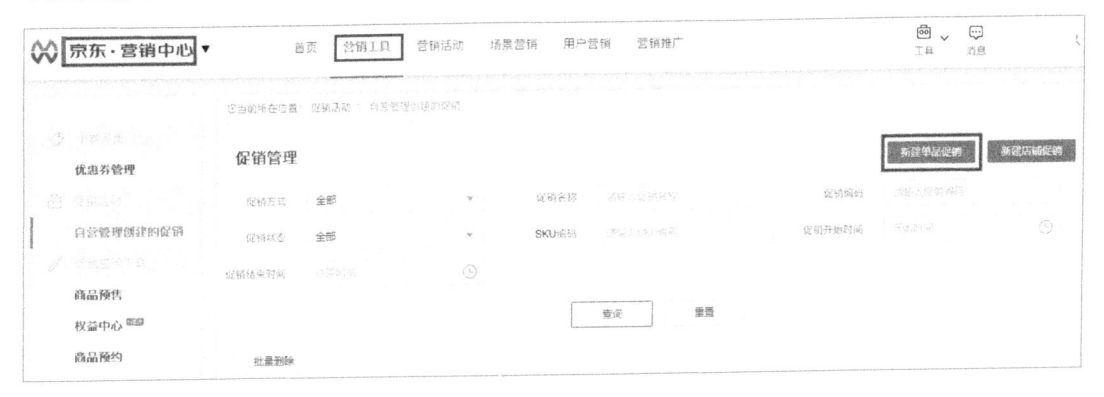

图 8-24　新建单品促销

（2）设置基础规则，即在"新建单品促销"页面，勾选"送红包"选项，如图 8-25 所示。

（3）商家可以通过系统选品，或者采取 Excel 批量导入的方式，选择参与单品促销的商品。

（4）设置商品优惠，如图 8-26 所示。由于单品促销必须设置促销价，商家可以自行对红包金额进行调整，如可以设置仅优惠 0.1 元。促销送红包活动一旦创建，则无法修改或重新设置（只能关闭）。

▶电商多平台运营实战
淘宝、京东、拼多多、抖音

图 8-25 设置基础规则

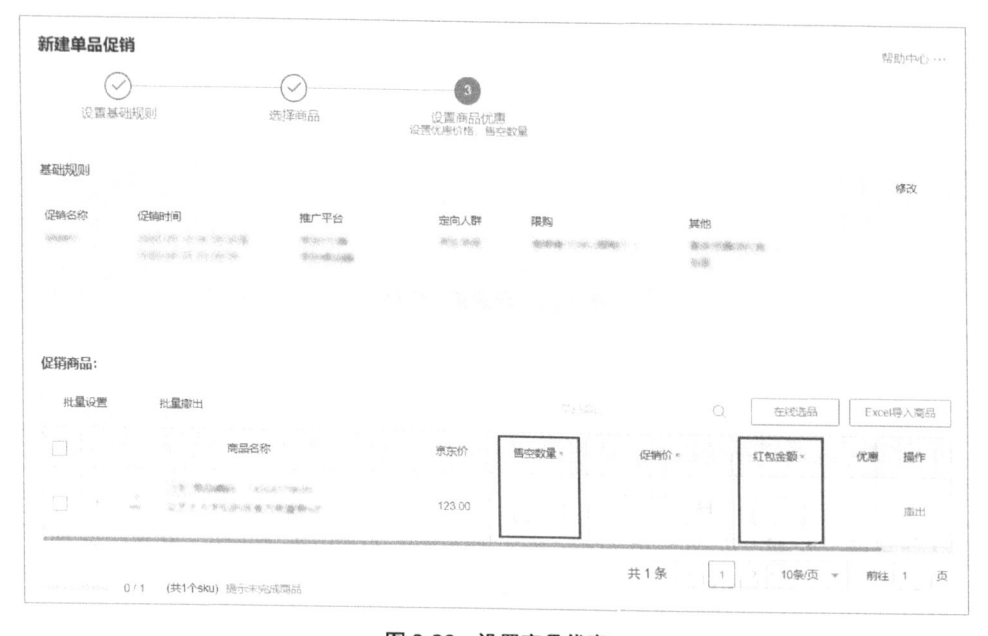

图 8-26 设置商品优惠

### 8.3.4 满赠促销活动

满赠促销是指在活动有效期内,当用户消费达到指定额度时,就可以享受指定优惠的活动。在单品页、购物车页会显示凑单入口,这种方式可以提升客单价。在活动过期后,促销活动自动失效。图 8-27 所示为参加满赠促销活动的商品。

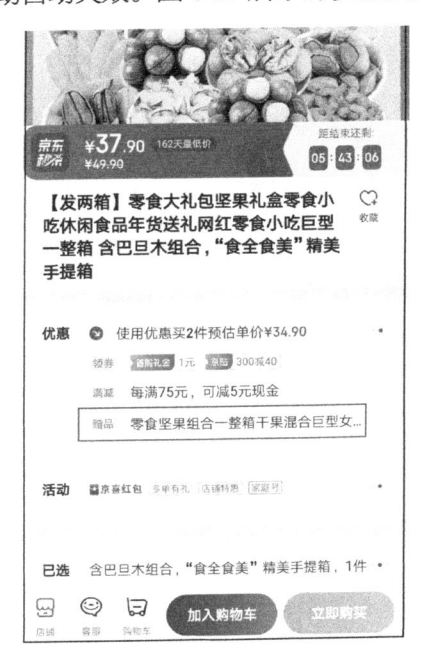

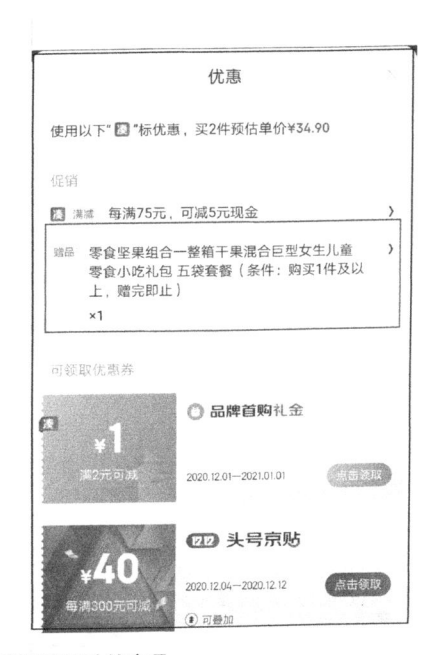

图 8-27 参加满赠促销活动的商品

符合满赠促销规定类别的商品,当达到一定金额时,在提交订单之前的购物车页里,会有满赠商品可以选择;也有一些是自动赠送的,达到规定的金额或者件数,购物车也会自动出现赠送的商品,赠送商品的价格显示为 0 元。

### 8.3.5 满减促销活动

满减促销是在活动有效期内,用户购买商品达到指定金额时就可以享受一定的减价优惠的活动。在单品页、购物车页会显示凑单入口,这种方式可以提升客单价,在活动过期后,促销活动自动失效。图 8-28 所示为参加满减促销活动的商品。

**电商多平台运营实战**
淘宝、京东、拼多多、抖音

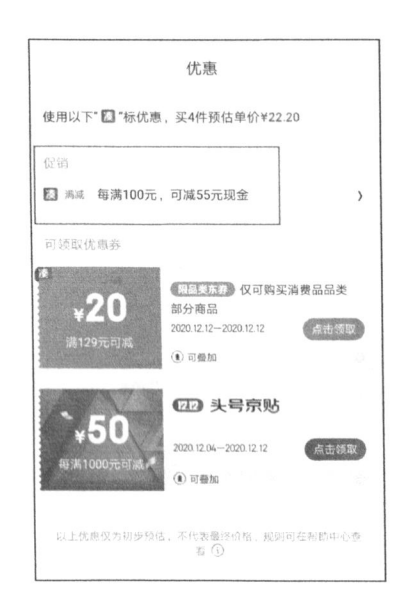

图 8-28 参加满减促销活动的商品

### 提示与技巧

商家可以设置阶梯满减：金额递增设置。用户订单金额满足哪档额度，则享受哪档的减价优惠。一个订单只能享受一次最高档优惠。比如，活动规则设置为满100元减10元、满200元减20元、满300元减30元三档，如果用户订单金额为400元，那么该用户将只享受一次最高档优惠，该用户最终支付370元。

## 8.4 练习题

### 1. 填空题

（1）_____在店铺中的位置非常重要，它能让买家从任何页面跳转到其想去的地方，因此建议将_____放在明显的位置，以便买家浏览其他商品。

（2）_____具有帮助商家告知买家近期店铺上新周期、推广重点新品的功能。

（3）_____是指商家根据京东平台的要求，在京东试用中心创建的免费体验商品的活动。

（4）_____指的是商家通过设置活动的各类奖励，激发用户参与此活动并发布与活动要求相符的评价，商家在活动结束后发奖给符合得奖条件的优质评价用户。

（5）_____可以在当前的促销基础上新增"送红包"奖励，通过红包去吸引用户，促使用户做出购买决策，提升商品转化率。

2．简答题

（1）怎样入驻京东？

（2）简述京东平台商家店铺命名规则。

（3）怎样设置店铺上新？

（4）怎样参加试用活动？

（5）怎样设置购物送红包？

# 第 9 章

# 在拼多多开店和管理店铺

随着电商的发展，越来越多的人选择电商创业。有一些淘宝卖家，看到拼多多发展越来越好，也想在拼多多上开设一家店铺。入驻拼多多平台的第一步（也是最基础的工作）就是开设店铺并发布商品，接着就可以进行后台管理了。

**知识导图：**

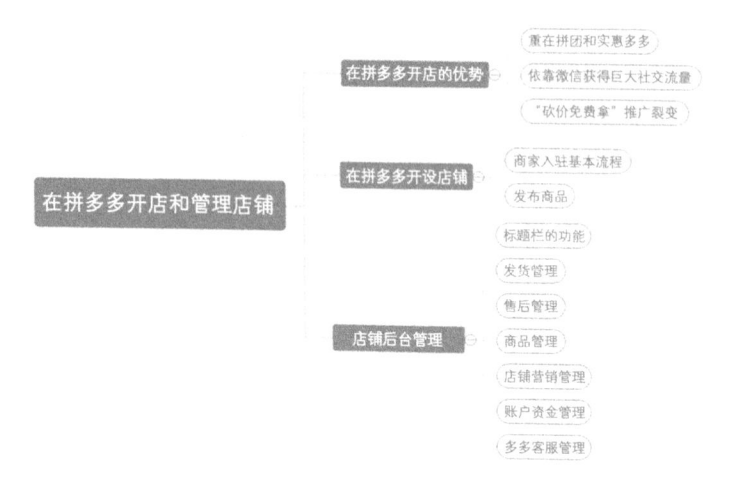

```
                              ┌─ 重在拼团和实惠多多
            ┌─ 在拼多多开店的优势 ─┼─ 依靠微信获得巨大社交流量
            │                 └─ "砍价免费拿"推广裂变
            │
            │                 ┌─ 商家入驻基本流程
在拼多多开店和管理店铺 ─┼─ 在拼多多开设店铺 ─┤
            │                 └─ 发布商品
            │
            │                 ┌─ 标题栏的功能
            │                 ├─ 发货管理
            │                 ├─ 售后管理
            └─ 店铺后台管理 ─────┼─ 商品管理
                              ├─ 店铺营销管理
                              ├─ 账户资金管理
                              └─ 多多客服管理
```

**学习目标：**

♪ 熟悉在拼多多开店的优势

♪ 掌握在拼多多开设店铺

♪ 熟悉店铺后台管理

## 9.1 在拼多多开店的优势

拼多多的用户增长速度很快，它之所以可以做到这一点，除了吸引用户的价格，最重要的是基于"社交+电商"的拼团营销模式。

### 9.1.1 重在拼团和实惠多多

"社交+电商"营销模式的主要作用在于让更多的用户获得并分享实惠，从拼多多本身的字义来理解，即可将其拆分为"拼"团和实惠"多多"两层意思，也就是鼓励用户"拼团"，享受更多优惠。

进入拼多多的首页，可以看到"限时秒杀""断码清仓""9块9特卖""签到领钱""多多赚大钱""砍价免费拿""百亿补贴"等分类功能服务（见图9-1），这些可以帮助用户买到更加实惠的商品，拼出更低的价格。

图9-1 拼多多的首页

▶电商多平台运营实战

淘宝、京东、拼多多、抖音

　　拼多多的拼团活动快速有效，它采用裂变方式，促使参与者自发传播。拼团的发起人和参与者可以通过微信转发并完成交易，由于可以拿到超低价格甚至免费，这种促销方法可以激发用户的积极性，让用户自发传播。图 9-2 所示为常见的拼单团购。

　　拼团的最大特点就是去中心化，以用户为核心构建传播链条。在短时间内，通过在同一个圈层的用户扩散，积累更庞大的精准用户。

　　如图 9-3 所示，在"多多赚大钱"活动中，用户每邀请一位好友助力，就会提高赚金币的速度。另外，用户也可以通过邀请好友前来平台领金币，获得更多金币。

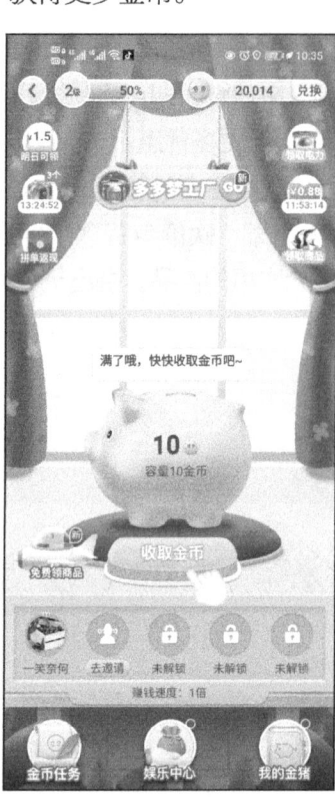

图 9-2　拼单团购　　　　　　　　　　　图 9-3　多多赚大钱

## 9.1.2　依靠微信获得巨大社交流量

　　跟天猫、淘宝相比，拼多多的主要优势在于依靠微信获得了巨大社交流量。同时，拼多多的交易门槛非常低，用户可以通过 App、公众号及小程序等渠道进入拼多多购物。

214

第 9 章
在拼多多开店和管理店铺

用户在拼多多购物时,不仅可以直接使用微信快速支付,还可以通过微信、拼小圈、腾讯 QQ 等分享"拼团",如图 9-4 所示。这种点对点的触达方式将用户信息筛查和商品选择的门槛降低了。

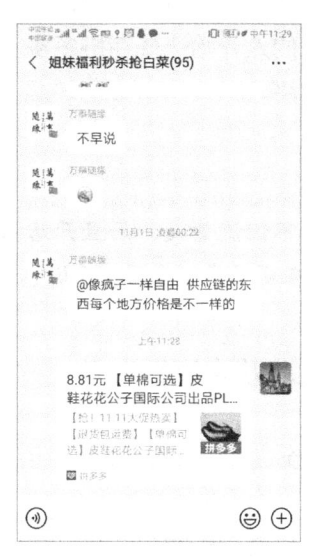

图 9-4　分享"拼团"

## 9.1.3　"砍价免费拿"推广裂变

相信很多小伙伴都参与过拼多多的"砍价免费拿",其规则体现的是允许用户"占便宜"的逻辑。拼多多利用用户"占便宜"的心理,将用户当作店铺的推广资源。用户通过砍价免费拿得到的权益,实际就是拼多多进行推广所花费的费用。

砍价活动是一种非常实用的裂变营销工具,可以形成良好的传播效果,尤其是将其投放到微信群后,宣传规模将呈现指数级增长,引流效果和范围会大幅度提升。

"砍价免费拿"需要用户在规定时间内邀请一定数量的好友进行砍价,如果能砍到 0 元就可以免费拿到商品(见图 9-5)这也是拼多多可以拉新裂变的关键。

图 9-5　砍价免费拿

215

▶电商多平台运营实战
淘宝、京东、拼多多、抖音

## 9.2 在拼多多开设店铺

在拼多多上是可以免费开店的,拼多多虽然成立时间不太长,但其用户越来越多,所以现在越来越多的人开始选择在拼多多上开设店铺。下面介绍商家入驻拼多多的基本流程和发布商品的方法。

### 提示与技巧

拼多多平台不但流量大,而且开店门槛比较低,只要你有一定的供货能力,就可以在拼多多上开店。在商品类型方面,建议尽量选择低价商品,因为低价商品能够快速获取客户。

### 9.2.1 商家入驻基本流程

拼多多店铺分为企业店铺与个人店铺。下面以 PC 端(电脑端)为例介绍商家入驻拼多多的基本流程。

(1)打开拼多多官方网站,单击顶部的"商家入驻"链接,如图 9-6 所示。

图 9-6 单击"商家入驻"链接

(2)进入拼多多招商首页,单击"入驻流程"按钮,可以查看入驻流程,如图 9-7 所示。
(3)单击"立即入驻"按钮,根据实际情况选择境内商家入驻或境外商家入驻(这里选择境内商家入驻),然后输入手机号码和获取的短信验证码,最后单击"0 元入驻"按钮,如图 9-8 所示。

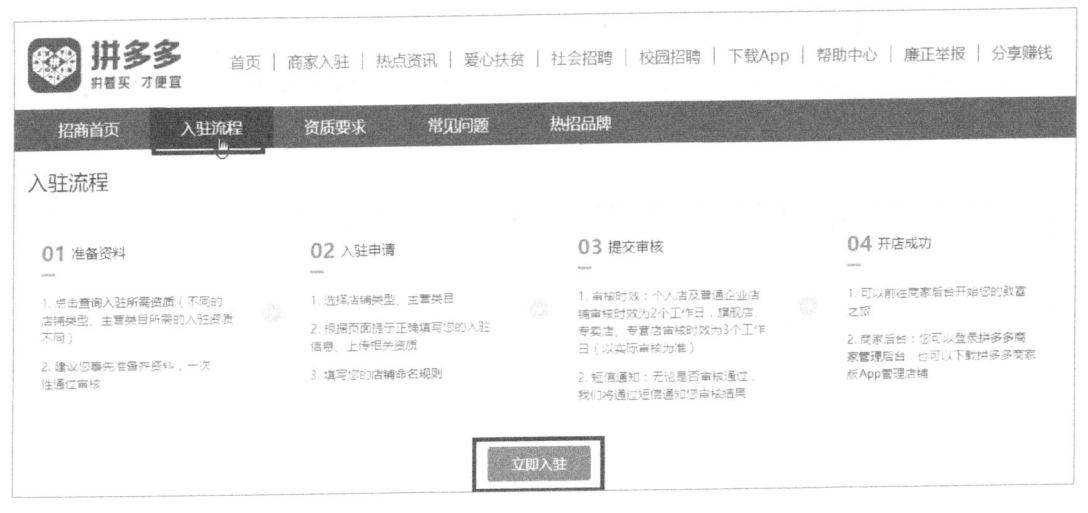

图 9-7　单击"入驻流程"按钮

图 9-8　输入手机号码和获取的短信验证码

► 电商多平台运营实战
淘宝、京东、拼多多、抖音

（4）进入"选择店铺类型"页面，包括个人店和企业店，个人店和企业店又分为不同的子类型店铺，这里以个人店为例，选择"个人身份开店"，然后单击"下一步"按钮，如图 9-9 所示。

图 9-9 "选择店铺类型"页面

（5）进入"创建店铺"页面，首先设置店铺信息，包括店铺名称、密码、主营类目，如图 9-10 所示；然后设置开店人基本信息，需要上传身份证照片，既可以通过电脑上传，也可以通过微信上传，如图 9-11 所示。

图 9-10 设置店铺信息

第 9 章
在拼多多开店和管理店铺

图 9-11 设置开店人基本信息

（6）在上传好身份证照片后，还要使用微信扫描"人脸识别"右侧的二维码，进入人脸识别系统，根据提示完成人脸识别。在进行人脸识别时，会出现"视频录制规范"提示框，单击"我知道了，开始识别"按钮，如图 9-12 所示。

（7）在视频录制好后，会提示"您已完成人脸识别"，如图 9-13 所示。

图 9-12 视频录制规范　　　　　　图 9-13 已完成人脸识别

219

电商多平台运营实战
淘宝、京东、拼多多、抖音

（8）填写选填信息，如图 9-14 所示。

（9）单击"提交"按钮，弹出"您已实名认证成功"提示对话框，如图 9-15 所示。

图 9-14　填写选填信息

图 9-15　已实名认证成功

（10）单击"确定"按钮，提示资料审核通过，如图 9-16 所示。系统将自动创建一个店铺，并以短信形式通知商家，商家可以登录招商平台查看店铺的账号和初始密码。

图 9-16　提示资料审核通过

第 9 章
在拼多多开店和管理店铺

> **提示与技巧**

如果第一次审核未通过，就根据提示原因再次办理申请入驻，一般只要符合要求一次就会通过。

## 9.2.2 发布商品

商家既可以在 PC 端的拼多多商家后台发布商品，也可以使用拼多多 App 发布商品。这里介绍在拼多多商家后台发布商品的方法，在拼多多商家后台发布商品的具体操作步骤如下。

（1）进入商家后台登录页面，输入手机号码、密码和收到的短信验证码，如图 9-17 所示。

图 9-17 输入手机号码和密码

221

### 电商多平台运营实战
淘宝、京东、拼多多、抖音

（2）单击"0元入驻"按钮，进入"拼多多商家后台"页面，单击"商品管理"下面的"发布新商品"链接，如图9-18所示。

图9-18 单击"发布新商品"链接

（3）进入"发布新商品"页面，商家可以在搜索框中输入关键词快速搜索分类，也可以在下方手动设置分类，在设置好后，单击"确认发布该类商品"按钮，如图9-19所示。

#### 提示与技巧

作为商家，必须考虑自己能否提供低价的商品，并且能从中盈利，商品成本、工资成本和物流成本都是商家需要考虑的因素。商家必须去迎合平台的偏好，只有这样才能成为受平台欢迎的商家。

（4）设置商品基本信息，包括商品分类、商品标题、商品属性、商品轮播图、商品详情装修等，如图9-20所示。

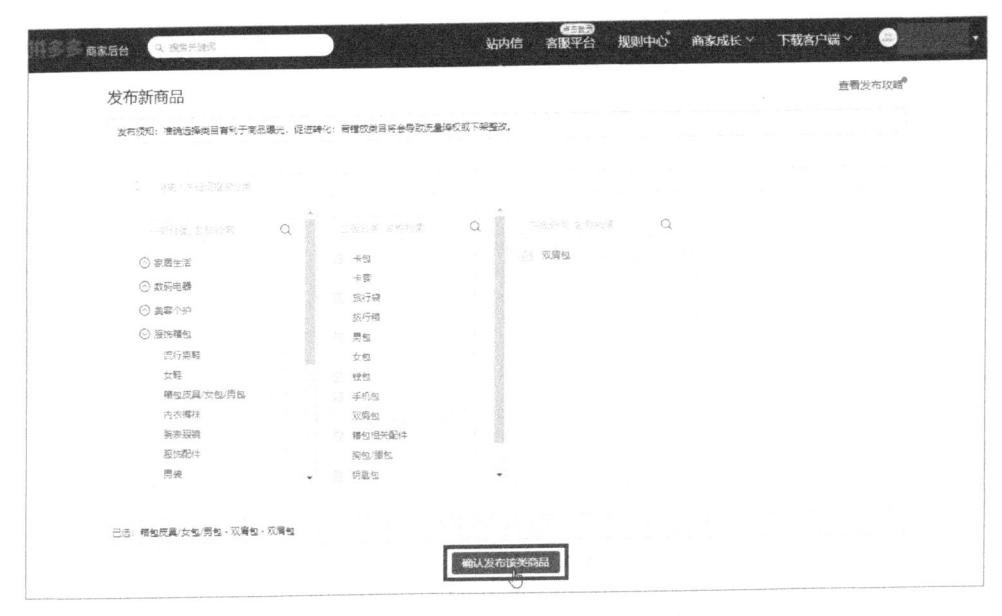

图 9-19 单击"确认发布该类商品"按钮

图 9-20 设置商品基本信息

（5）填写商品规格与库存，包括商品规格、价格及库存、商品市场价，如图 9-21 所示。

图 9-21　填写商品规格与库存

（6）填写服务与承诺，包括运费模板和承诺，填写完成后单击"提交并上架"按钮，如图 9-22 所示。

图 9-22　填写服务与承诺

## 9.3 店铺后台管理

拼多多管理后台指的是拼多多的功能管理中心，管理后台包括标题栏的功能、发货管理、售后管理、商品管理、店铺营销（管理）、账户资金（管理）、多多客服（管理）等，如图 9-23 所示。

图 9-23　店铺后台管理模块

### 9.3.1 标题栏的功能

拼多多商家后台顶部标题栏的最左侧为站内信，站内信主要用于接收平台的各种通知，包括店铺动态、平台动态、节假日发货规则、促销活动等，如图 9-24 所示。

▶电商多平台运营实战
淘宝、京东、拼多多、抖音

图 9-24　站内信

站内信是平台与商家之间一个非常重要的沟通渠道，其中很多拼多多的干货和学习教程需要商家自己阅读，掌握这些知识对店铺运营是有很大帮助的。

标题栏的第二个功能是客服平台，拼多多平台有专属的客服平台。

### 提示与技巧

商家在日常运营时，客服的回复率需要达到规定的标准，若达不到则很难参加平台活动，而平台活动是获取销量和流量的直接渠道。因此，要想顺利参加平台活动，商家必须重视客服的回复率，尽量使其达到规定的标准。

商家若想更好地管理多个店铺的客服，就需要借助客服平台了。通过客服平台能及时回复客户，从而确保回复率达标，如图 9-25 所示。

在标题栏下面的"商家成长"下选择"商家社区"，可以进入商家社区，商家社区是商家集中的交流互动平台，商家可以在此了解平台最新资讯，学习各种运营方法，与同行交流经验，如图 9-26 所示。

图 9-25　客服平台

图 9-26　商家社区

▶ **电商多平台运营实战**
淘宝、京东、拼多多、抖音

在标题栏下面的"商家成长"下选择"多多大学",可以进入多多大学,如图 9-27 所示。这里包括新手开店、日常运营、营销推广、活动引流、客户服务及行业运营技巧。

图 9-27　多多大学

## 9.3.2　发货管理

在买家付款后,商家需要尽快发货。经大量数据验证,大多数商家可以做到在 72 小时内发货,这样做一方面提升了服务质量,另一方面满足了买家迫切盼望收货的愿望,营造了良好的购物环境。

## 第9章 在拼多多开店和管理店铺

下面介绍发货管理模块，此模块主要用于处理日常发货和退货等业务，包括订单查询、发货中心、物流工具、物流概况、包裹中心、电子面单、打单工具、订单开票等工具。图9-28所示为"发货中心"页面，里面包括批量导入、单条导入、在线下单、拼多多打单、无物流批量导入、无物流单条导入。

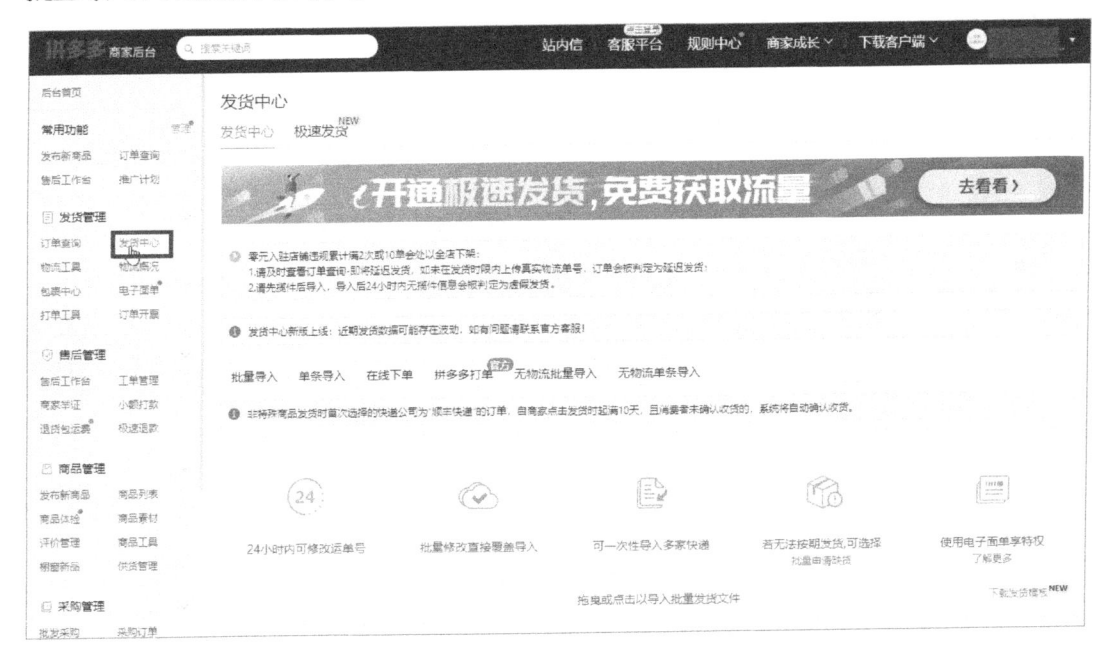

图9-28 发货中心功能页面

在商家开通极速发货服务后，商品承诺发货时间将设为24小时，同时在商品搜索页和详情页会展示极速发货标签，可以大大提升订单转化率和商品流量。

### 提示与技巧

需要注意的是，在商家开通极速发货后，若成团后24小时内未发货，需赔付消费者至少3元平台优惠券。

开通极速发货的方法：进入"拼多多商家后台"，单击"发货管理"下面的"发货中心"链接，进入"极速发货"页面（见图9-29），再单击"手动开通"按钮即可。

229

▶电商多平台运营实战
淘宝、京东、拼多多、抖音

图 9-29 极速发货

### 9.3.3 售后管理

拼多多售后管理包括售后工作台、工单管理、商家举证、小额打款、退货包运费、极速退款等功能。在单击"售后管理"下面的"售后工作台"后，即进入"售后工作台"页面，这里包括退款/售后、售后小助手、售后设置等功能，如图 9-30 所示。

在一些大型促销活动结束后，很多商家会遇到众多退款问题，此时商家可以借助售后小助手这个工具，来快速、高效地自动处理退款问题，如图 9-31 所示。这样，商家就既不用在售后环节额外调配员工，也不用担心店铺评分受到影响了。

商家可以进入"售后设置"界面，设置售后电话。在商家添加售后电话后，买家在订单详情页拨打所设置的电话即可快速联系商家，如图 9-32 所示。

图 9-30　售后工作台

图 9-31　售后小助手

> **电商多平台运营实战**
> 淘宝、京东、拼多多、抖音

图 9-32　售后设置

工单管理主要用于查询相应时间段内的工单状态，如图 9-33 所示。

图 9-33　工单管理

小额打款主要是为了方便商家给买家退运费、补差价等一些小金额的转账操作，可以有效地减少店铺的售后纠纷，提高店铺的服务质量，并有效地提升店铺销量，如图 9-34 所示。商家可以在后台查询相应订单号发起打款，填写打款的类型、金额、原因，并且给买家留言，一般打款成功后会立刻到账。

图 9-34　小额打款

由于退货产生的运费是由商家出还是由买家出这个问题也是在拼多多售后处理中十分常见的，拼多多推出的退货包运费服务就是为了减少关于运费的纠纷，商家开通此服务后还可以提高店铺的搜索权重，如图 9-35 所示。

图 9-35　退货包运费

233

此外，开通退货包运费服务的店铺还享有"退货包运费"商品标签，可以有效地提升商品的转化率和用户黏性。开通退货包运费服务的店铺如图9-36所示。

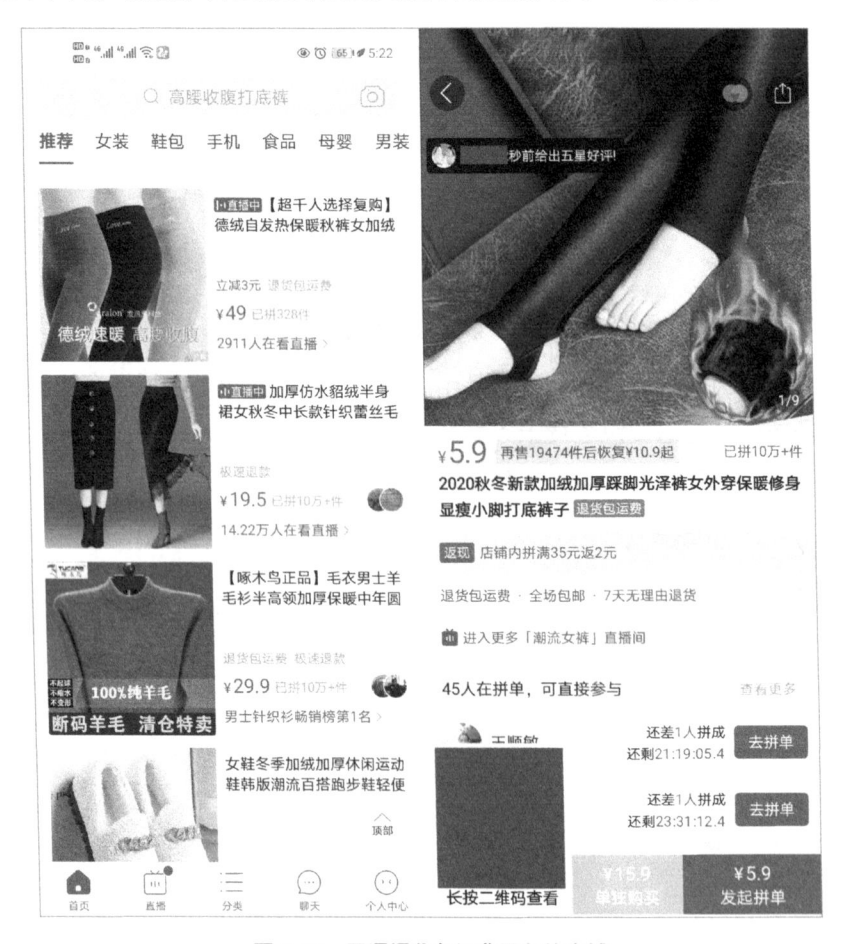

图9-36 开通退货包运费服务的店铺

极速退款也是平台为提升用户体验而推出的售后服务，主要针对售价低于300元的非虚拟商品。如果买家购买的商品金额小于300元，商家未发货且成团时间小于6小时，那么此时即可执行极速退款，如图9-37所示。

图 9-37 极速退款

## 9.3.4 商品管理

拼多多店铺管理平台提供了宝贝管理功能，在宝贝管理页面中，可以对商品信息进行修改，也可以将商品下架，还可以推荐商品。

"商品管理"下面的"商品列表"也是一个创建商品的入口，上架的商品通过审核后会出现在商品列表中，商家可以在此执行上架和下架商品、编辑商品信息和分享商品等操作。单击商品列表右侧的"分享商品"，即可弹出"分享商品"对话框，商家可以通过分享链接、分享二维码、分享海报三种方式将商品分享到微信群、QQ 群或微博，如图 9-38 所示。

店铺每天可以使用一次商品体检功能，体检后系统会详细展示店铺的问题商品情况，商家可以根据体检结果和平台规则，在系统的引导下处理这些问题，从而提升店铺的流量、转化率、活动报名成功率等。商品体检如图 9-39 所示。

**电商多平台运营实战**
淘宝、京东、拼多多、抖音

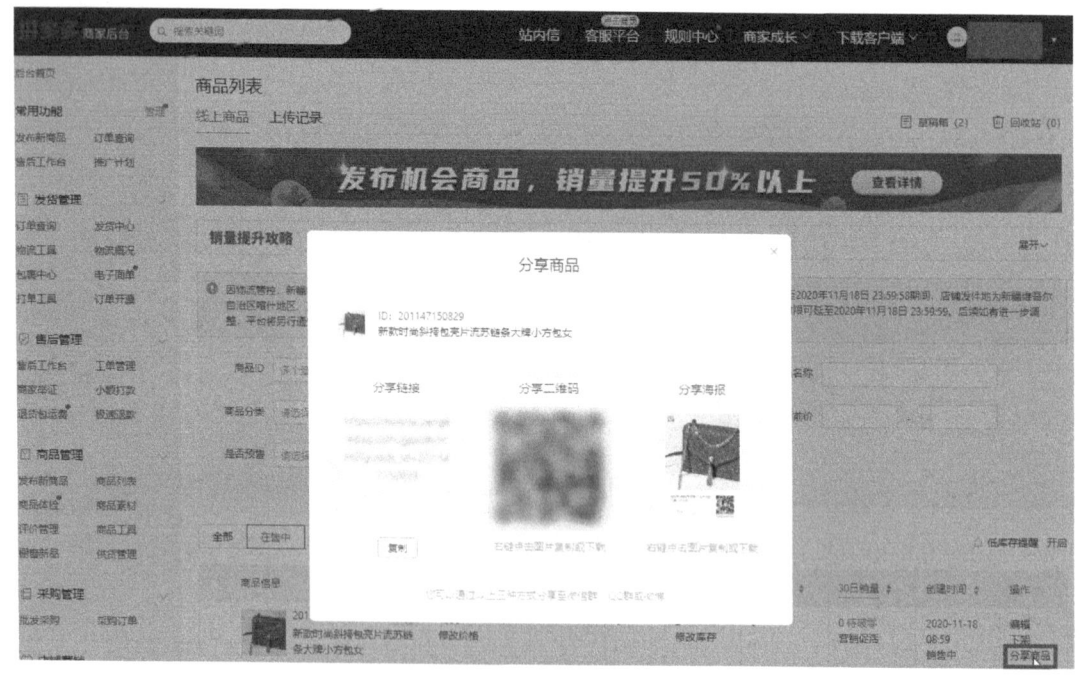

图 9-38 商品列表

图 9-39 商品体检

# 第 9 章
## 在拼多多开店和管理店铺

商品素材页面主要展示商品各级标准的素材，包括白底图、长图、场景图等，同时可以查看相关的示例图，如图 9-40 所示。商家还可以在此查看被系统驳回的不符合标准的商品素材，并重新上传商品素材提交审核。

图 9-40　商品素材示例图

在橱窗新品页面中，为了帮助商家新品成长，精准培养爆品，拼多多发起了"橱窗新品计划"——指导商家把握平台规则，加强新品自运营，享受平台给予新品的专属流量权益。从海量新品中培养出潜力新品，商家只需通过"新品作战室"完成新品任务，自主选择符合条件的新品成为"橱窗新品"即可，如图 9-41 所示。

图 9-41 橱窗新品

## 9.3.5 店铺营销管理

店铺营销管理主要包括营销活动、竞价活动、平台招标、营销工具、短信营销、店铺装修、店铺页设置、多多直播等功能。在"营销活动"页面中，会显示常规频道活动资源位，每个频道的定位和要求不一样，如果商家不符合报名要求，则可以在上方查看具体原因，如图 9-42 所示。

第 9 章
在拼多多开店和管理店铺

图 9-42 营销活动

短信营销是拼多多营销的有效渠道，属于付费推广营销工具，不仅可以提醒买家付款、召唤买家成团、提供定金预售尾款提醒服务等，还可以进行活动预热、热销引流、新客转化、个性化营销等场景营销，具有投入产出比高、精准营销、拉新引流、优惠券直达等优势，如图 9-43 所示。

商家可以自行编辑短信内容，针对不同消费人群发送个性化短信，从而让营销信息更加精准地触达目标客户，如图 9-44 所示。

营销工具主要包括拼单返现、优惠券、限时限量购、多件优惠、交易二维码、催付助手、累计全网销量、分享店铺、评价有礼、限时免单等，如图 9-45 所示。商家可以根据需要选择适合自己的营销工具。

# 电商多平台运营实战
淘宝、京东、拼多多、抖音

图 9-43　短信营销

图 9-44　针对不同消费人群发送个性化短信

# 第9章
在拼多多开店和管理店铺

图 9-45 营销工具

以拼单返现的单店满返为例,先由商家设置一个金额,买家在一个自然日内,在商家的店铺累计消费满一定的金额,即可获赠一张平台优惠券,买家可以在全平台使用该优惠券,产生的费用由商家承担。拼单返现营销工具不但能够为商家带来更多流量和点击量,而且能引导用户转化,提升店铺销售额。商家可以在"拼单返现"页面中,单击"立即创建"按钮,如图 9-46 所示。

执行创建后,即可进入"创建拼单返现"页面,商家可以在此设置返现条件、返现金额、优惠券发放张数,系统会自动计算每周预算金额,单击"立即创建"按钮即可完成设置,如图 9-47 所示。在创建拼单返现后,系统会通过标签方式将其展示到首页、推荐页、搜索结果页、商品详情页中,吸引用户点击,提升商品点击率,如图 9-48 所示。

# 电商多平台运营实战
## 淘宝、京东、拼多多、抖音

图9-46 单店满返

图9-47 创建拼单返现　　　　图9-48 拼单返现页面

### 提示与技巧

设置单店满返的商家能获得什么呢？

- 平均销售额大幅提升。
- 得到更多的曝光机会，获得更多的流量，流量数值随着配置金额的提升而增大。

> 单店满返后续会作为参与营销活动的准入条件，在商家设置了单店满返后，可报名参加平台的资源位活动。

## 9.3.6 账户资金管理

账户资金管理主要包括资金中心、对账中心、保证金、发票管理、货款扣款明细、资金限制等功能。其中，资金中心包括目前店铺的货款账户和营销账户收支明细、提现记录，店铺的交易流水会在这里展示。"资金中心"页面如图 9-49 所示。

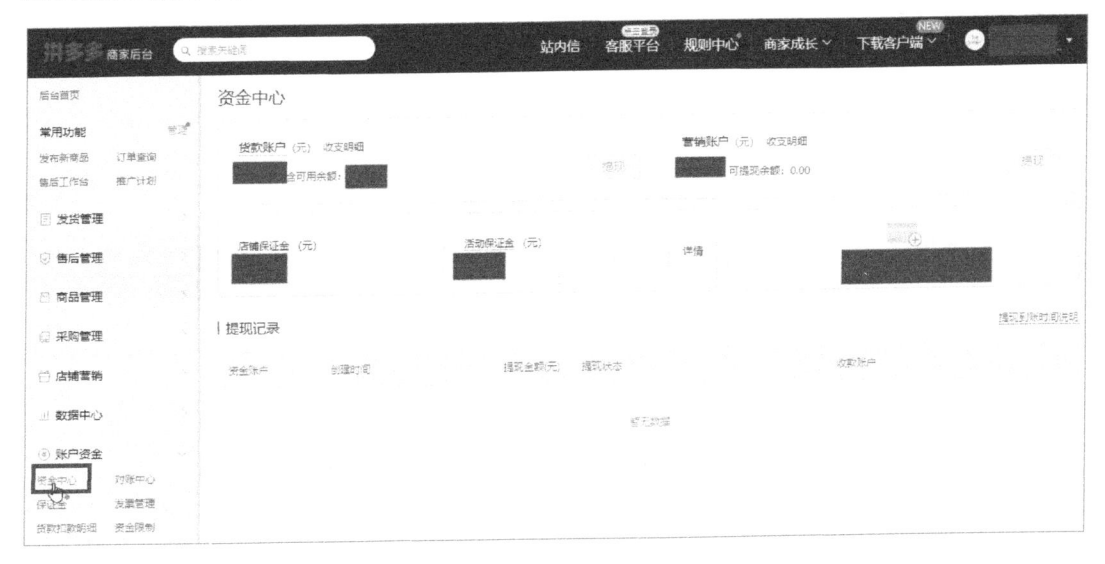

图 9-49 "资金中心"页面

在"货款扣款明细"页面中，商家可以按日期导出店铺的收支记录，可以实时查询货款账户收支情况，如图 9-50 所示。

在"保证金"页面中，主要包括保证金充值、提现和交易记录查询功能，如图 9-51 所示。需要注意的是，店铺保证金是进行各种活动的基础，如果商家没有缴纳保证金，则会被限制大部分活动的申报。

▶电商多平台运营实战
淘宝、京东、拼多多、抖音

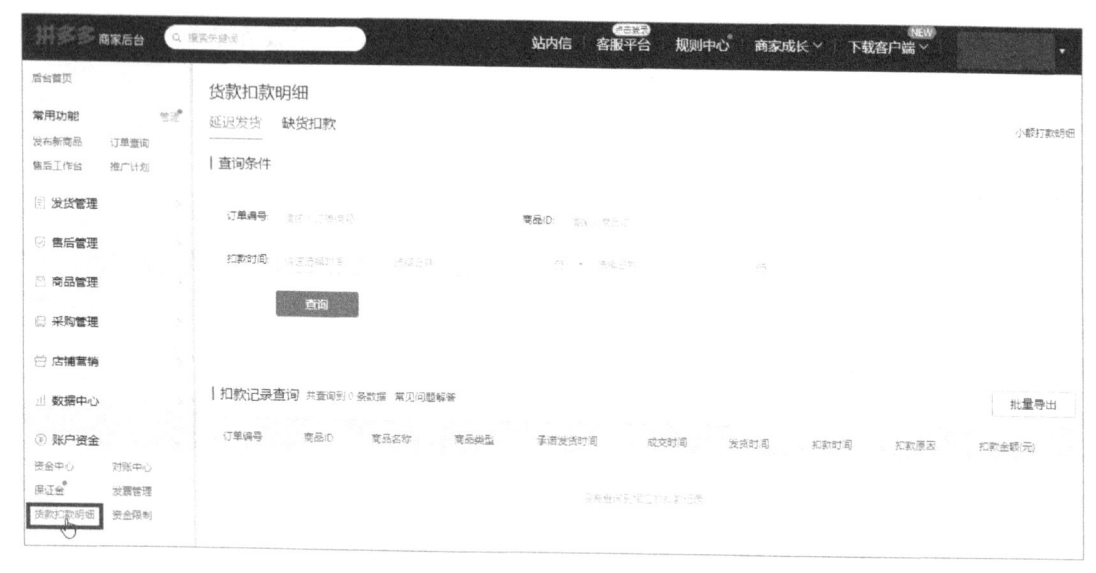

图 9-50 "货款扣款明细"页面

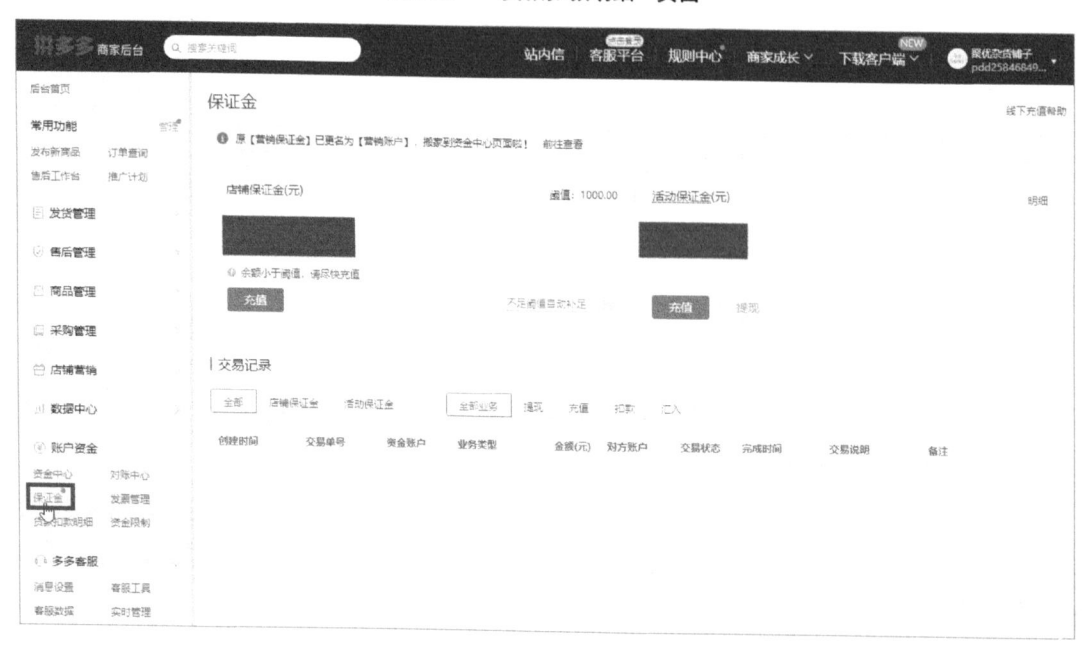

图 9-51 "保证金"页面

第 9 章
在拼多多开店和管理店铺

### 提示与技巧

店铺保证金是指商家向平台缴纳的资金，用以保证其提供优质的商品和服务，并在其出现违规时用于向用户进行赔付、赔偿平台的损失或承担其他违约责任。活动保证金主要用于保证商家按照活动规则参加活动，商家可以根据自身的经营需要选择充值不同档位的活动保证金。

在"发票管理"页面中，平台将根据店铺在不同业务中的费用消耗按次或按月的时间维度来生成账单，如果商家没有费用消耗则不会产生账单，如图 9-52 所示。在账单生成后，商家可以前往"开票信息管理"中填写相关信息，然后提交平台审核，若审核通过即可在"申请发票"中对不同业务类型的账单开具发票。

图 9-52 "发票管理"页面

## 9.3.7 多多客服管理

多多客服管理主要包括消息设置、客服工具、客服数据、实时管理、聊天记录查询、服务助手功能，如图 9-53 所示。其中，消息设置包括开场白和常见问题、商品卡片自动回复、离线自动回复、订单自动回复等功能，商家可以在此设置回复买家的具体内容。

▶电商多平台运营实战
淘宝、京东、拼多多、抖音

图 9-53 多多客服模块

在"客服数据"页面中，商家可以查看实时数据、数据总览及近30天咨询人数趋势图，帮助商家优化店铺客服功能，让消费者体验更好的服务，如图 9-54 所示。

图 9-54 "客服数据"页面

## 9.4 练习题

**1. 填空题**

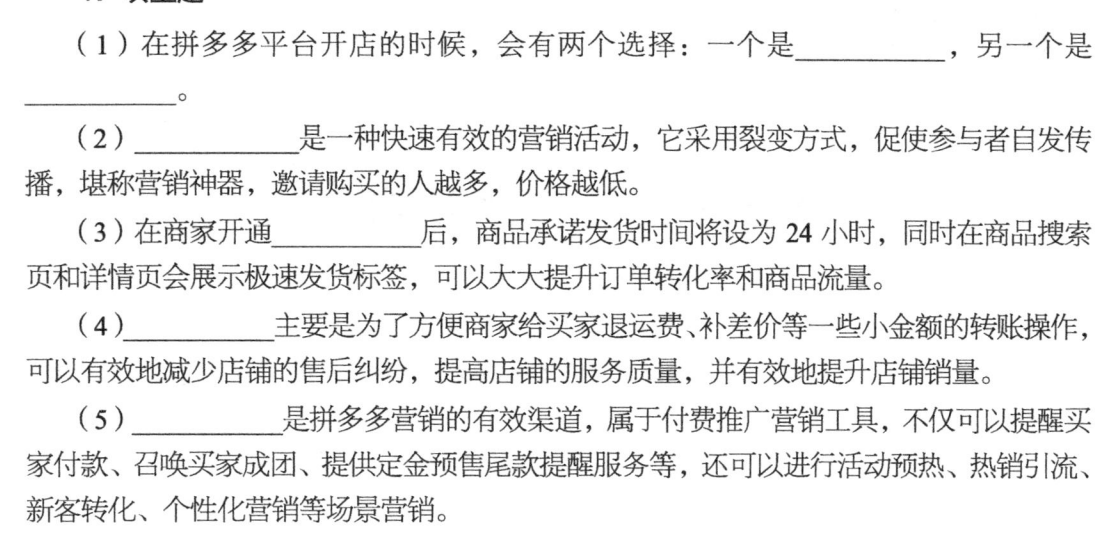

（1）在拼多多平台开店的时候，会有两个选择：一个是_____，另一个是_____。

（2）_____是一种快速有效的营销活动，它采用裂变方式，促使参与者自发传播，堪称营销神器，邀请购买的人越多，价格越低。

（3）在商家开通_____后，商品承诺发货时间将设为 24 小时，同时在商品搜索页和详情页会展示极速发货标签，可以大大提升订单转化率和商品流量。

（4）_____主要是为了方便商家给买家退运费、补差价等一些小金额的转账操作，可以有效地减少店铺的售后纠纷，提高店铺的服务质量，并有效地提升店铺销量。

（5）_____是拼多多营销的有效渠道，属于付费推广营销工具，不仅可以提醒买家付款、召唤买家成团、提供定金预售尾款提醒服务等，还可以进行活动预热、热销引流、新客转化、个性化营销等场景营销。

**2. 简答题**

（1）简述入驻拼多多的基本流程。

（2）简述在拼多多商家后台发布商品的步骤。

（3）拼多多店铺售后管理有哪些模块？各有哪些功能？

（4）店铺营销管理有哪些功能？

# 第 10 章

# 拼多多店铺引流和营销工具

如今,在拼多多上开店的人越来越多。拼多多商家要想将自己的店铺打造成优质店铺,就要学会灵活运用各种店铺引流和营销工具,筛选出适合自身店铺的方法,从而提升收益。每个店铺适合的推广方法多少存在些差异,商家要找到适合自己的方法并研究透彻,使自己的店铺从众多店铺中脱颖而出。

知识导图:

- 拼多多店铺引流和营销工具
  - 自然流量提升商品排名
    - 拼多多自然搜索排名原理
    - 拼多多类目排名原理
    - 优质关键词的选择方法
    - 提升拼多多权重
  - 站内引流
    - 拼多多的流量来源
    - 千人千面逻辑
    - 小程序引流推广
    - 多多直播卖货
  - 营销工具实战
    - 拉人关注券
    - 关注店铺券
    - 评价有礼
    - 多件优惠
    - 催付助手
    - 交易二维码
  - 拼多多活动报名
    - 拼多多的活动分类
    - 做好活动报名准备工作
    - 选择活动资源位
    - 报名参加营销活动

# 第 10 章
拼多多店铺引流和营销工具

**学习目标：**
- 熟悉自然流量提升商品排名
- 掌握站内引流方法
- 掌握营销工具实战方法
- 掌握拼多多活动报名

## 10.1 自然流量提升商品排名

自然流量是指来自搜索引擎的非付费流量，自然流量是搜索的主要来源，对小型店铺来说这部分流量弥足珍贵。

### 10.1.1 拼多多自然搜索排名原理

拼多多自然搜索排名原理是什么？首先是精准匹配，精准匹配优先级别最高，优先展示用户搜索与关键词一致的商品；其次是中心词匹配，系统无法精准匹配，默认展示标题包含中心词的商品；最后是近似词匹配，若系统无法通过中心词匹配商品，则根据近似词匹配类目相同的商品。

拼多多自然搜索流量是免费的流量，它的引流非常精准，能够有效地提升店铺的转化率。例如，当买家在拼多多上搜索"丸子勺"时，会显示很多丸子勺的商品，其中有些店铺并没有在拼多多做任何宣传广告，这就是自然搜索流量，如图10-1所示。

影响拼多多商品自然搜索排名的因素很多，具体包括商品标题关键词匹配、商品价格、促销活动、店铺的信誉、转化率、商品类目、销量、店铺评分等，同时搜索结果会遵循千人千面的展示逻辑。拼多多的排名会综合这些因素不断更新，也就是说，并不是某商家的商品现在排在前面了，就会一直排在前面。

商家在为商品取标题的时候最好选用商品所在类目里的热搜关键词，尤其在拼多多商品标题里，和商品的详细描述里应包含商品的热搜关键词。这样当买家搜到商品的相关关键词时，你的商品就有机会排在前面了。

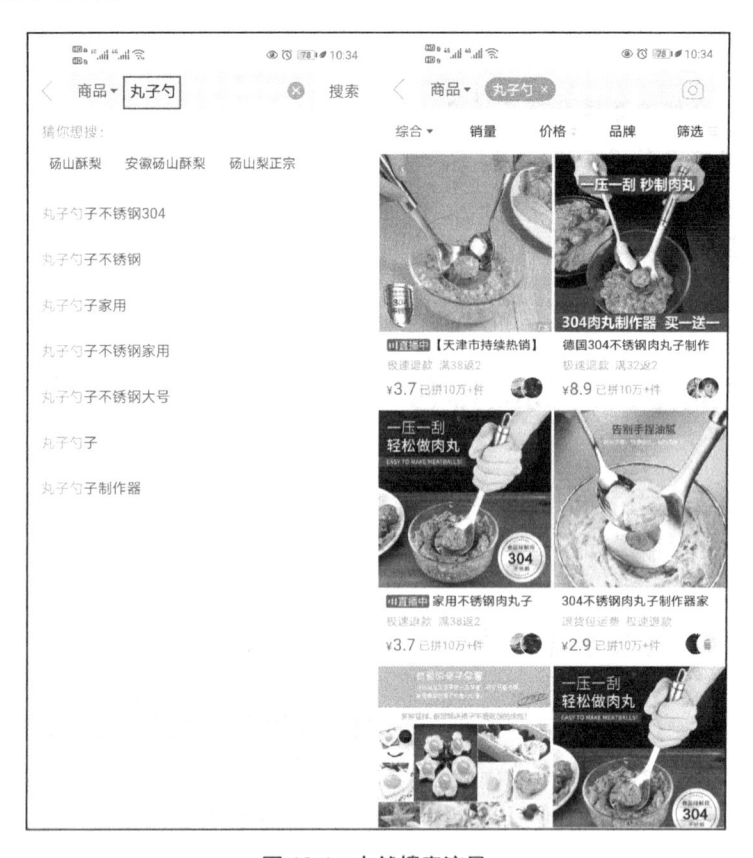

图 10-1 自然搜索流量

## 10.1.2 拼多多类目排名原理

类目流量是指通过拼多多首页顶部的类目入口点击进入店铺的流量，它是拼多多主要的流量来源。

例如，买家在拼多多平台首页顶部单击其中的"百货"类目进入百货搜索结果页面，如图 10-2 所示；单击"电器"类目进入电器搜索结果页面，如图 10-3 所示。

此外，在每个一级类目下面还有二级类目，图 10-4 所示为"男装"下面的二级类目，图 10-5 所示为"食品"下面的二级类目。

决定类目商品排名的核心权重是商品最近的有效成交量。店铺的人群标签是否精准决定了流量利用率是否最大化，其直接影响着店铺商品的成交量。

图 10-2 百货搜索结果页面

图 10-3 电器搜索结果页面

图 10-4 "男装"下面的二级类目

图 10-5 "食品"下面的二级类目

## 10.1.3 优质关键词的选择方法

从搜索流量入口的角度来说,大部分买家是通过关键词搜索找到想要的商品的,当系统进行关键词匹配时,首先与商品的标题进行匹配。因此,标题是搜索流量的主入口。标题是由关键词组合而成的，关键词在拼多多平台上具有用户索引、匹配商品的作用。拼多多系统通过搜索识别商品标题，将商品标题拆分成词根进行检索匹配。

### 提示与技巧

任何推广都离不开关键词布局。如果关键词布局正确，那么自然能使店铺的推广达到事半功倍的效果；如果关键词布局很差，那么花再多力气也效果甚微。

关键词决定了点击单价的高低和点击率，选择关键词的方法比较多，下面介绍几种可以快速、有效地找到关键词的渠道和方法。

#### 1. 拼多多 App 搜索框提示关键词

商家可以在拼多多 App 搜索框中输入和自身店铺商品相关的特性词，搜索框下面会自动弹出一系列关键词，如图 10-6 所示。弹出的关键词是平台用户常用的搜索关键词，是平台通过收集用户的搜索习惯整合出来的关键词，商家可以选择这些关键词，看看这些关键词的行业平均数据。

图 10-6　自动弹出关键词

#### 2. 多多情报通中的行业热搜词

商家进入"多多情报通"首页，可以看到该行业类目下有哪些热搜词，以及这些热搜词的搜索热度、点击率、转化率等，如图 10-7 所示。

图 10-7　行业热搜词

### 3. 推广工具的搜索词分析

推广工具的搜索词分析可以帮助商家洞察热搜词排行榜、趋势，解决商家在选择关键词时不知道哪些关键词流量大、选择什么关键词等难题。一般来说，选择点击率和转化率较高、竞争度适中的关键词即可。

### 4. 同行店铺的商品标题

有一些标准类商品类目的关键词本身就很少，因此商家可以通过拆解行业优秀店铺的商品标题，进行行业数据分析，从而选择合适的关键词。

## 10.1.4　提升拼多多权重

拼多多权重是平台根据商品表现给出的一个估值，可以用于评估商品获取流量和排名的能力。

拼多多权重的影响因素主要包括商品销量、店铺转化率、服务指标、点击率、相关性等。

（1）商品销量。商品销量是影响权重的一个重要因素。平台需要通过商品销量来判断买家是否喜欢这款商品，商品销量高了，商品权重自然而然也就高了。

（2）店铺转化率。两款商品在点击量相同的情况下，卖得多的那款商品自然转化率也高，说明其更受买家喜爱，平台就会给此款商品更高的权重。

（3）服务指标。服务指标包括店铺资质、店铺评分、客服服务、售后服务、发货速度、买家评价等。

（4）点击率。点击率是平台判断买家是否喜欢商品的一个重要因素。

（5）相关性。通过相关性筛选，系统会将不相关的商品直接屏蔽，如当买家搜索"男装"时，如果商家是做"家电"的，就会被直接屏蔽。

## 10.2　站内引流

店铺的引流方法有多种，商家既可以花钱推广，也可以充分利用站内流量来提升商品的曝光度。

### 10.2.1　拼多多的流量来源

拼多多的流量来源包括搜索流量、活动流量、广告流量、个性化推荐流量和其他渠道带来的流量。

#### 1. 搜索流量

搜索流量是拼多多重要的流量来源，买家只要搜索关键词，商家的商品即可展现在搜索结果页面。

#### 2. 活动流量

商家如果想要获得更多流量，那么参加活动是一个很好的方法，常见的营销活动有"限时秒杀""断码清仓""9块9特卖"等。图10-8所示为限时秒杀活动。

图10-8　限时秒杀活动

### 3．广告流量

由于免费流量越来越难获得，很多商家用付费广告来辅助，如多多搜索、多多场景、明星店铺等，通过投放广告获得流量。

### 4．个性化推荐流量

为了获取更多流量，商家要去迎合精准流量的展示与推送，根据买家的支付、浏览、收藏等行为，系统推荐一般展示在分类页或详情页下面的相似商品等位置。图 10-9 所示为商品详情页，其底部的相似商品（见图 10-10）带来的流量就是个性化推荐流量。

图 10-9　商品详情页

图 10-10　相似商品

### 5．其他渠道带来的流量

其他渠道带来的流量包括多多果园、砍价免费拿、微信群及多多进宝等通过社交活动带来的流量。

## 10.2.2 千人千面逻辑

千人千面是拼多多搜索排名的一种推荐算法。目前拼多多的搜索规则主要是通过人群标签匹配商品标签来干预展现排名,实现"人货匹配"。

拼多多依据用户自己的行为推荐商品。简单地说,就是用户仔细浏览、收藏、购买过什么商品,就给其推荐什么商品。如果用户最近经常浏览连衣裙,平台就会给其推荐连衣裙;如果用户浏览的是蕾丝连衣裙,平台就会给其推荐更多的蕾丝连衣裙,但也有可能部分是雪纺连衣裙。

拼多多目前只有动态标签,那动态标签是什么呢?动态标签指的是以消费者当前行为为指向。例如,某用户之前经常购买运动鞋,所以其一搜索男鞋系统就会优先向其展示运动鞋;但是如果最近该用户搜索了皮鞋,并且仔细浏览、收藏了,那么其动态标签就发生变化了,系统开始向其推荐皮鞋了。

拼多多的商品标签主要由类目标签、属性标签和价格标签三部分构成。

首先,最重要的是类目标签,它属于基础的商品标签,商家在设置商品类目时,一定要注意尽量与商品相匹配,否则无法获得精准流量,更谈不上点击和转化了。

其次,属性标签也很重要,属性标签包括非常多的重要元素,如商品品牌、风格、款式、适用年龄等,如图 10-11 所示。商品属性填写得是否精准对于流量的精准性影响非常大,只有精准、完整地填写商品属性,才能分配到更多的精准流量。

图 10-11 商品属性

最后，每个商品都会带有一个价格标签，也就是说系统会给每个商品打上一个价格标签，即属于低客单价、中客单价还是高客单价。

## 10.2.3 小程序引流推广

微信用户数量巨大，很多人利用小程序流量红利赚得盆满钵满。小程序在微信中占据着重要的地位，其在获客、留存和变现上的有强大的能力和发展空间。微信提供了多种小程序推广渠道，如果商家运营得当，则可轻松获得一定的流量。借助微信平台的力量，商家可以通过扫码推广、分享推广、公众号推广等方式获取小程序的流量。

拼多多利用小程序进行拼单、秒杀、砍价等优惠活动，激发用户的积极性，实现快速裂变。这种方法可在短时间内积累数量庞大的精准用户，后期商家可借此进行精准营销。图 10-12 所示为拼多多小程序的主界面，该小程序的功能与拼多多 App 的功能相似。

图 10-12 拼多多小程序

### 10.2.4 多多直播卖货

直播是一种时尚的卖货方式，它可以给人带来更加直观的体验，因此十分火爆。拼多多也开通了直播功能，并且一些商家已经开始充分利用直播平台卖货，甚至有的主播通过一场直播可以获得一两千万的销售额。如今，不管是高端品牌还是小众品牌，都纷纷瞄准了直播卖货这块儿"肥肉"。

直播的优势在于其真实性、传播性和社交性，可以快速聚粉、加强互动。图10-13所示为商家通过多多直播推荐商品。

> **提示与技巧**
>
> 在平台大促活动期间，商家应延长直播时间，以承接大促活动流量，让粉丝在直播中能够详细了解商品信息。在直播间，商家应及时回答粉丝提出的问题，尽可能节省粉丝了解商品的时间，更好地提高转化率。一般来说，通过观看直播购买商品的粉丝的退货率和退款率相对较低。

图10-13 商家通过多多直播推荐商品

下面介绍进行多多直播时需要注意的一些问题，包括脚本设计、环境打造、商品准备三个方面。

脚本设计：脚本设计得好，直播会更受欢迎。在直播前，商家应设计出有结构、有层次的脚本，这样直播才能更流畅，直播才能获得良好的效果。

环境打造：主播应注意自己的仪容、举止，尽量给粉丝留下良好的印象；直播背景要温馨、舒适，不要过于凌乱；直播间的灯光设置要合理，营造一种自然、轻松的氛围。

商品准备：首先应选择合适的商品，主播必须详细了解商品背书及相关知识，保证专业度。主播在直播前要了解商品的具体卖点、规格、色彩、材质等，最好提前演练一下。一般来说，如果计划直播一个小时，则建议准备10件左右的商品。

第 10 章
拼多多店铺引流和营销工具

## 10.3 营销工具实战

拼多多的营销工具主要在拼多多商家后台"店铺营销"下面的"营销工具"中，里面有各种常见的营销工具，如图 10-14 所示。商家可以自主选择适合自己的营销工具。下面主要介绍一些常见营销工具的实际使用。

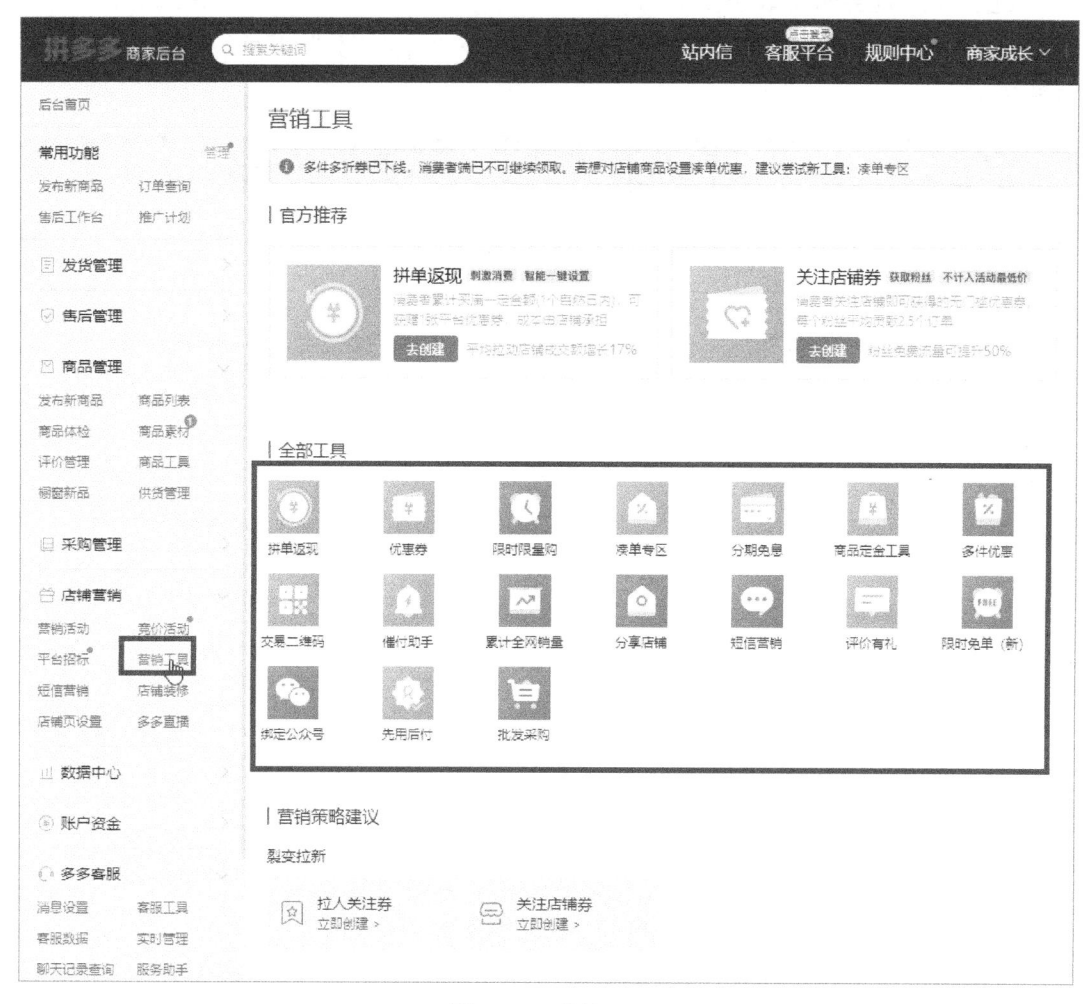

图 10-14 营销工具

### 10.3.1 拉人关注券

有时候消费者会主动发起站外分享，帮助店铺拉取站外粉丝，在其拉取一定数量粉丝后，即可获赠一张无门槛店铺券。通过优惠券激励消费者发起分享，是一种很好的帮助店铺拉取潜在站外粉丝的方法。

设置拉人关注券的具体步骤如下。

（1）进入"拼多多商家后台"→"店铺营销"→"营销工具"页面，单击"优惠券"，如图10-15所示。

图10-15　单击"优惠券"

（2）进入"优惠券"页面，此处有很多优惠券信息，这里单击"全店满减券"，如图10-16所示。

（3）填写优惠券信息，包括优惠券类型、优惠券名称、领取时间、面额、使用条件、发行张数、每人限领优惠券张数，填写好后单击"创建"按钮就可以了，如图10-17所示。

第 10 章
拼多多店铺引流和营销工具

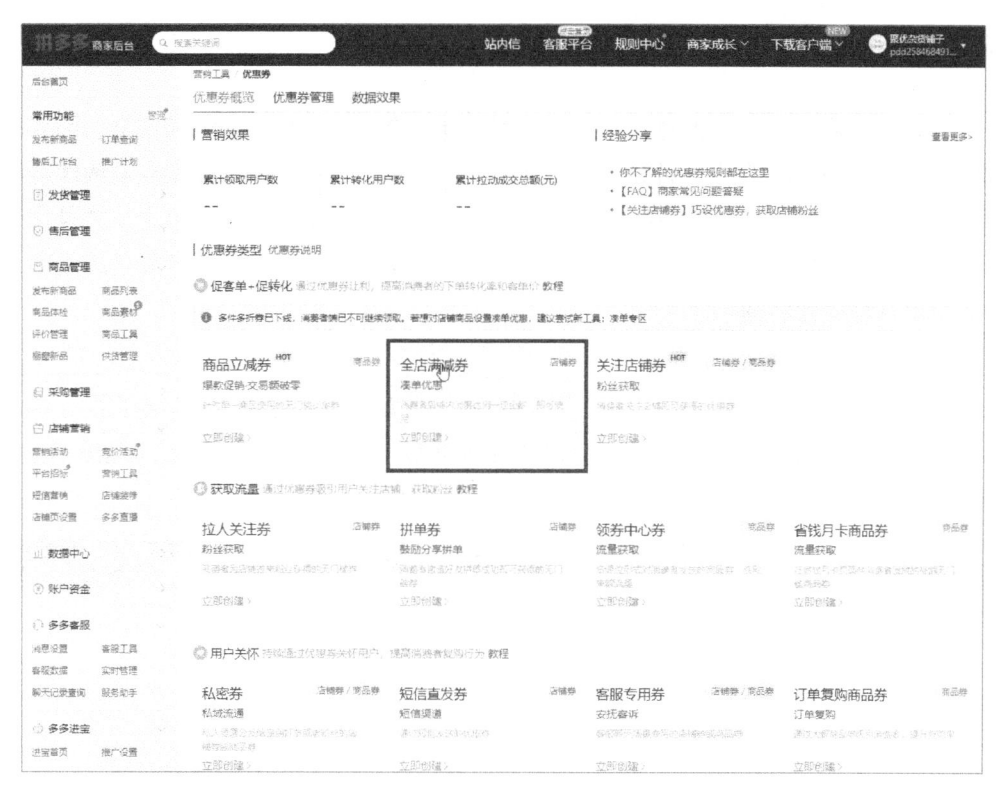

图 10-16 单击"全店满减券"

图 10-17 填写优惠券信息

### 10.3.2 关注店铺券

大部分在拼多多平台开店的商家都会用到店铺优惠券，尤其是关注店铺券，因为关注店铺券对吸粉有很大的帮助。消费者要想领取此券，必须关注店铺，商家在发放优惠券的同时为店铺积累了粉丝。需要注意的是，此券的金额必须为 5 元及 5 元以上，并且是无门槛店铺券。通过优惠券让利，商家可以积累一部分粉丝，从而提高消费者复购的概率，有利于商家更好地经营店铺。

设置关注店铺券的具体步骤如下。

（1）进入"拼多多商家后台"→"店铺营销"→"营销工具"页面，单击页面上端"关注店铺券"下面的"去创建"或页面底部"关注店铺券"下面的"立即创建"（这里单击"立即创建"），如图 10-18 所示。

图 10-18 单击"立即创建"

第 10 章
拼多多店铺引流和营销工具

（2）创建优惠券，包括设置优惠券类型、使用范围、优惠券名称、领取时间、使用时间、面额、发行张数，设置好后单击"创建"按钮就可以了，如图10-19所示。

图 10-19　单击"创建"按钮

商家在设置关注店铺券时，设置的时间可以配合活动或推广，这样可以增加关注量。

（1）针对活动商品，告知买家关注店铺可及时用活动价抢到商品，从而吸引其关注。假设商家将要参加秒杀活动，活动前就可以在店铺首页或其他位置宣传"提前关注店铺，活动开始可及时抢到×××"，从而吸引买家关注店铺及商品。这样不仅可以吸引有购买需求的买家关注，还相当于进行了活动预热。

（2）店铺在做推广的时候，会有一波付费流量进入店铺，因此同步设置店铺券，一方面有利于提升店铺的转化率，另一方面有利于新粉丝的增加。

（3）对于曾和店铺有过交集但没有关注店铺的买家，商家可以发送一波短信，利用关注店铺券吸引这些买家主动关注。

### 10.3.3 评价有礼

评价有礼是指消费者在某店铺下单且收到货之后给出一个 20 字以上和至少一张商品图的评价，拼多多就会给消费者赠送一张 3 元无门槛优惠券，这张 3 元无门槛优惠券的成本是由商家承担的。

在商家设置评价有礼后，可以有效地提升商品转化率及消费者复购率，从而安全、快速地提升店铺销量。此外，商家可以通过发放 3 元无门槛优惠券，鼓励消费者进行商品评价，为店铺积累评价内容。

设置评价有礼的具体步骤如下。

（1）进入"拼多多商家后台"→"店铺营销"→"营销工具"页面，单击"评价有礼"，如图 10-20 所示。

图 10-20 单击"评价有礼"

（2）进入"评价有礼"页面，单击"立即开启"按钮，如图 10-21 所示。

（3）填写活动信息，包括开启时间、活动商品、发行张数，填写好后单击"去支付"按钮，如图 10-22 所示。

第 10 章
拼多多店铺引流和营销工具

图 10-21　单击"立即开启"按钮

图 10-22　填写活动信息

### 提示与技巧

优惠券发行张数可以是 1～2000 张。优惠券发行张数设置得越多，需要充值的钱就越多，因为活动预算就是优惠券发行张数和返现金额的乘积，而返现金额就是 3 元。如果优惠券发行张数设置为 1000 张，那么活动预算就是 3000（1000×3=3000）元。

在商家设置评价有礼后，订单页会有"评价有礼"的提醒字样，消费者在评价时就会看到。怎样让更多的消费者提前知道店铺有评价有礼活动呢？

（1）在直播间介绍新品时告知。评价有礼非常适合新品快速积累评价，主播在直播间介绍新品的时候，可以告知消费者这款商品设置了评价有礼。例如，在介绍完商品后，主

265

播可以说："这里还有一个好消息告诉大家，购买这款商品，还有额外的 3 元优惠券，限量 500 张，您只需要晒出真实、优质的评价就可以获得。"这样不但告诉了消费者新品有评价有礼活动，而且这 3 元优惠券也变相成为促进消费者下单的神器。

（2）当消费者发送商品卡片咨询时自动回复。商家可以给设置了评价有礼的商品设置自动回复。当买家发送这个商品卡片给客服时，一定要抓住机会告诉消费者这个商品正在参加评价有礼活动，这样既可以提升询单转化率，又有助于提醒消费者收货后马上来评价。

（3）在商品详情页上标注评价有礼。

### 10.3.4 多件优惠

商家可以对商品设置多件优惠，这样能刺激消费者一次购买多件商品，从而提高店铺的客单价。多件优惠仅限于店铺同一商品的多件购买。

设置多件优惠的具体步骤如下。

（1）进入"拼多多商家后台"→"店铺营销"→"营销工具"页面，单击"多件优惠"，如图 10-23 所示。

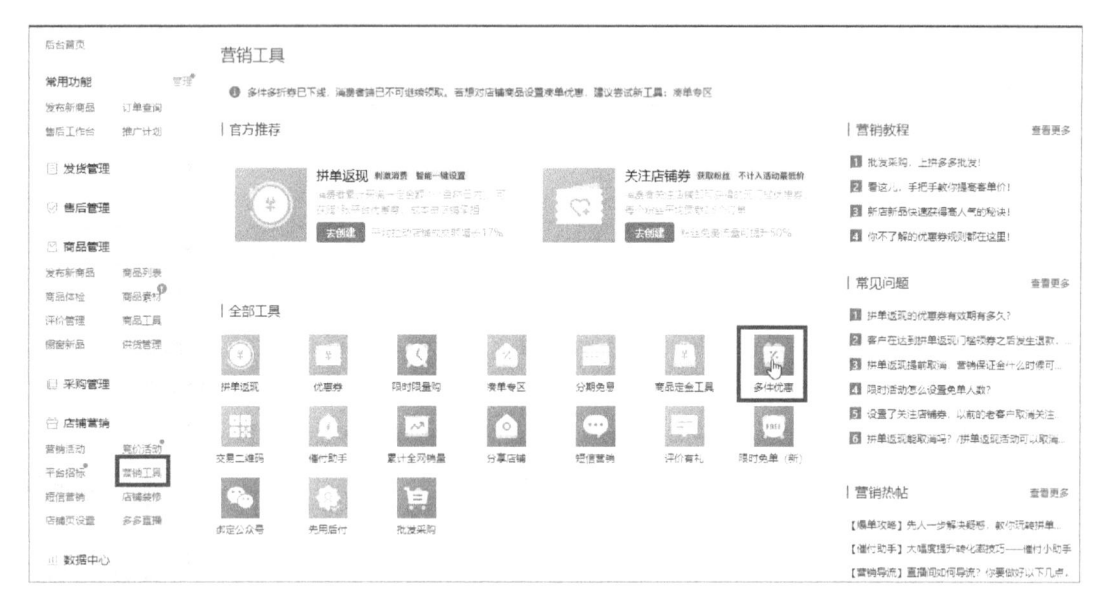

图 10-23　单击"多件优惠"

第 10 章
拼多多店铺引流和营销工具

（2）进入"多件优惠"设置页面，单击"创建"按钮，如图 10-24 所示。

图 10-24　单击"创建"按钮

（3）填写优惠活动信息，包括活动时间、活动商品、活动备注，还需要进行优惠设置，完成后单击"创建活动"按钮，如图 10-25 所示。

图 10-25　填写优惠活动信息

在设置多件优惠时，即使商家设置了多个阶梯，商品标题旁也只会展示第一个阶梯的内容。例如，商家将多件优惠设置了两个阶梯——买 3 件减 20 元、买 5 件减 100 元，商品标题旁只会展示"买 3 件减 20 元"。

267

### 10.3.5 催付助手

在经营店铺的过程中，商家经常遇到客户提交订单后没有直接付款的情况，这时候催付就非常重要了。如果客服未及时催付，则很容易失去订单。商家可以预先设置催付助手，由系统判断待支付订单是否满足催付条件，如果满足条件就提示客服，客服可以一键批量催付。

设置催付助手的具体步骤如下。

（1）进入"拼多多商家后台"→"店铺营销"→"营销工具"页面，单击"催付助手"，如图 10-26 所示。

图 10-26　单击"催付助手"

（2）进入"催付助手"页面，单击"短信催付"下面的"去开启"按钮，如图 10-27 所示。

（3）设置短信付款提醒信息，如图 10-28 所示。

（4）设置客服催付。单击"客服催付"下面的"去设置"按钮（见图 10-27），选择商品"编辑"降价折扣并启用规则，如图 10-29 所示。

（5）编辑商品降价优惠（信息），系统会填充一个推荐的折扣值，商家可根据情况进行修改，最终催付时以折扣为准，如图 10-30 所示。

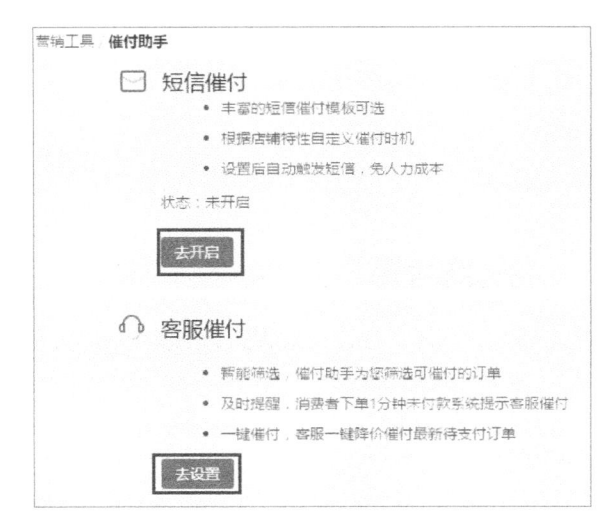

图 10-27　单击"去开启"按钮

图 10-28　设置短信付款提醒信息

▶ **电商多平台运营实战**
淘宝、京东、拼多多、抖音

图 10-29 选择商品"编辑"降价折扣并启用规则

图 10-30 编辑商品降价优惠（信息）

## 10.3.6 交易二维码

交易二维码是拼多多官方平台提供的商家交易综合管理工具。交易二维码可以使交易更便捷，在消费者扫码后可以直接生成订单并付款给商家，资金到账后商家能随时提现。商家如果开通了交易二维码，就能将二维码轻松地分享给消费者，但需要满足特定场景下的订单才能使用。

比如，一个在拼多多上开店的商家，同时经营着一个实体店，或者也有在其他平台上开店。当其实体店或其他平台上的店铺有成交的时候，商家向消费者展示交易二维码，在消费者扫码后会直接在拼多多店铺生成一个订单并完成交易。

设置交易二维码的具体步骤如下。

（1）进入"拼多多商家后台"→"店铺营销"→"营销工具"页面，单击"交易二维码"，如图 10-31 所示。

图 10-31 单击"交易二维码"

（2）进入"交易二维码"页面，单击"确认开通"按钮，如图 10-32 所示。

（3）进入交易二维码详情页面，单击"下载二维码"按钮，如图 10-33 所示。

（4）生成并下载店铺专属二维码，让消费者扫码付款，如图 10-34 所示。

▶ 电商多平台运营实战
淘宝、京东、拼多多、抖音

图 10-32　单击"确认开通"按钮

图 10-33　单击"下载二维码"按钮

图 10-34　生成并下载店铺
专属二维码

## 10.4 拼多多活动报名

拼多多平台推出活动，是为了让商家更好地提升店铺流量和销量，但不是所有的平台活动都适合任何店铺。商家需要先了解平台的活动分类，做好活动报名准备工作，并且应详细了解怎样选择优质的活动资源位、活动报名条件，以提高活动报名的通过率。

### 10.4.1 拼多多的活动分类

拼多多的活动可以分为店铺活动和平台活动。店铺活动主要是利用优惠券等营销工具来展示活动，平台活动则是开辟单独的资源位来推广活动商品。

根据活动的持续时间，拼多多的活动又可以分为长期活动和短期活动。长期活动指的是活动的资源位时间比较长，如领券中心、电器城等，商品只要符合活动频道的要求，就可以长期获得活动流量曝光。短期活动指的是活动的资源位有一定的时间限制，商家通过价格让利短时间内快速获得流量曝光，如秒杀、品牌特卖等。当商家报名参加短期活动的时候，商品要尽可能低价销售，因为参加活动可以帮助商家换回更大的收益，如断码清仓可以快速、有效地清理库存。在商家参加活动后，积累的商品销量和评价也可以帮助商品提升自然流量。

商家在报名参加活动时不能只看眼前的利益，只有进行长远规划，正确地利用活动才能使店铺的利益最大化。商家在选择活动时，最好先进行长远规划，搭配各种短期活动和长期活动，以实现不同的营销目标，使店铺获得更长久的稳定利益。

### 10.4.2 做好活动报名准备工作

商家在报名参加活动时，还需要做好一系列准备工作，以便更加顺利地参加活动，获得更好的推广效果。

活动报名准备工作如下。

商品优化：选择合适的商品参加活动，并且从商品标题、图片方面去进行优化。商家要精准地优化报名参加活动的商品——优化主图、商品标题、商品介绍，这样商品才能够有竞争力，才能有效地提高商品销量。

客服培训：商家应提前安排好客服人员，并针对具体的活动类型进行培训，让客服清楚活动规则和流程，从而能够轻松应对消费者提出的各种问题。

仓储管理：由于一般活动期间的发货量非常大，商家一定要提前备货，做好店铺的仓储管理，同时对接好快递公司，保证发货速度。

活动预热：活动前期可以通过营销工具引流，目的是为活动聚集流量，从而使活动为店铺创造更大的效益。

### 10.4.3 选择活动资源位

活动资源位对商家店铺来说有机会拥有曝光量，提高自然流量和转化率。拼多多平台上的每个活动都有自己独特的优势，商家只要利用得当，就可以从这些活动资源位中获得一定的流量，从而提高商品的成交额。拼多多活动资源位常见的有"9块9特卖""限时秒杀""断码清仓"等。

选择活动资源位的基本思路如下。

选择活动类型：通过店铺的主营类目及品牌先筛选出能够报名的活动，缩小选择的范围。大部分活动有针对性的类目，有些对店铺类型及商品的品牌是有一定要求的，因此商家可以先选出自己可以报名的活动。

资源位的定位：筛选和自己商品相契合的活动。例如，如果商家主推的是应季新品，那么很适合参加爱逛街的超值量贩资源位活动。

活动目的的规划：商家要根据自己参加活动的目的，如提升权重、制定客户画像、提升店铺人气、清理库存或者测款等，并且结合活动定位，来选择最终要参加的活动资源位。

### 10.4.4 报名参加营销活动

下面以"断码清仓"为例介绍报名参加营销活动的具体步骤。

首先进入"拼多多商家后台"，单击"店铺营销"下面的"营销活动"，然后单击"断码清仓"右侧的"去报名"按钮，如图10-35所示。

如果店铺符合要求，则单击"立即报名"按钮即可报名；如果店铺不符合要求，那么"报名资质"右侧会显示"不符合"字样，单击"查看原因"即可查看原因，商家据此修改报名信息后重新报名即可，如图10-36所示。

# 第 10 章
## 拼多多店铺引流和营销工具

图 10-35　单击"断码清仓"右侧的"去报名"按钮

图 10-36　显示"不符合"字样

## 10.5 练习题

**1. 填空题**

（1）拼多多自然搜索流量是_____，它的引流非常精准，能够有效地提升店铺的转化率。

（2）商家在为商品取标题的时候最好选用商品所在类目里的_____。

（3）_____是指通过拼多多首页顶部的类目入口点击进入店铺的流量，它是拼多多主要的流量来源。

（4）拼多多的流量来源包括_____、_____、_____、_____和_____。

（5）_____是拼多多官方平台提供的商家交易综合管理工具。_____可以使交易更便捷，在消费者扫码后可以直接生成订单并付款给商家，资金到账后商家能随时提现。

**2. 简答题**

（1）影响拼多多商品自然搜索排名的因素有哪些？
（2）可以快速、有效地找到关键词的渠道和方法有哪些？
（3）怎样设置拉人关注券？
（4）怎样让更多的买家提前知道店铺有评价有礼活动？
（5）拼多多的活动是如何进行分类的？
（6）怎样做好活动报名准备工作？

# 第 11 章

## 电商促销策略引爆店铺销量

如今，由于各大电商平台上的商家越来越多，店铺想要吸引买家消费变得越来越困难。为了摆脱这种境况，商家纷纷使出各种招数。网店经营者应制定相应的促销策略，通过促销提高店铺销量。

**知识导图：**

```
                          ┌─ 促销活动准备 ─┬─ 促销的概念及好处
                          │                └─ 促销的良好时机
                          │
                          │                ┌─ 什么是赠品促销
                          ├─ 赠品促销 ─────┼─ 赠品促销效果不佳的原因
                          │                └─ 赠品促销的注意要点
                          │
电商促销策略引爆店铺销量 ─┤                ┌─ 打折促销的优点
                          ├─ 打折促销 ─────┼─ 打折促销的方式
                          │                └─ 打折促销的策略
                          │
                          ├─ 包邮促销
                          ├─ 购物积分促销
                          ├─ 抓住节假日促销
                          └─ 销售旺季的促销
```

**学习目标：**

♪ 熟悉促销活动准备

♪ 掌握赠品促销

♪ 掌握打折促销

- ♫ 掌握包邮促销
- ♫ 掌握购物积分促销
- ♫ 掌握抓住节假日促销
- ♫ 掌握销售旺季的促销

## 11.1 促销活动准备

促销就是采取一切可行手段将商品成功销售出去。网店促销是一门学问，商家应积极开展网店促销活动。

### 11.1.1 促销的概念及好处

促销是指商家为达到买家购买的目的而综合运用各种销售工具、销售方法来销售商品。促销既能在短期内显著提高店铺的销售额，也能提高品牌的知名度。图11-1所示为促销活动提高品牌的知名度。

促销的好处体现在以下几个方面。

**1．提高新品知名度**

有的买家不愿意对新品进行尝试，但是通过促销手段的巨大让利，可以促使这些买家接受新品，从而提高新品知名度。

**2．促进买家初次购买**

促销（如买一送一、限制折扣）可以促进买家初次购买。

**3．提升商品销量**

图11-1 促销活动提高品牌的知名度

促销可以改变一些买家的使用习惯及品牌忠诚度。因受利益的驱动，商家可能大量进货，买家可能大量购买。因此，促销常常会促进买家消费，从而提升商品销量。如图11-2

所示，该商家采用"淘宝省钱卡"和"领现金红包"促销方式，大大提升了商品销量。

### 4．建立买家对品牌的忠诚度和美誉度

在买家初次购买商品并使用后，如果非常满意，则可能产生再次购买的意愿。这种消费意愿在初期可能不那么强烈，但通过促销则一般可以让买家产生立即购买的意愿。如果有一个持续的促销计划，则可以使消费群基本固定下来，因为在买家习惯使用这款商品后，则可能长期购买。

### 5．消化库存商品

将库存量比较大的商品作为促销对象，可以帮助商家消化库存商品，使资金周转良性化。

### 6．带动其他相关商品的销售

促销的第一目的是完成所促销商品的销售，但是在该促销商品的销售过程中，可以带动其他相关商品的销售。如图 11-3 所示，该店铺某款商品的促销带动了其他相关商品的销售。

图 11-2　提升商品销量　　　　图 11-3　带动其他相关商品的销售

### 11.1.2 促销的良好时机

促销的良好时机有哪些呢？

#### 1．新品上架

由于新品没有知名度，商家若想快速打开市场，则可以对新品进行促销，这样既能加快新品卖出的速度，也有利于提升买家的关注度，进而提高其忠诚度。图 11-4 所示为 2020 年新品上架时所采取的促销活动。

#### 2．成长期商品

有些商品在上架后，销量不能快速增长，导致大量商品被滞留在店铺中，占据店铺大量的资源。这时，商家要把握好该阶段的促销时机，将买家的尝试性购买转化为重复性购买。商家应及时对买家进行访问和观察，看其是否存在购买迟疑，若存在则探究原因，及时制订相应的促销方案。

#### 3．衰退期商品

在商品的衰退期，如果急速将该商品下架，则不但不能为店铺赚取最后的利润，而且大量库存将难以被有效地消化，使店铺遭受货品积压的损失。这时，建议商家采取"清仓"的方法，对衰退期商品进行一轮旨在消化库存、回收利润的促销活动。图 11-5 所示为清仓促销商品。

图 11-4　2020 年新品上架时所采取的促销活动

#### 4．店庆

商家可以在店庆时进行促销。比如，店铺开张 10 周年，这时商家可以采取大力度的促销，而且可以向买家展示店铺的优秀成交记录，给人以信任感。图 11-6 所示为周年店庆促销，满一定额度还赠送礼品。

图 11-5　清仓促销商品　　　　图 11-6　周年店庆促销

### 5. 节日

节日是不错的促销时机，如中秋节、国庆节、"双 11"等节日给商家提供了促销的理由。图 11-7 所示为"双 11"促销。

> **提示与技巧**
>
> 当然，节日促销也要结合自身的商品及客户群体来进行。比如，如果店铺卖女装，那么在父亲节进行促销推广显然不合适。
>
> 但在有的节日进行促销对网店来说不一定是好事。比如，在春节期间进行促销显然效果不好：一方面，在春节期间大家往往去实体超市、商店买东西；另一方面，大部分快递公司放假了不收发快递。

### 6. 换季

一些季节性强的商品，换季促销力度一般比较大，而买家也乐于接受换季清仓这类活动。对一些断色、断码或即将断货的商品进行清仓处理的活动，往往能吸引不少买家。图 11-8 所示为换季清仓促销。

图 11-7　"双 11"促销　　　　　图 11-8　换季清仓促销

## 11.2　赠品促销

在交易中，总是会有买家这样问："有赠品吗？"当商家回答"有"时，买家就会满心欢喜。有的买家在拍下商品后，还要提醒商家"发货时不要忘记赠品"，这样的事情大多数商家都遇到过。由此可见，买家总是期望获得额外的东西。其实大多数人在购物时都有这种心理，这是很正常的。

### 11.2.1　什么是赠品促销

赠品促销是一种非常有效的营销策略，它既可以快速地促进销售，又能有效地应对竞争，所以在网上销售商品时可以使用这种策略。赠品促销是指买家在购物时，商家以"赠品"的形式向买家提供优惠，吸引其购买商品。如图 11-9 所示，该店铺通过"买就送赠品"来达到促销商品的目的。

图 11-9 买就送赠品

赠品促销是常用的促销方式之一，商家把赠品作为礼物赠送给买家，以一种实物的形式给买家非价格上的优惠。这种方式虽然没有价格促销直接，但可以以一种看得见而又实实在在的方式直击买家内心，让买家购买商品并长时间使用。商家创造性地运用好赠品促销，可以取得该商品或服务独具特色的、竞争对手不能轻易模仿的良好效果。可以说，赠品促销是一种既能短时间提高销量，又能起到长时间树立品牌形象作用的极佳促销方式。

## 11.2.2 赠品促销效果不佳的原因

赠品促销是争取买家购买商品、提升业绩的法宝。赠品促销策略若运用得当，则很有可能吸引买家踊跃购买。有些促销活动存在这样一种现象，即在赠送赠品时成交量很高，但在赠送后营销效果不佳，分析其原因商家应注意以下几个方面。

（1）不要把劣质品作为赠品，这样做会适得其反。商家应注重赠品的质量，因为赠品能体现出商家的诚意。不要以为"赠"就是"白送"，便可随意"糊弄"买家。赠品质量代表着店铺的信誉。

（2）要送到买家的心坎上，这样才会得到买家的认可。当无法确定买家想要什么时，就把选择权交给买家，不要以自己为中心去理解营销。赠品促销的核心是让目标买家认为自己"占了便宜"；如果送他们毫无用处的东西，就失去了赠送的意义。

（3）赠品要带给买家超值的感受。赠品的成本控制在多少才是合理的？商品的售价能承担起此笔开销吗？商家应合理地把握成本与价值之间的平衡，让买家感觉超值。赠品的成本要在能接受的预算内，不可过度赠送。如果赠品选择得当，就会吸引买家的眼球，促销的效果也会事半功倍。

（4）注意时间和时机。商家应注意赠品使用的时间，如在冬季不能赠送只能在夏季使用的商品。

### 11.2.3 赠品促销的注意要点

赠品虽然是额外送给买家的，但小小的赠品里面也有大学问。赠品实际上是对买家的一种额外馈赠和优惠。商家在进行赠品促销时应注意以下要点。

（1）赠品要让买家容易获得。只有赠品容易获得才能激发买家参与的热情，促销的"势"才能造出来；如果让买家感觉赠品与自己无缘，即使参与了也很难获得赠品，也就无法激发买家参与的热情了。因此，商家最好让参与的每个人都感觉自己可以获得赠品，以达到促销的目的。

（2）先声夺人，准确发布广告信息。在进行赠品促销之前，做好广告宣传工作是头等大事。广告宣传必须符合本次赠品促销的目标消费群体，有的放矢，把促销的方式、赠品推荐等信息发布出去。

（3）给赠品起一个响亮的名字，更容易让买家记住品牌。一个好的名字会引起买家美好的联想，这种联想不但可以对促销起到积极作用，而且可以在促销之后长久地促进商品销售，因为美好的联想是有延续性的。给赠品起一个响亮的名字，不仅可以加快商品的流通，还可以提升品牌的附加价值。

（4）把店铺的信息告诉买家。在赠品上印上店铺标志、设计得很可爱的电话号码等，这些是非常容易做到的事情。这样会让买家每次在使用赠品时，都不由地想到店铺。

## 11.3 打折促销

"打折"是一种很常见的商品促销方式，它指的是将某种商品进行打折销售，以促进商品大批量销售，在活动结束后商品会恢复原价。

## 11.3.1　打折促销的优点

打折促销主要有以下优点。

（1）效果明显。价格往往是决定买家是否购买商品的主要因素之一，特别是购买那些品牌知名度较高的商品。因此，打折是对买家冲击最大、最有效的促销手段。打折促销效果明显，商家可以通过这种方式处理到期商品、减少库存量、加速资金回笼等。

（2）活动易操作。商家可以在不同时间，在所允许的促销预算范围内，设置不同的折扣率。这种促销方式的工作量少，也容易控制成本和风险。

（3）最简单、有效的竞争手段。为了更好地与竞争对手竞争，及时采用打折促销的方式刺激买家购买本店铺商品，可以降低买家对竞争对手商品的兴趣，并且可以通过促进买家大量购买或者提前购买来抢占市场份额，从而打击竞争对手。

（4）有利于培养和留住老客户。打折促销活动能够产生一定的广告效应，塑造物美价廉的商品形象，吸引已经购买过本商品的买家再次购买，从而形成稳定的消费群体。

## 11.3.2　打折促销的方式

由于打折促销直接让利于买家，让买家非常直接地感受到了实惠，因此它是目前最常用的一种阶段性促销方式。打折促销主要采用以下两种方式。

（1）不定期打折。在重要的节日（如春节、中秋节、国庆节等）期间进行打折促销，因为节日期间人们往往更具有购买潜力和购买冲动。商家应选择价格调整空间较大的商品参加活动，并不是全盘打折。

这种方式的优点是：符合节日需求，会吸引更多的人前来购买。虽然打折后可能造成利润下降，但销量会提高，总的销售收入不会减少，同时增加了店铺人气，拥有了更多的买家，对店铺以后的销售也会起到带动作用。

（2）变相打折。例如，"捆绑式"销售，即以礼盒方式在节日期间销售。

这种方式的优点是：符合节日气氛，更加人性化。图 11-10 所示为商品采用打折促销。

图 11-10　商品采用打折促销

### 11.3.3 打折促销的策略

每个商家对促销应该都是非常熟悉的，促销也是每个商家都应该参加的活动，这是商家们之间的竞争。市场竞争很激烈，买家对店铺的印象可能来自店铺的促销活动，那么打折促销的策略有哪些呢？

**1．范围策略**

范围策略，即确定哪些商品打折，并且要明确为什么对这些商品打折，考察是否符合打折的目的。比如，新品是否要打折，应先考虑新品的区域性，如非常艳丽的四件套，在某些地区并不受欢迎，即使有比较大的优惠，也未必能拉动销售，因此应"因地制宜"。商家应全面考虑这些因素，确定在哪里打折，并考虑打折会不会有效果。

**2．程度策略**

程度策略，即确定打折的程度、让利的幅度，争取既能吸引买家，又不丧失利润。比如，床上用品在很多专卖店都是非正价销售的，一般打9～9.5折，在促销期间为了拉动销售，可以将某些人气商品（如抱枕、毛毛虫布偶、枕头等）的价格设置得很低，以吸引买家。总体而言，在促销期间将折扣设置得高于8折，效果一般不会很好，但考虑到自身的利润，总体折扣控制在7～7.8折比较适合。当然，对于积压时间很长的商品，为了回笼资金，可以根据商品成本价设置其折扣。

**3．时机策略**

时机策略，即确定什么时间打折最合适。比如，很多家纺经销商都选择在劳动节、国庆节、元旦、春节等结婚高峰期进行打折促销，这对中小卖家来说销售效果就会大打折扣，但是制造特殊事件和新闻，或者在淡季进行清仓大酬宾等是值得深度挖掘的。

**4．周期策略**

周期策略，即确定打折持续的时间，打折持续的时间并不是越长越好，这一点尤为关键。比如，如果家纺打折时间太长，那么反而会动摇买家立即购买的决心，打折时间一般控制在10～15天比较合适。这个时间考虑到了从买家知道打折促销的信息到购买的周期。此外，商家还可以进行时间压迫，如前五天可以享受特别优惠等。

**5．频率策略**

频率策略，即一年内打折的次数。比如床上用品，大多数人一年也就购买1～2次。因此，商家可以适时地对老客户嘘寒问暖，增加客户到访的次数，即便不买也欢迎来欣赏一下，并有技巧地请客户向自己的亲朋好友推荐，但前提是客户对商品很满意。研究表明，由亲友及其他熟悉的人向潜在买家推销商品的影响力非常大。

## 11.4 包邮促销

在网络购物中，邮费问题一直是买家关注的焦点之一，这会影响买家对网络购物价格优惠的感知。当前，邮寄主要采用邮政平邮、快递公司发货、邮政 EMS 等。邮政平邮的价格较低，但速度较慢；快递公司发货的价格适中，速度较快，其周期为 3~5 天；邮政 EMS 的价格较高。大部分商家采用的是快递公司发货。商家可以根据买家所购买商品的数量来相应地减免邮费，让买家从心理上觉得就像在家门口买东西一样，不用附加任何其他费用。图 11-11 所示为商品包邮促销。

图 11-11　商品包邮促销

## 11.5 购物积分促销

积分制作为一种有效巩固和激励老客户多次购买的促销手段，在商家促销中得到了广泛应用。因为有些客户有重复购买商品的需求，并且让老客户再次消费的成本要远远低于重新开发新客户的成本。因此，越来越多的商家采用积分制来留住老客户。

目前许多网站都支持虚拟积分，当然也可以采用积分卡，客户每消费一次都会得到一定的积分，这些积分可以兑换礼品，或者在以后的消费中当现金使用。

图 11-12 所示为某店铺商品积分促销。凡在该店铺购

图 11-12　积分促销

买过商品的客户，都可以成为该店铺的会员。店铺会员不但可以享受购物优惠，而且可以获得积分。

## 11.6 抓住节假日促销

节假日已经成为买家主要的消费时间，节假日期间的销量占总销量的比重很大。在节假日来临之际，各个商家都摩拳擦掌，希望通过节假日促销提高销量。因此，如何充分利用节假日带来的销售契机做好促销，成为摆在广大商家面前的重要课题。

**1. 做好策划，有备而战**

商场如战场，在进行节假日促销之前，要有详细的规划，这样才能运筹帷幄、占领先机。商家要针对节假日的特点和网上买家的需求，以及目前的流行趋势来进行策划，策划的内容包括节假日促销所针对的人群分析、如何宣传活动、以什么样的形式搞促销、备货的量、活动的预期效果等。

**2. 采取多种促销手段，让利于买家**

在节假日期间，大多数买家在关心商品质量和款式的同时，也希望在购买商品时可以获得更多的优惠。商家应采取多种促销手段，让利于买家。例如，商家可以向购买商品的买家发送赠品、对特定的商品进行打折出售、规定购满一定金额或数量的买家可以参加抽奖活动、推出买一送一活动等。只有选择正确的促销手段，才能保证在节假日期间营业额持续增长。

> **提示与技巧**
>
> 将不同种类、不同系列商品搭配销售也是店铺进行促销的手段，可以起到活跃气氛的作用。

**3. 参加淘宝活动**

在大促期间参加淘宝活动，如参加"双11""双12"活动等会大大促进商品的销售，如图11-13所示。

第 11 章
电商促销策略引爆店铺销量

图 11-13 参加"双 11"活动

#### 4．丰富的商品是关键

节假日是销售的高峰时段，只有在保证货源充足、货物优质的情况下，才能实现营业额的稳步增长。各种销售策略只是辅助手段，款式多样、琳琅满目的商品才是吸引买家眼球的关键。另外，可靠的质量、优质的服务也会为营业额的增长做出不小的贡献。因此，在节假日期间，只有保证商品的款式多样、质量可靠及货源充足，才能使销售业绩更上一层楼。

#### 5．生动、亲切的店铺节日装修

同样的店铺，一个和平时的风格没什么差别，一个洋溢着浓郁的节日气氛，你会选择浏览哪个店铺呢？店铺装饰着节日的图片，氛围温馨而喜庆，会使到来的买家有种温暖的感觉，让其感到舒服、开心，从而买家就会更长时间地浏览店铺，还有可能购买某件商品。

#### 6．提醒买家物流信息

在节假日期间，特别是在长假期间，一些物流公司会休息，商家要及时了解所在地区物流公司的营业情况，最好将这些信息写在公告栏里，及时告知买家。

## 11.7 销售旺季的促销

大部分店铺的生意都有特定的销售周期，有的甚至有明显的淡季、旺季。一般来说，旺季的营业额占总营业额的 70%以上。因此，旺季促销是很多商家经常使用的手段。

那么如何做好销售旺季的促销呢？销售旺季的促销技巧主要包括以下几点。

（1）做好调研工作，设计科学的促销方案。"知己知彼，百战不殆。"只有掌握尽可能多的市场信息，才能设计出科学的促销方案，做到有的放矢，收获良好效果。

（2）提前准备好商品，保证货源充足。这一点是在旺季保证热卖至关重要的一步。

（3）及时发掘重点推荐商品。这类商品要保证货源充足。

（4）促销措施一定要到位，在店铺内营造商品热卖的氛围。此外，商家应搭配一些促销或优惠活动，不一定要多，但一定要有。掌握买家的购物心理，进行人性化合理设置，会起到一定的辅助成交效果，如图 11-14 所示。

图 11-14　促销措施

（5）到了旺季，商家可以花时间好好装修一下店面，争取给买家留下一个好印象。

（6）保证营业时间充足。时间也是提高店铺销量的重要因素，特别是在旺季，商家更应该保证营业时间充足，这样店铺才有可能获得良好的销量。

**提示与技巧**

旺季促销是一门学问，值得每个商家学习、总结。只有有效地把握促销的真正要义，在理论上领悟其真谛，在实战中把握其"脉搏"，才能在与其他店铺的竞争中实现销量的稳步、快速提升。

## 11.8 练习题

### 1. 填空题

（1）_____就是采取一切可行手段将商品成功销售出去。

（2）_____是常用的促销方式之一，商家把赠品作为礼物赠送给买家，以一种实物的形式给买家非价格上的优惠。

（3）_____是一种很常见的商品促销方式，它指的是将某种商品进行打折销售，以促进商品大批量销售，在活动结束后商品会恢复原价。

（4）_____作为一种有效巩固和激励老客户多次购买的促销手段，在商家促销中得到了广泛应用。

### 2. 简答题

（1）促销的好处有哪些？

（2）促销的良好时机有哪些？

（3）赠品促销效果不佳的原因有哪些？

（4）赠品的选择技巧有哪些？

（5）打折促销主要有哪些优点？

# 第 12 章

# 物流配送与包装

随着互联网的快速发展,越来越多的人选择在网上购物,买卖双方通过购物平台可以轻松地完成交易。然而,除一小部分虚拟商品外,实物商品的交易还必须通过线下的物流公司来完成。在网上开店做生意,物流与包装是非常关键的,商家必须引起重视,必须对物流公司做好调查,提前了解运费价格。

**知识导图:**

物流配送与包装
- 仓储管理
  - 检验商品
  - 编写货号
  - 入库登记
- 货物打包
  - 隔离防震技巧
  - 商品包装方法
- 物流配送
  - 邮局发货
  - 快递发货
  - 物流托运
  - 工作流程
- 推荐物流
- 自己计算运费
  - 查询快递公司运费
  - 查询邮政包裹运费
- 规避及解决物流纠纷
  - 规避物流纠纷
  - 物流纠纷的解决办法

# 第 12 章
## 物流配送与包装

**学习目标：**

- ♪ 掌握仓储管理
- ♪ 掌握货物打包方法
- ♪ 掌握物流配送
- ♪ 掌握计算运费的方法
- ♪ 掌握规避及解决物流纠纷的办法

## 12.1 仓储管理

仓储管理是指对仓库及库存商品进行管理，包括检验商品、编写货号、入库登记等。

### 12.1.1 检验商品

当网店达到一定规模，商家一般会设立专门的物流部门或者创建一个 ERP 系统来对库存商品进行管理。有了 ERP 系统，仓储人员可以实时将商品的入库、出库情况统计到系统中，并且可以实现即时交易管理、动态库存管理和财务管理。在数据被输入系统后，ERP 系统会根据商家的需要制定出相应的报表，商家能够尽早从中发现问题，从而降低店铺的经营风险。

当进行商品入库时，仓储人员必须严格、认真地检查，仔细查看商品外包装是否完好，商品是否还在保质期内，如果出现包装破损或商品过期等情况，仓储人员应拒收，并及时上报相关主管部门。

如果商品的外包装完好无损且商品没有过期，仓储人员则应依照订货单和送货单来核对商品名称、商品品牌、商品规格、商品单价、商品数量、商品总价等，并仔细检查商品的外观有无明显的污渍，做到数量、规格、名称等准确无误，在配套齐全后方可入库保管。

### 12.1.2 编写货号

收货后要给每个商品编号，这样做的目的是更好地管理商品。仓储人员可以采用"商品属性+序列数"的形式给商品编号，具体做法如下。

（1）将商品分类，如将商品分为休闲裤、牛仔裤、打底裤、棉裤、羽绒裤、连衣裙、旗袍、老年装等。

（2）针对每个类别的名称，对应写出其汉语拼音，确定商品属性的缩写字母，如休闲裤（XiuXianKu）缩写为XXK、牛仔裤（NiuZaiKu）缩写为NZK、连衣裙（LianYiQun）缩写为LYQ、旗袍（QiPao）缩写为QP等。

（3）序列数可以是两位数或三位数，根据此类商品的数量而定，如果数量多，则一般采用三位数。

如果网店卖的是品牌商品，品牌厂家一般都有自己标准的货号，商家无须再单独编写货号，只需要按照厂家的货号登记就行。

服装类商品，特别是女装款式较多，因此编号工作往往更加复杂。例如，有的品牌女装每款都有对应的货号，网店工作人员要认真了解编写货号的规则，尽可能做到一看到货号就知道是什么商品。

### 12.1.3 入库登记

在商品验收合格并编写好货号后，就可以入库登记了。在入库时，要详细登记商品名称、商品数量、商品规格、生产厂家、送货单位、验收情况、入库时间等。

在商品入库成功后，还要按照不同的商品属性、商品功能、商品材质、商品颜色、商品规格等进行分类，然后分别放入货架的相应位置。在存放时，要根据商品的类别特性做好相关处理，如食品类、服装类要注意做好防潮处理，以保证商品的安全。在进行入库登记时，要保证商品的数量准确、价格无误；当商品出库时，必须严格遵守出库制度，有发货单才能发货。

## 12.2 货物打包

在商品卖出去后就可以发货了，发货之前要先对商品进行包装，下面主要介绍隔离防震技巧、商品包装方法。

### 12.2.1 隔离防震技巧

为了减少运输过程中的震荡对商品造成损伤，在包装纸箱和商品之间的空隙中可以放入一些填充物，如塑料泡沫、气泡薄膜等，这样能给商品多一层保护，从而大大减少运输过程中产生的破损。图 12-1 所示为填充物。

选用纸箱和填充物的要求如下。

图 12-1 填充物

- 纸箱的尺寸应该比商品的尺寸大一些，留有足够的空间来放置填充物，这样才能起到良好的防震效果。
- 要选择体积大、重量轻的填充物，如气泡垫、防震膜、海绵、报纸等。
- 纸箱和填充物都会对运费产生一定的影响，因此要尽量控制货物的包装重量。

### 12.2.2 商品包装方法

在客户收到商品后，先看到的是商品的包装，好的包装不但能够使商品安全到达客户手中，而且能够赢得客户的信任。下面介绍常见商品的包装方法。

**1. 易变形、易碎的商品**

常见的易变形、易碎的商品有手工艺品、瓷器、玻璃制品、茶具、字画等。这类商品可以使用废旧报纸、泡沫粒、塑料、海绵、泡沫网等包装，这些物品质量轻，在撞击时还可以起到缓冲作用。一般在易碎、怕压商品的四周都用填充物充分地填充，尽量避免由于碰撞造成货物破损。图 12-2 所示为包装易碎品的箱子。

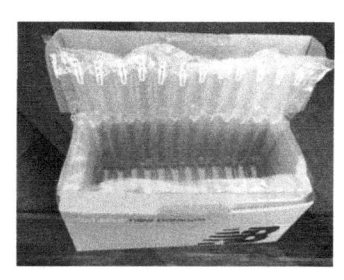

图 12-2 包装易碎品的箱子

在包装易变形、易碎的商品时应注意以下事项。

- 要在商品的四周填充上泡沫。
- 商品与包装箱之间不要有太大的空隙。
- 贴上标签（如易碎品），并在箱子外包装注明（如"易碎品勿压、勿摔"），提醒物流人员在装卸货过程中轻拿轻放，避免损坏。

### 2．首饰类商品

首饰类商品一般需要附送首饰袋或首饰盒。图 12-3 所示为首饰盒。

通过以下方法可以把首饰包装得更好。

- 用纸箱包装。在一般情况下，包装首饰可以采用三层的 12 号纸箱。
- 用报纸或泡沫塑料等填充物填充四周，以防止首饰盒或首饰袋在纸盒里晃动。
- 用胶带封好纸箱的四个角，以免在运送过程中有液体类货品发生泄漏而影响首饰。

图 12-3　首饰盒

### 3．衣服、床上用品等纺织类商品

衣服、床上用品等纺织类商品常见的包装方法如下。

（1）使用纸箱。纸箱的优点是比较结实，衣服放在里面比较安全，损坏的可能性不大。不过，最好先将衣服用塑料袋包好，再放入纸箱，一般纸箱选择三层的就可以了。最省钱的方法就是收集免费的纸箱，将纸箱翻过来，自己裁剪，然后用胶带粘好即可。

（2）使用快递专用加厚塑料袋。快递专用加厚塑料袋的价格不高，其特性是防水，用来包装衣服、床上用品是一个不错的选择，经济实惠、方便安全。图 12-4 所示为网上卖的加厚塑料袋。

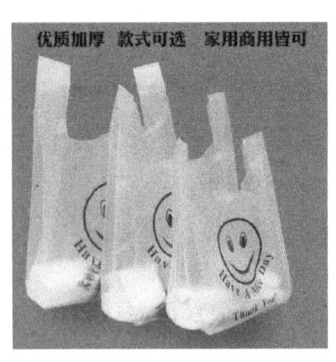

图 12-4　网上卖的加厚塑料袋

### 4．液体类商品

物流公司对液体类商品的邮寄要求比较严格，需要包装好才能邮寄。发货人员可以先用棉花把商品裹好，再将其用胶带缠好。在包装时，一定要封好瓶口，可以先用透明胶带缠绕几圈，再用棉花将其整个包住；可以适当包厚一点，最后包一层塑料袋，这样即使液体漏出来也会被棉花吸收，并且有塑料袋对其进行保护，使其不会流到纸盒外面而影响其他包裹。

例如，在包装香水时，可以到五金行或专门的塑料用品商店，买一些透明的气泡纸，在香水盒上多裹几圈，然后用胶带将其紧紧封住。为了确保安全，最后还要把裹好的香水盒放进纸箱里，再塞些泡沫块。

### 5. 电子产品

电子产品的包装很讲究，一般用纸箱、托盘包装。如果货物比较轻，则可以用纸箱，若需要也可以使用木箱。在对这类怕震的货物进行包装时，可以用海绵、气泡膜、防静电袋等包装材料把货物包装好，再用瓦楞纸在商品边角或者容易磨损的地方加强包装保护。图 12-5 所示为可用于包装电子产品的气泡袋。

### 6. 图书

图书要先用塑料袋套好，以免理货或者包装时将其弄脏，这样也能起到防潮的作用；还建议用铜版纸做第二层包装，避免图书在运输过程中被损坏；外层用牛皮纸、胶带进行包装。如果采用印刷品邮寄方式，那么在用胶带封好边与角后，要在包装上留出贴邮票、盖章的空间；如果采用包裹邮寄方式，那么要用胶带全部封好，不留一丝缝隙。图 12-6 所示为图书的包装。

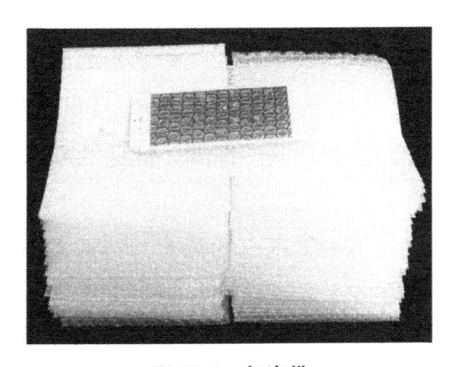

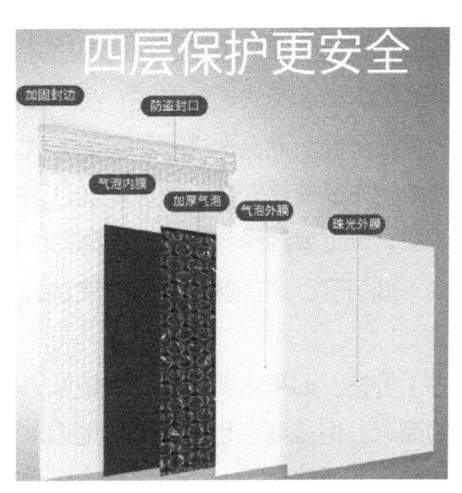

图 12-5　气泡袋　　　　　　　　　图 12-6　图书的包装

## 12.3 物流配送

网上交易商品的发货需要通过物流来完成，网店常用的物流方式有邮局发货、快递发货和物流托运。

### 12.3.1 邮局发货

快递发货是商家十分常用的物流方式，有些商家选择邮局发货主要是因为邮局的网点众多，绝大多数地区的快递都可以通过邮局送达。中国邮政发展迅速，其网点已经覆盖很多偏远地区。邮局设有普通包裹、EMS等多种邮寄方式，不同邮寄方式的费用不同。

邮局发货的基本特点如下。

- 邮局统一规定邮费单价，价格相对较高。
- 邮寄速度一般。
- 对邮寄物品属性有严格要求。
- 安全保障性能较强，服务规范。

### 12.3.2 快递发货

目前国内市场上主要的快递公司有顺丰速运、圆通快递、申通快递、韵达快递等，商家可以自由根据需要选择快递公司发货。

那么应怎样选择快递公司呢？商家在选择快递公司时需要注意以下几点。

（1）安全性。无论选择哪种运输方式，首先要考虑安全方面的问题。无论买家还是商家，都希望商品能够安全、快速地送达。安全性是最基本的要求，因此商家在选择快递公司的时候，一定要选择与安全性较高的快递公司合作。

（2）诚信度。选择诚信度高的快递公司，能够让商家有更高的保障，让买卖双方都更加放心。

（3）价格。如果运费价格相对较低，则能给商家省下一笔不小的开支，特别是对于新开店的商家。但是商家也不要一味地追求低价格，应在安全和诚信的基础上来选择。如果安全和诚信都无法保障，那么仅仅价格低是起不了作用的。

因此，商家一定要多试用几家快递公司，多打几次交道，这样才能知晓到底哪家快递公司的服务好、价格更低，才能使店铺的利润更为可观。

## 12.3.3 物流托运

在托运前必须对货物的包装和标记严格按照合同中的有关条款和相关法律办理。

### 1. 汽车托运

汽车托运的运费既可以到付，也可以现付。在货物运达之后，物流公司可能会向收货方收取卸货费。一般汽车托运不需要保价，当然贵重货物最好保价。收货方的电话最好提供两个，以确保其能及时接听电话。图 12-7 所示为汽车托运。

图 12-7　汽车托运

### 2. 物流公司运送

物流公司有佳吉快运、天地华宇等，其运送方式与托运站不太一样。托运站一般是点对点的；但物流公司不同，它们可以把货物转到一个城市中的几个点。物流公司的运送速度很慢，中转次数较多，对货物包装比较严格。由于货物装卸次数多，容易造成货物破损。

### 3. 铁路托运

一般铁路托运价格低、速度快，但是能送达的地点有限。各个火车站都有价格表。铁路托运包装得好，有时还会贴上"小心轻放"的标签。铁路托运运费现付，一般需要拿提货单和身份证提货，不太方便。图 12-8 所示为铁路托运。

299

图 12-8　铁路托运

## 12.3.4　工作流程

在一个订单产生后,卖家可以通过卖家中心"物流管理"下的"发货"链接来查看等待发货的订单、发货中的订单及已发货的订单,如图 12-9 所示。

图 12-9　查看发货记录

卖家可以在"物流工具"中设置运费模板,针对不同重量的商品及不同的地区设置不同的费用,如图 12-10 所示。在编辑宝贝详情页时,卖家可以在编辑页面中按照不同商品的重量选择相应的运费模板，让买家看到邮寄到当地的快递费用。

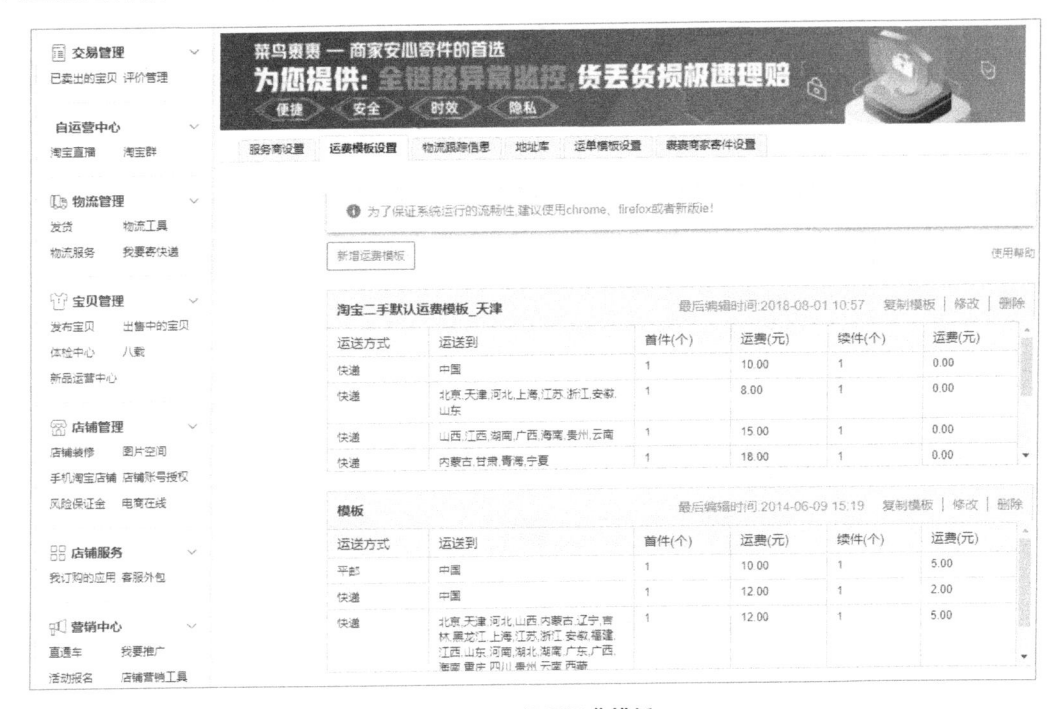

图 12-10　设置运费模板

## 12.4　推荐物流

下面以淘宝网为例，介绍其在物流方面付出的努力。淘宝网与物流公司签约，即推荐物流，签约的物流公司进入淘宝网的推荐物流企业行列，这些物流公司可直接通过与淘宝网对接的信息平台接收买家的订单。

使用推荐物流发货的具体步骤如下。

在买家付款后，淘宝网系统会有发货提示，单击"发货"按钮，进入在线下单操作页面，如图 12-11 所示。

在完成操作后，下拉页面可以看到如图 12-12 所示的内容，选择"在线下单"，然后选择相应的物流公司，输入运单号码，单击"确认"按钮，提交订单，即可完成在线下单操作。

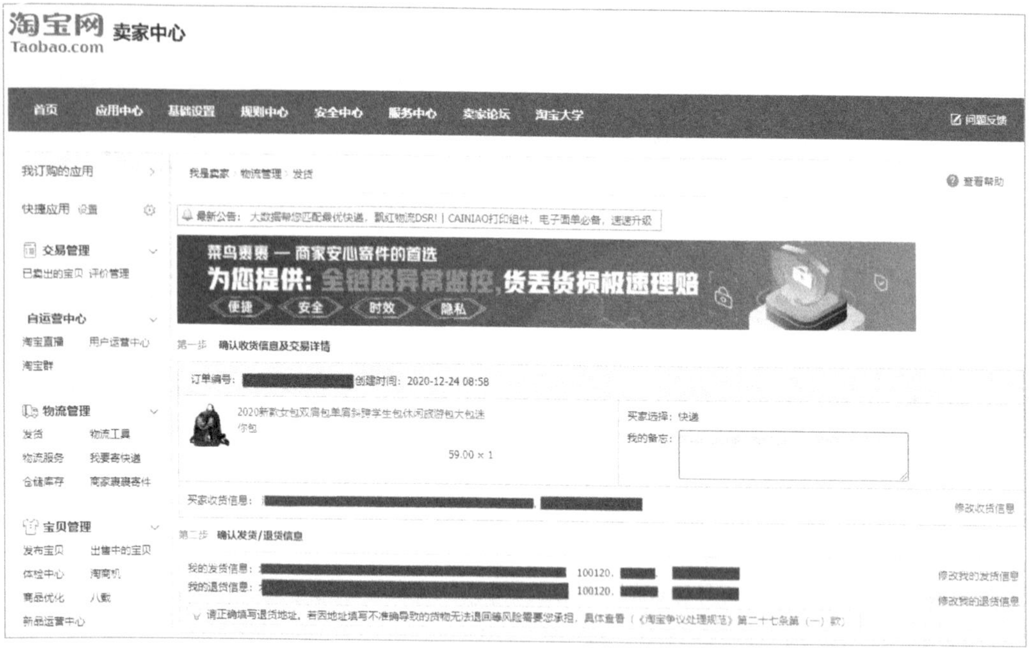

> **电商多平台运营实战**
> 淘宝、京东、拼多多、抖音

图 12-11 推荐物流在线下单操作页面（1）

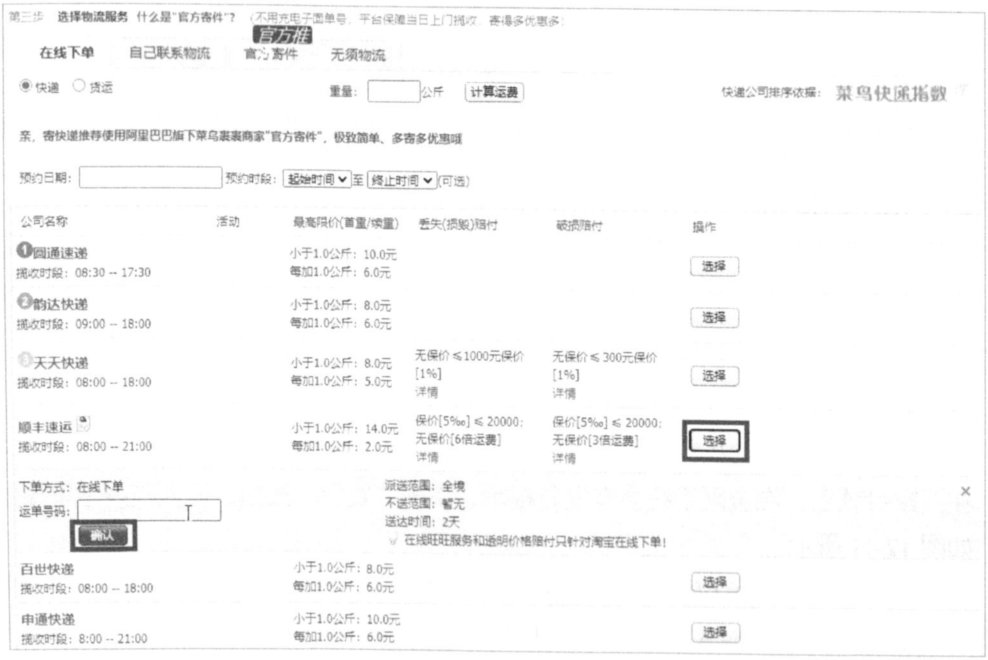

图 12-12 推荐物流在线下单操作页面（2）

第 12 章
物流配送与包装

每一笔交易都会对应一个买家，一般他们的收货地址各不相同，因此在在线下单页面中显示的物流公司可能不同。

## 12.5 自己计算运费

卖家在发布商品时就应填写好运费价格，但是有一些新手卖家不知道如何设置合理的运费价格。如果运费设置得太低，自己可能就会亏本；如果运费设置得太高，有些买家会认为卖家故意多收取快递费用，从而对卖家产生不好的印象，卖家可能因此失去一些潜在买家。下面介绍如何查询快递公司运费和邮政包裹运费，以便卖家提前知道运费报价，进而设置合理的运费。

### 12.5.1 查询快递公司运费

卖家可以查询各快递公司的运费，这里以顺丰速运为例，具体的操作步骤如下。

（1）登录顺丰速运官方网站，单击"运费时效查询"链接，如图 12-13 所示。

图 12-13　单击"运费时效查询"链接

（2）进入"运费时效查询"页面，在"始发地"和"目的地"中选择地址，并填写"重量"和"寄件时间"，如图 12-14 所示。

303

图 12-14 "运费时效查询"页面

（3）单击"查询"按钮，进入查询结果页面，在此页面中会显示所查询的物流价格，如图 12-15 所示。

图 12-15 查询结果页面

## 12.5.2 查询邮政包裹运费

有时候，卖家会采用邮政包裹的形式寄递商品。下面介绍查询邮政包裹运费的方法。

（1）进入中华人民共和国国家邮政局官网，单击"服务"，如图 12-16 所示。

（2）在进入的页面中单击"邮政普通包裹寄递服务资费查询"，如图 12-17 所示。

图 12-16　单击"服务"

图 12-17　单击"邮政普通包裹寄递服务资费查询"

（3）进入"邮政普通包裹寄递服务资费查询"页面，选择寄出省、寄达省，输入重量，单击"资费查询"按钮，在页面下方会出现相应的资费标准，如图 12-18 所示。

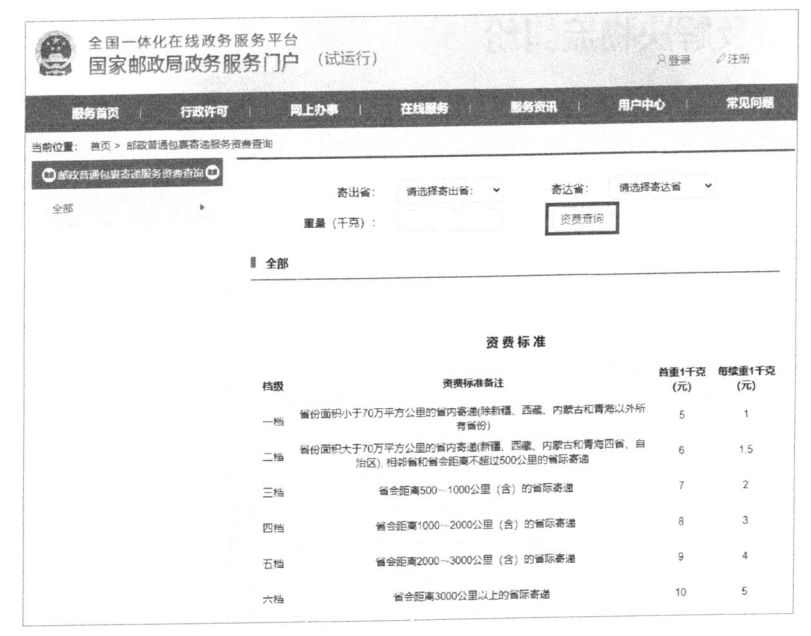

图 12-18　"邮政普通包裹寄递服务资费查询"页面

（4）进入查询结果页面，在这里会看到资费信息，如图 12-19 所示。

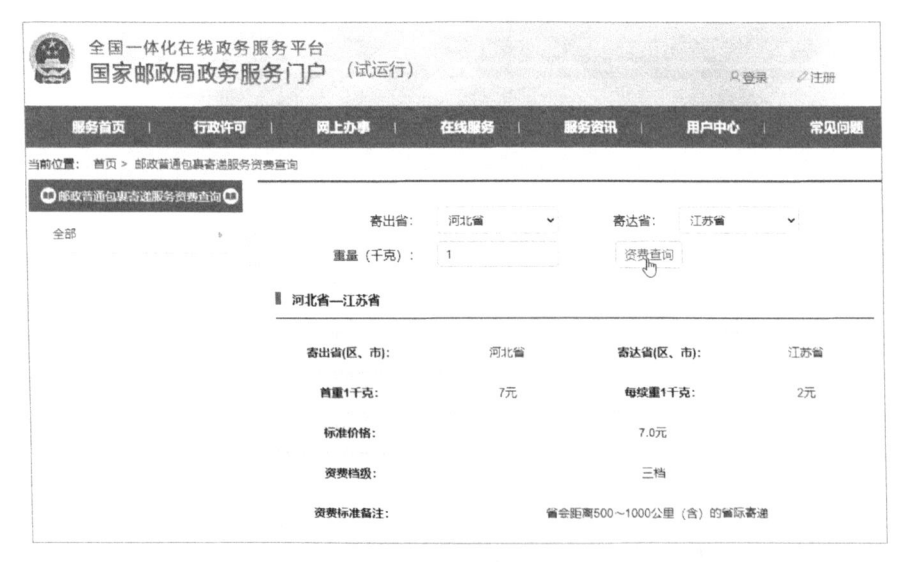

图 12-19　查询结果页面

## 12.6　规避及解决物流纠纷

在网店经营过程中，不少卖家都遇到过物流纠纷，那么卖家应如何规避及解决这些纠纷呢？

### 12.6.1　规避物流纠纷

下面是规避物流纠纷的一些注意事项。

1）要选择合法经营且适合自己的物流公司

物流公司必须有相应的营业执照等证件，假如没有卖家就要格外小心了。此外，货物不一样，对物流的要求也不一样。卖家不要只看运费，更重要的是看物流公司是否正规，只有这样才能保证自己的货物被按时送到目的地。

2）多试、多问、多比较

卖家应多联系几家物流公司，并比较一下，特别是有些规定一定要问清楚。有些物流公司虽然门面大，但不一定好，可能会由于业务员的业务多，对货物跟踪不到位。另外，如果货物发出很多天后还未送到目的地，一定要打电话询问，不要等到买家反馈了才想起来打电话咨询，这样对自己很不利。一般来说，物流公司不会主动跟你联系的，时间一长货物很容易丢失。

3）认真负责，贵重货物要保价

目前物流运输的安全性还是较高的，但卖家也应格外注意，对于发送到偏远地区的货物，卖家应留心，卖家应先到物流公司的网站上查询其有没有目的地的网点或分部，若没有，那么不管业务员如何保证能送到，卖家也要三思而后行。此外，安全起见，贵重货物要保价。

4）售前跟买家说明物流货运情况

售前卖家应与买家充分沟通，解释物流复杂的流程及不可控的时间因素，难免发生包裹延误甚至丢失的情况，希望买家给予理解，同时要表明自己解决问题的积极态度。

5）在买家付款后，主动与买家沟通，避免买家着急

在买家付款后，卖家应主动与买家沟通，并告知其订单已在处理中，会尽快发货，表明积极的服务态度，也可以告诉买家预期的送达时间。

6）填好发货单

在货物打包好后，就要填写发货单了。这里需要注意，千万不能粗心大意，一定要把收件人的姓名、电话号码、详细地址等核对一下。

7）大件物品选货运

对于大件物品，一般选择货运，因为这样比较划算。但是货运一般需要买家自己去货场提货，所以这一点一定要事先向买家说明。

8）及时处理买家关于货物未收到的询问

当买家反馈货物未收到时，卖家应及时回复。

### 提示与技巧

当买家的询问得不到及时解答时，买家可能会发起相应的投诉。因此，当买家询问货物未收到的问题时，卖家要第一时间和买家联系并提供解决方案，以避免买家发起投诉。

### 12.6.2 物流纠纷的解决办法

当发生物流纠纷时，卖家应如何解决呢？

第一，要注意心态。发货出现问题在所难免，卖家要有心理准备。出现问题也没关系，及时解决问题就可以了。有的卖家不能以平和的心态来看待问题，这对解决问题是不利的。

第二，要注意买家方面。有的买家会问几天能收到货，现在的快递基本上在全国范围内 1~5 天到货，同城的一般隔天到。卖家要给自己留有余地，可以这样回答买家：一般 3~5 个工作日能到。告诉买家一个时间范围，一是给买家一个心理准备；二是物流不易控制，如果晚到自己也不至于太被动；三是如果提前到买家则会很高兴。

第三，要注意物流方面。跟物流公司的合作要遵循平等、和谐原则，要谈好出现问题后怎么解决，如晚到、磕碰、碎裂、态度不好等，并且要签订书面协议。

第四，建议向买家提供两种以上解决方案（如退款、重寄等），这样可以有效地提升买家的购物体验，提高解决问题的效率。

## 12.7　练习题

### 1. 填空题

（1）在企业物流系统中，仓储管理是一个基本环节，它是指_____进行管理。仓储系统是企业物流系统中不可缺少的子系统。

（2）在确定商品的外包装完好后，再依照订货单和送货单来核对_____、_____、_____、_____、_____、_____等，并仔细检查商品的外观有无明显的污渍，做到数量、规格、名称等准确无误，在配套齐全后方可入库保管。

（3）邮局设有_____、_____等多种邮寄方式，不同邮寄方式的费用不同。

（4）售前卖家应与买家_____，解释物流复杂的流程及不可控的时间因素。

### 2. 简答题

（1）怎样给商品编写货号？

（2）货物打包的要点有哪些？

（3）邮局发货的基本特点是什么？

（4）使用推荐物流有哪些好处？

（5）物流纠纷的解决办法有哪些？

# 第 13 章

# 抖音短视频运营与推广

短视频凭借其内容短小、有趣、社交属性强,以及能够充分满足用户碎片化娱乐需求等优势,受到现今人们的广泛关注。随着短视频生态的日臻完善,短视频已经成为市场营销人员、企业管理者非常青睐的营销推广渠道之一。抖音短视频能够持续火爆,不仅因为它是一种娱乐方式,更因为它是一种有效的媒体营销方式。

知识导图:

```
                          ┌─ 短视频的拍摄准备 ─┬─ 怎样才能拍摄出优质短视频
                          │                    └─ 优质短视频的特质
                          │
                          ├─ 抖音短视频的录制与剪辑 ─┬─ 选择与修剪背景音乐
                          │                          └─ 滤镜特效和分屏特效
抖音短视频运营与推广 ──────┤
                          │                    ┌─ 蹭热点引流
                          ├─ 抖音引流和涨粉 ──┼─ 抖音互动评论引流
                          │                    ├─ 借助音乐平台引流
                          │                    └─ 参加官方挑战活动引流
                          │
                          │                          ┌─ 电商卖货
                          └─ 抖音短视频的变现方式 ──┼─ 广告植入
                                                     ├─ 开通商品分享功能
                                                     └─ 抖音小店卖货
```

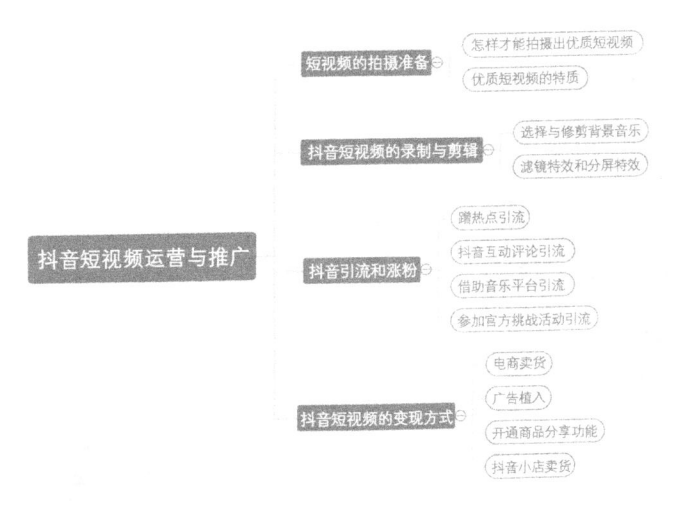

学习目标:

⊿ 熟悉短视频的拍摄准备

⊿ 掌握抖音短视频的录制与剪辑

♫ 掌握抖音引流和涨粉的方法
♫ 掌握抖音短视频的变现方式

## 13.1 短视频的拍摄准备

"工欲善其事，必先利其器。"在拍摄短视频之前，我们应先掌握拍摄出优质短视频的技巧、内容策划等。

### 13.1.1 怎样才能拍摄出优质短视频

下面介绍拍摄出优质短视频的技巧。

**1. 确定短视频的主题**

一般来说，在拍摄短视频之前需要做好整体构思，确定短视频的主题。例如，家有宠物的人可以拍摄可爱的宠物，如图 13-1 所示；擅长唱歌、跳舞的人可以利用短视频来展示自己的才艺，如图 13-2 所示；幽默的人可以拍摄一些搞笑短视频。

图 13-1　拍摄可爱的宠物

图 13-2　展示自己的才艺

### 2. 保证视频的清晰度

怎样才能拍摄出清晰的视频呢？我们可以用三脚架将手机固定，因为这样能够使画面更稳定。另外，在拍摄前，应将焦点对准主体，精准聚焦后再开始拍摄，这样能够保证视频画面的清晰度和达到凸显主体的效果。

### 3. 用动作卡好短视频节奏

在拍完视频后，再进行配音，把握不好节点怎么办？很多人都有这样的烦恼。我们可以将视频拍摄得长一点，尽量使节点位置在中间，这样视频前面和后面的内容可以适当剪掉一些，以保证节点不消失。

### 4. 转场时参照物保持不变

在视频转场时，除要变换的东西外，其他参照物尽量保持不变。

### 5. 运用各种道具和后期处理

除了前期的拍摄，一个短视频的好与差还取决于后期处理，运用各种道具可以对短视频起到很好的点缀和优化作用。

## 13.1.2 优质短视频的特质

做短视频运营，大家都很喜欢那些优质的爆款短视频，那到底什么样的短视频才算优质短视频呢？一般来说，我们主要通过以下特质来判断一个短视频优质与否。

### 1. 鲜明的标签

鲜明的标签可以给用户留下深刻的印象。抖音账号有自己独特、鲜明的标签，这是吸引精准用户并留住用户的重要因素。

### 2. 独特的创意

独特的创意更容易吸引用户，创意性因素占比较高的是生活小技巧、文化艺术等。

### 3. 知识性

用户对知识性内容的需求度较高，不管是科普类还是教育类，只要是切实可用的知识，能让用户通过短视频获取价值，就可能吸引用户关注。

如图 13-3 所示，抖音上这个主播，将专业的 Photoshop 使用技巧通过生动、有趣的短视频进行解析，简单易学，知识性和实操性强，对需要用到 Photoshop 软件的用户来说非常有价值。

### 4．娱乐性

有关数据显示，大约 85%观看短视频的用户倾向于观看有趣的内容。那些能吸引用户的短视频，有一个不可忽视的因素，就是娱乐性。

如图 13-4 所示，主播将日常生活中的小事，通过娱乐、搞笑的形式展现出来，直击用户内心，吸引了大量用户关注。

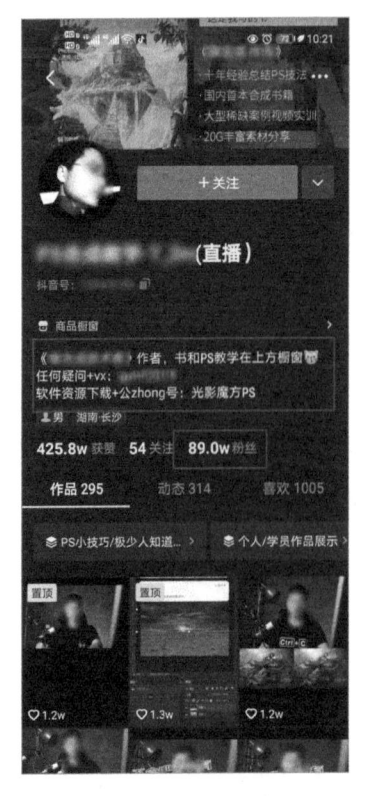

图 13-3　知识性主播　　　　　　图 13-4　娱乐性主播

### 5．情感性

情感性的短视频能引发用户的情感共鸣。此类短视频往往由浅入深、由小及大、层层递进，能抓住用户的痛点，从而吸引用户关注。

## 13.2 抖音短视频的录制与剪辑

抖音短视频的拍摄方法虽然简单，但想要拍摄出高点赞量的好作品，还需要掌握一定的录制与剪辑方法。

### 13.2.1 选择与修剪背景音乐

音乐广泛应用于抖音短视频中，添加背景音乐可以提高视频播放量、互动量。一个优质的背景音乐对于短视频的效果十分重要。大多数抖音热门短视频都有一段好听的背景音乐。下面介绍在使用抖音拍摄短视频时如何选择与修剪背景音乐。

（1）打开抖音 App，点击下方的加号按钮，如图 13-5 所示。

（2）进入拍摄模式，点击上方的"选择音乐"，如图 13-6 所示。

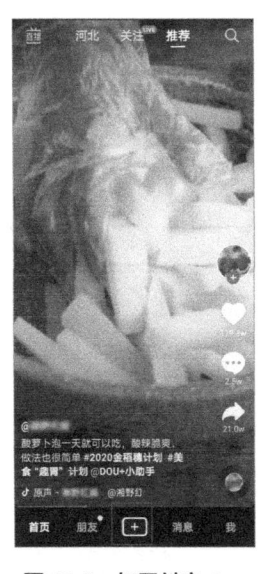

图 13-5　打开抖音 App　　　　图 13-6　点击上方的"选择音乐"

**提示与技巧**

不同类型的短视频表达的主题及传达的思想各不相同，因此运用的背景音乐类型自然也不同。但是不管是哪种类型的视频一般都遵循一定的规律：背景音乐的类型与视频内容的风格、情感基调保持一致。

（3）进入"选择音乐"界面，点击"歌单分类"右侧的"查看全部"，如图13-7所示。

（4）进入"歌单分类"界面，点击"热歌榜"，如图13-8所示。

图13-7　点击"查看全部"　　　　图13-8　点击"热歌榜"

（5）通过上下滑动屏幕来查看音乐列表，选择合适的音乐，然后点击右侧的"使用"按钮，如图13-9所示。此外，点击收藏按钮☆，可以收藏音乐。

（6）开始拍摄视频，拍摄完毕后点击右侧的"剪音乐"按钮，如图13-10所示。

图13-9　点击"使用"按钮　　　　图13-10　点击右侧的"剪音乐"按钮

## 第 13 章
抖音短视频运营与推广

### 提示与技巧

背景音乐实质上是为视频内容服务的。好的背景绝不是"喧宾夺主",而是服务于内容,与内容融为一体,对视频整体起到画龙点睛的作用,让内容更加饱满,让视频主题更加突出,让用户沉浸其中。

(7)左右拖动声谱以剪取音乐,剪取完成后点击对号按钮,如图 13-11 所示。此外,在选择音乐时,还可以直接在搜索框中搜索歌曲名称,如图 13-12 所示。

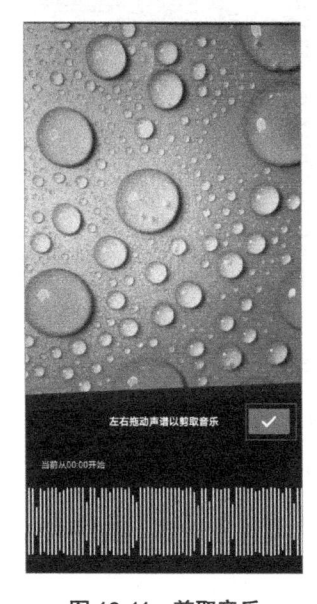

图 13-11　剪取音乐　　　　　图 13-12　搜索歌曲名称

### 提示与技巧

一个短视频要想获得用户的认可,需要具备的元素是多方面的。视频创作者在认真做好内容的前提下,还要多听、多看、多积累,选取合适的背景音乐,尽量发挥背景音乐在视频中的作用。

### 13.2.2　滤镜特效和分屏特效

视频创作者应用滤镜特效和分屏特效,可以使抖音短视频更加酷炫、更有创意,应用滤镜特效和分屏特效的具体步骤如下。

(1)打开抖音 App,在界面下方点击"我",如图 13-13 所示。进入个人账户界面,点击"作品",然后点击"本地草稿箱"。

(2)进入"本地草稿箱"界面,点击要编辑的视频,如图13-14所示。

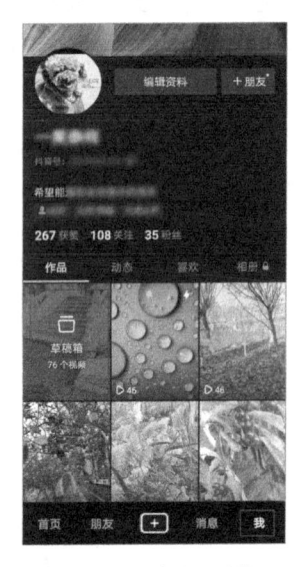

图13-13 点击"我"

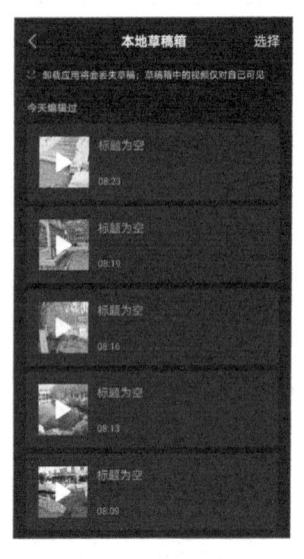

图13-14 点击要编辑的视频

(3)进入"发布"界面,点击"返回编辑",如图13-15所示。

(4)在视频编辑界面中点击"特效"按钮,如图13-16所示。

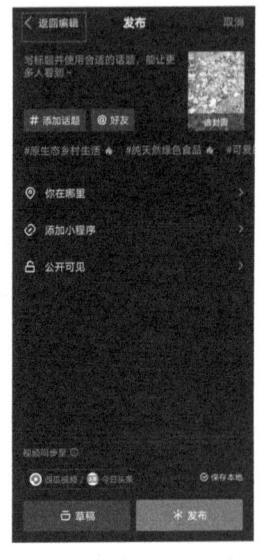

图13-15 点击"返回编辑"

图13-16 点击"特效"按钮

（5）进入特效编辑界面，点击"滤镜"，拖动滑块定位视频位置，然后按住需要的特效按钮，如"矩形光"特效，开始播放视频并应用特效，松开则停止应用特效，如图 13-17 所示。

（6）点击界面中的"分屏"，为要应用特效的视频片段添加"黑白三屏"特效，如图 13-18 所示。

图 13-17　应用"矩形光"特效　　　　图 13-18　添加"黑白三屏"特效

## 13.3　抖音引流和涨粉

抖音是一个非常火爆的软件，很多人在抖音平台分享有趣的内容或者与他人互动，对任何平台来说，粉丝数量都是非常重要的，粉丝越多说明账号的内容越受欢迎，那么如何进行抖音引流和涨粉呢？

### 13.3.1　蹭热点引流

在海量的抖音短视频里，想让自己的短视频在短时间内最大限度地被更多的人看到，

317

较常用的方法就是蹭热点——借助外在的热度，给自己的抖音短视频"加点料"。

想要蹭热点，首先要快速、准确地获取热点信息。从哪里获取热点信息呢？

### 1．抖音热搜榜

在抖音的搜索框下，有一个"抖音热搜"，这里的内容是官方推荐的，如图 13-19 所示。只要点击"查看热搜榜"，即可看到抖音热搜名单，如图 13-20 所示。需要注意的是，视频话题应与热搜词吻合，视频标题文案也要紧扣热搜词。

图 13-19　抖音热搜　　　　　图 13-20　抖音热搜名单

### 2．抖音人气榜单

抖音人气榜单有"品牌热 DOU 榜""明星爱 DOU 榜""DOU 听音乐榜"等，这些榜单一般是用户积极参与评论的内容、用户喜欢观看的视频、非官方的热门话题。"品牌热 DOU 榜"和"明星爱 DOU 榜"如图 13-21 所示。

### 3．今日最热视频

我们还可以看到"今日最热视频"排行，如图 13-22 所示。经常看一看这些榜单对于了解热门视频有重要的作用。

第 13 章
抖音短视频运营与推广

图 13-21 "品牌热 DOU 榜"和"明星爱 DOU 榜"　　图 13-22 今日最热视频

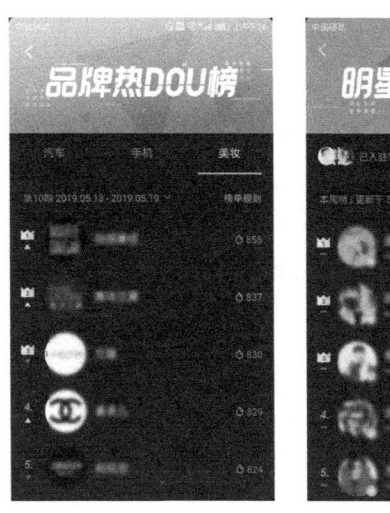

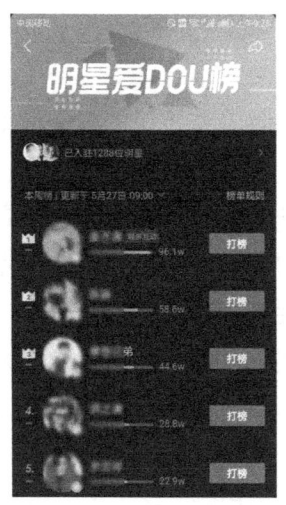

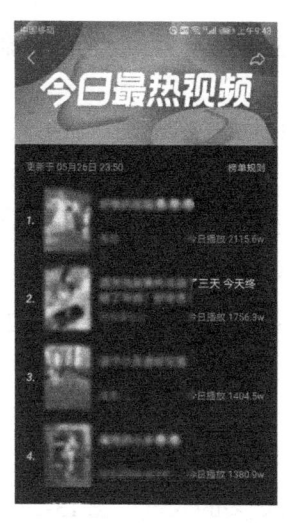

**4．百度搜索风云榜**

百度搜索风云榜以数亿网民的搜索行为作为数据基础，建立权威的关键词排行榜与分类热点排行。图 13-23 所示为百度搜索风云榜，在这里可以查看详细的热搜情况。

图 13-23 百度搜索风云榜

319

### 13.3.2　抖音互动评论引流

抖音评论的作用不容忽视，评论区有些评论的点赞量比视频本身还高，比视频本身的内容还精彩。

在抖音"大号"的评论区进行引流，先要确定引流定位。

第一步，确定要吸引的人群，并且总结出这类人群的特质。

第二步，确定拿什么和他人产生共鸣。

大多数人不喜欢广告，甚至有的人一看到广告就取消关注，因此在"大号"的评论区进行引流时，一定要注意定位分析，避免"硬"广告。

评论是抖音互动、传播的利器，用好这个功能，可以和粉丝进行良好的互动，能为主播带来更多的人气。图 13-24 所示为用户评论。

图 13-24　用户评论

🍃 提示与技巧

评论区是一个双向互动的地方，不仅其他用户可以进行评论，创作者也可以通过对评论的回复、点赞、置顶等行为拉近与用户的距离，增加用户黏性，吸引用户关注。

如何提高评论的数量呢？

第一，在视频的结尾或者标题里抛出一个问题，可以以祈使句、疑问句表达，这样更容易引起用户评论。这种方式更容易激发用户的表达欲望，因此可以借鉴这种方式。

第二，巧妙地制造冲突。在一般情况下，有争议的时候，就会有评论了。

第三，评论要观点独到、有趣或者能引起共鸣，总之要能引起他人注意，这样才能达到涨粉的目的。创作者平时可以多看一些别人的热评，然后自己尝试采取类似的方式。

第四，优先回复重点评论。当面对大量评论时，首先挑选重点评论进行回复，可以优先回复有负面情绪的用户、提出建议的用户及互动频繁的用户等，然后回复其他评论。

### 13.3.3 借助音乐平台引流

借助音乐平台来推广抖音账号，是一个非常不错的方法。那么应如何借助音乐平台来推广自己的抖音账号呢？

想要在音乐平台上获得推广成功，有一个重要的方法就是在音乐平台发表评论进行推广，具体操作步骤如下。

第一步，找到抖音音乐平台上的热门歌曲。

打开抖音拍摄短视频，点击"选配乐"，就会看到抖音音乐分类列表，这里有众多抖音音乐热榜，包括热歌榜、飙升榜、抖音限定等，首先要知道什么歌曲在抖音中广受欢迎，然后选择一首热门歌曲，如图 13-25 所示。

图 13-25　抖音音乐分类列表

▶电商多平台运营实战
淘宝、京东、拼多多、抖音

第二步，在火热的音乐平台找到这首歌。

我们可以前往网易云音乐、虾米音乐、酷狗音乐、酷我音乐、QQ 音乐等音乐平台找到这首歌，并观看热门评论。

第三步，在评论区巧妙推广，评论时应注意以下两点。

（1）评论时需要组织好话术，吸引这首歌的粉丝关注，争取上热评，最好使用与歌曲有关的评语，这样能够有效地吸引粉丝。图 13-26 所示为在评论中添加抖音账号。

图 13-26　在评论中添加抖音账号

第 13 章
抖音短视频运营与推广

（2）在评论时，我们的头像、名字和主页会得到曝光，这也能起到引流的作用。当在音乐平台评论抖音热门歌曲时，需要把我们的头像和名字做一番设计，最好与抖音主页相似，这样会让人印象更加深刻。

## 13.3.4 参加官方挑战活动引流

抖音里面有一个非常火的"挑战赛"，有很多企业利用挑战赛达到了大量曝光和引流的目的。只要足够有创意，就可能吸引几十万甚至上千万用户参加。这对运营企业抖音账号而言，是值得利用的方法。

下面是发起抖音挑战赛的流程。

（1）打开抖音 App，点击右上角的"查找"按钮，如图 13-27 所示。

（2）打开如图 13-28 所示的界面，在顶部的搜索框中输入"挑战赛"，在搜索结果页面中点击"#kpose 挑战赛"。

（3）打开如图 13-29 所示的界面，点击底部的"立即参与"按钮，即可录制视频发起挑战赛。

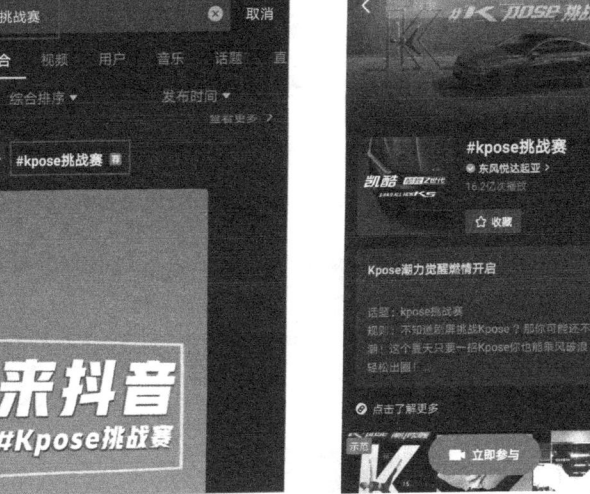

图 13-27　点击右上角的"查找"按钮　　图 13-28　输入"挑战赛"　　图 13-29　点击"立即参与"按钮

## 13.4 抖音短视频的变现方式

抖音作为商业平台，商业变现是其根本属性，抖音要维持运营，必然要寻求商业变现。下面介绍目前比较流行的抖音短视频变现方式。

### 13.4.1 电商卖货

电商卖货是抖音最主要的变现方式，电商卖货是抖音自己提供的功能，在个人主页橱窗、直播窗口和短视频窗口都可以使用电商卖货功能，其思路是利用抖音的火爆，给商品预热，打造网络爆款。这种模式可以直接将抖音里的大量潜在客户引进自己的店铺里面。

如今在很多拥有上百万名粉丝的抖音账号中，短视频底端都出现了购物车按钮（见图 13-30），点击此按钮，会弹出商品对话框，点击"立即购买"按钮可以直接购买商品，如图 13-31 所示。

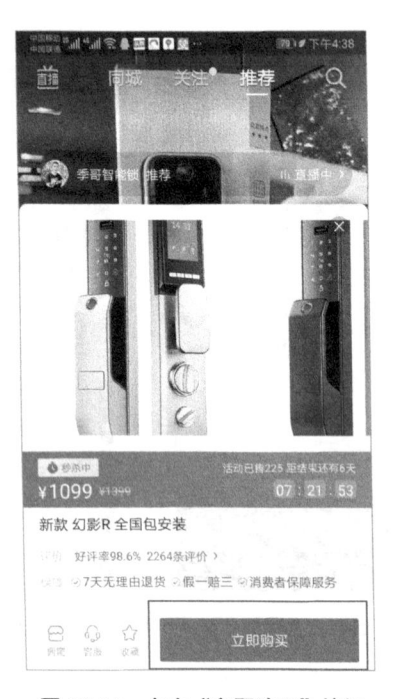

图 13-30　购物车按钮　　　　图 13-31　点击"立即购买"按钮

在一些粉丝比较多的抖音账号中，也有"商品橱窗"导航，可以直接引导粉丝到商品橱窗购买商品（见图 13-32 和图 13-33）。

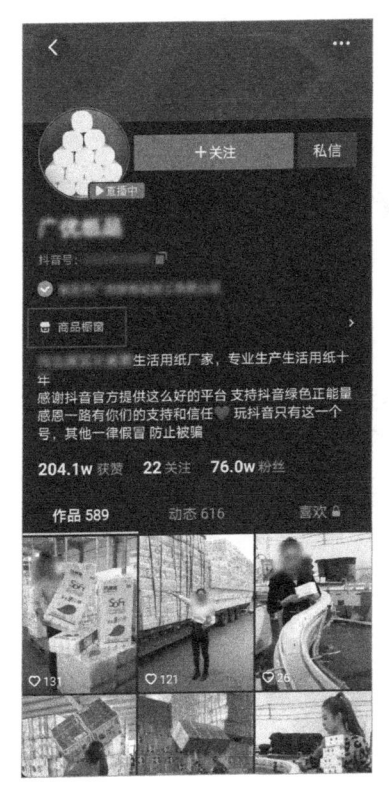

图 13-32 "商品橱窗"导航

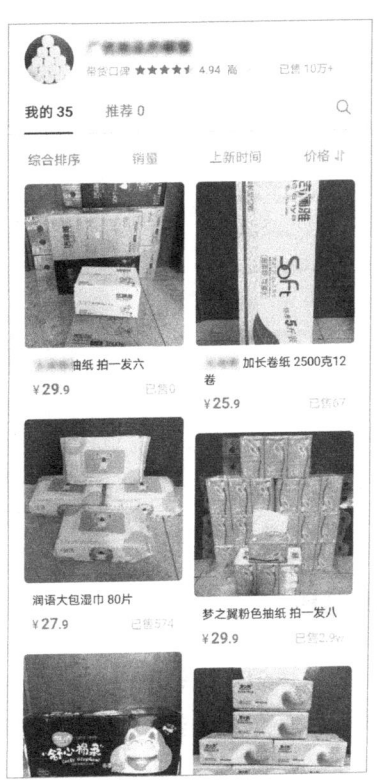

图 13-33 商品橱窗

## 13.4.2 广告植入

广告植入是门槛高但很有效的方法，当抖音账号拥有了大量的粉丝，就可以考虑这种变现方式了，除基础流量外，做广告植入还要求商家的账号有较高的互动率，一般互动率越高，广告费越高。

商家可以在视频的背景中恰当地展示品牌，让用户记住商家，如图 13-34 所示。另外，商家还可以展示企业日常，传播企业文化。抖音上很多用户不仅关注商品质量、商家服务水平，往往还很关注企业文化，尤其对于一些知名企业的各种信息人们都格外关注。

图 13-34　展示品牌

### 提示与技巧

商家应专注于垂直领域内容的制作，一个拥有精准流量的账号比一个流量不精准的账号获得的广告费要高得多，同时要来有意识地引导用户互动。

### 13.4.3　开通商品分享功能

在抖音开网店，可以应用"商品分享功能"，此功能是指商家可以在短视频和主页中分享商品的功能。在开通此功能后，该账号的抖音主页上会增加"商品橱窗"功能，商家可以在橱窗里添加想要分享的商品。若商家发布视频时添加了分享商品，则视频左侧和视频评论区顶部会有"购物车"。若其他用户对商品感兴趣，则可以通过"商品橱窗"和"购物车"来了解商品详情并进行购买（见图 13-35）。

开通商品分享功能的具体步骤如下。

（1）进入抖音，点击"我"，再点击右上角的图标，如图 13-36 所示。

（2）点击"创作者服务中心"，如图 13-37 所示。

第 13 章
抖音短视频运营与推广

图 13-35 商品分享功能

图 13-36 点击右上角的图标  ☰　　　　图 13-37 点击"创作者服务中心"

（3）进入如图 13-38 所示的界面，点击"商品分享"。
（4）进入"商品橱窗"界面，点击"商品分享权限"，如图 13-39 所示。
（5）进入"商品分享功能申请"界面，点击"立即申请"按钮，如图 13-40 所示。

327

**电商多平台运营实战**
淘宝、京东、拼多多、抖音

图 13-38　点击"商品分享" 　　图 13-39　点击"商品权限分享" 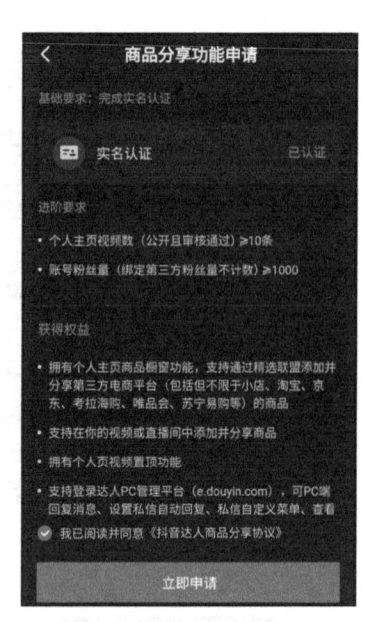　　图 13-40　点击"立即申请"按钮

### 13.4.4　抖音小店卖货

抖音小店是抖音为短视频创作者提供的电商变现工具，它可以帮助短视频创作者拓宽内容变现渠道，提升流量的价值。

开通抖音小店的具体步骤如下。

（1）在"商品橱窗"界面，点击"开通小店"，如图 13-41 所示。

（2）进入"开通小店"界面，点击"立即开通"按钮，如图 13-42 所示。

（3）进入"选择认证类型"界面，选择个人店铺，如图 13-43 所示。

（4）进入"开通小店"界面，填写主体信息，然后点击"下一步"按钮，如图 13-44 所示。

（5）填写店铺信息，然后点击"提交"按钮，如图 13-45 所示。

（6）提示开通成功，如图 13-46 所示。

**提示与技巧**

在店铺开通后，就可以在主播的头条号、抖音、抖音火山版个人主页展示主播的专属店铺界面了，商品可通过微头条、视频、文章等多种方式进行曝光。

第 13 章
抖音短视频运营与推广

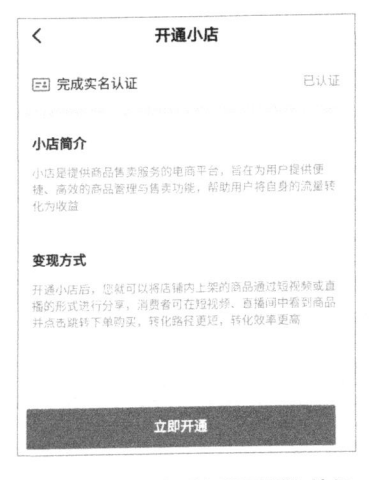

图 13-41 点击"开通小店"　　图 13-42 点击"立即开通"按钮　　图 13-43 选择个人店铺

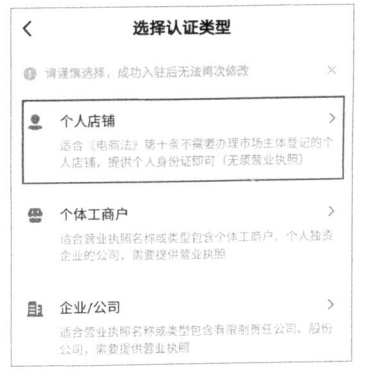

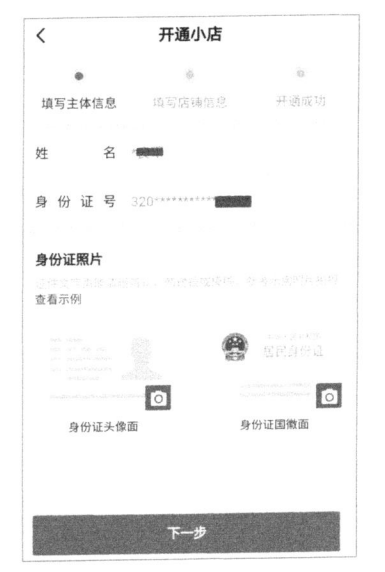

图 13-44 填写主体信息　　图 13-45 填写店铺信息　　图 13-46 提示开通成功

329

## 13.5 练习题

### 1. 填空题

（1）_____凭借其内容短小、有趣、社交属性强，以及能够充分满足用户碎片化娱乐需求等优势，受到现今人们的广泛关注。

（2）视频创作者应用_____和_____，可以使抖音短视频更加酷炫、更有创意。

（3）_____的作用不容忽视，评论区有些评论的点赞量比视频本身还高，比视频本身的内容还精彩。

（4）在抖音开网店，可以应用_____，此功能是指商家可以在短视频和主页中分享商品的功能。在开通此功能后，该账号的抖音主页上会增加"商品橱窗"功能，商家可以在橱窗里添加想要分享的商品。

（5）_____是抖音为短视频创作者提供的电商变现工具，它可以帮助短视频创作者拓宽内容变现渠道，提升流量的价值。

### 2. 简答题

（1）怎样才能拍摄出优质短视频？

（2）如何选择与修剪背景音乐？

（3）热点信息从哪里获取？

（4）如何提高评论的数量呢？

（5）怎样参加官方挑战活动引流？

# 第 14 章

## 直播运营实战

直播发展到现在已经不只是单纯的娱乐消遣了,所谓"内容为王",在竞争日益激烈的直播行业中,有创意、有价值的直播内容才会受到粉丝的关注和喜爱。怎样做好直播运营和如何使直播间流量快速提升是很多运营人员特别关心的问题。下面介绍直播运营实战,主要包括直播内容策划、直播前的准备、主播专业直播能力的提升、直播带货运营实战。

**知识导图:**

```
                         ┌─ 找到自己擅长的领域
                         ├─ 根据粉丝的需求挖掘其痛点
            直播内容的策划 ─┼─ 提升直播内容的专业性
                         ├─ 借助热点制造话题
                         └─ 让粉丝参与直播内容的生产

                         ┌─ 直播间背景的布置
          直播前的准备工作 ─┼─ 直播间灯光的布置
                         └─ 设置直播封面
直播运营实战 ─┤
                              ┌─ 主播必备的心理素质
        主播专业直播能力的提升 ─┼─ 主播自身形象的塑造
                              └─ 做好直播规划

                         ┌─ 商品的选择技巧
          直播带货运营实战 ─┼─ 直播带货的模式
                         ├─ 直播中的商品介绍
                         └─ 直播带货话术
```

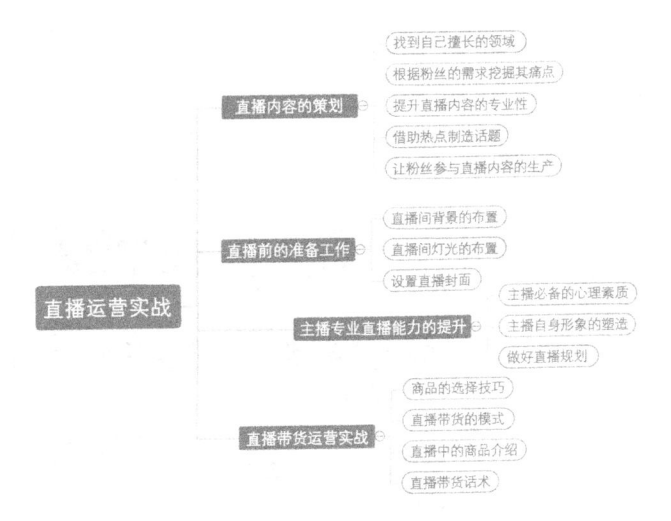

**学习目标:**

♫ 熟悉直播内容的策划
♫ 掌握直播前的准备工作

- 掌握主播专业直播能力的提升
- 掌握直播带货运营实战

## 14.1 直播内容的策划

在竞争日益激烈的直播行业中,有创意、有价值的直播内容才会受到粉丝的关注和喜爱,下面介绍直播内容的策划。

### 14.1.1 找到自己擅长的领域

无论是个人还是企业,要想搭上直播红利的"顺风车",实现引流与变现的目标,就必须建立在定位明确、突出自身优势的基础上,找到自己擅长的领域,向粉丝展示出自己的特色,这样才能在直播中发挥自身优势,创作出受粉丝欢迎的直播内容。

如果主播对美食非常有研究,那么可以从美食入手来策划直播内容。在直播中,主播可以教粉丝制作美食,让粉丝通过直播看自己制作各种美食的过程,这样粉丝不仅能够全程观看主播制作美食的过程,还能与主播进行互动,从而大大提升直播的效率。

图 14-1 所示为某主播发布的各种美食视频,吸引了不少热爱美食的人关注。

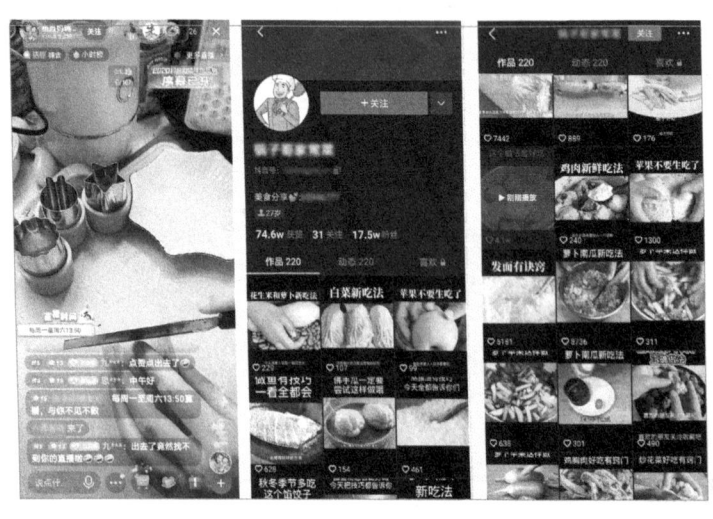

图 14-1 某主播发布的各种美食视频

> **提示与技巧**

怎样才能找到自己擅长的领域呢？商家可以从自己的专长、人设、优势三个方面来分析自己适合的领域。

- 专长：挖掘自己有什么才能可以使自己在人群中脱颖而出。
- 人设：给自己的定位是怎样的人设。
- 优势：在这个定位领域里自己的优势是什么。

## 14.1.2 根据粉丝的需求挖掘其痛点

要想打造优质的直播内容，最根本的是从粉丝的需求出发，聚焦粉丝的痛点，掌握粉丝的真实需求，挖掘他们最关心的内容。只有当直播的内容戳中粉丝的需求痛点时，才能持续吸引粉丝关注，并让其产生依赖，进而提高其留存率。

> **提示与技巧**

在挖掘粉丝的需求痛点时，首先，主播要对自身的能力与优势有充分的了解，并对竞争对手的直播内容和特点进行深入分析，以进行差异化的内容定位，通过细分内容来寻找粉丝的需求痛点；其次，主播要对粉丝心理进行深入的分析，只有对粉丝有了充分的了解，才能更精准地挖掘粉丝的需求，从而打造符合其需求的直播内容。

我们可以通过以下方法挖掘粉丝痛点。

### 1. 与粉丝建立情感连接，激发粉丝产生共鸣

情感是痛点的源头，与粉丝建立情感连接，可以促使粉丝产生共鸣。对很多人来说，他们之所以喜欢某位主播，是因为能够从这位主播身上找到情感寄托。

### 2. 为粉丝创造超越心理预期的内容

主播要想激发粉丝对直播内容进行分享和口碑传播，就需要为他们创造令其激动和喜悦的内容，而关键点无外乎两点：一是在直播的细节上让粉丝感到贴心；二是让粉丝从直播中获得既定内容以外的收获。主播只有创造超越粉丝心理预期的直播内容，才更容易给粉丝带来惊喜。

### 3. 站在粉丝的角度思考

主播要懂得换位思考，设想如果自己是粉丝，自己希望从直播中获得什么，什么样的内容与细节能够让自己感动，然后在直播过程中对此尽量满足。例如，有的粉丝观看直播，除想看主播展示才艺、技能外，还想与主播进行互动，以体现自己的存在感。因此，主播在直播时要随时与这类粉丝进行互动。例如，有的主播会很细心地在直播中抽取一定的时间来读粉丝的留言，并点名感谢，这能让粉丝真正产生社交满足，粉丝可能被主播的细心和关怀深深感动。

## 14.1.3 提升直播内容的专业性

主播要想长久地吸引粉丝观看自己直播，不能仅依靠撒娇、卖萌等手段，而应从专业化信息入手，为粉丝提供具有专业性的直播内容，让粉丝能够从直播中获得新的、有价值的信息，从而长期对主播保持关注。

例如，通过直播做饭，让粉丝学到美食的制作方法；通过直播跳舞，让粉丝观看并学习舞蹈；通过直播带货，让粉丝购买到自己心仪的商品等。总之，只要主播能够持续地为粉丝带来有价值的信息，粉丝就会认可主播的专业度，从而长期对主播保持关注。图14-2所示为某主播开设的幼儿教学直播。

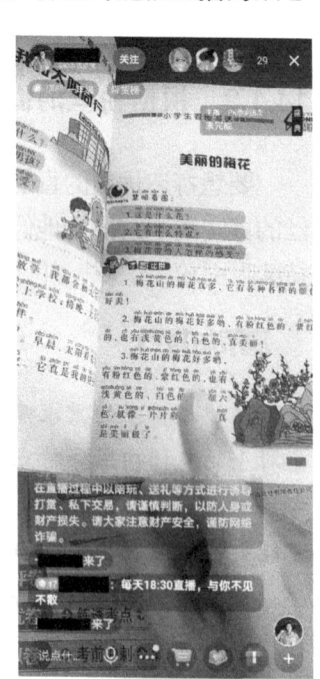

图14-2 某主播开设的幼儿教学直播

## 14.1.4 借助热点制造话题

一般来说，有热点就意味着有大量的关注和流量，主播要想借助热点来做直播，首先要能快速、准确地获得热点。针对不同类型的热点，主播在搜集热点时可以参考以下方法。

- 对于可预见性热点，主播可以将每月、每周会出现的节日、节气、体育赛事等整理出来，制作成一个热点日历，然后按照这个热点日历来策划直播内容、准备直播资料。
- 对于突发性热点，主播可以借助微博热搜榜、搜狗热搜榜、头条指数、百度热点等搜集热点。

### 提示与技巧

当遇到一个热点时，主播不能为了追求热点的及时性而马上将其应用到直播中，而是应对热点进行分析，判断该热点是否值得应用，是否符合自己的直播定位，并考虑在直播时应当如何正确运用该热点等。

热点的特点是关注度高、吸引的眼球足够多，如果主播率先借助这个热点进行直播，那么在信息差的影响之下，就会比别的主播领先获得红利。主播在借助热点策划直播内容时，需要做好以下三个方面的工作。

1）找准热点的切入角度

借助热点制造话题的本质是借势营销，在借热点的"势"时，主播首先要做的是找准热点的切入角度。以推广或销售商品的直播为例，主播要根据粉丝和商品的特点选择合适的切入角度。

2）对直播内容进行整体规划

在选好热点的切入角度后，主播还需要根据热点对直播内容进行整体规划，以减轻直播时的压力。

3）找准发布视频的时间点

热点是有时效性的，所以主播在发布借势热点的视频时要注意时效性，不能等到热点过去之后才发布视频，主播要尽可能在短时间内获取热点，并抓住运用热点吸引流量的时机。

### 提示与技巧

主播在运用热点时，一定要保持理智，有悖法律法规、道德伦理的内容不要用，不能为了"蹭热点"而毫无底线。

## 14.1.5 让粉丝参与直播内容的生产

主播的直播账号在运营一段时间以后，一般会积累一定数量的粉丝。此时，主播就可以发动粉丝的力量，让粉丝主动参与到直播内容的生产中，扩大直播内容的生产线，提高直播内容的精准度。

主播可以采取以下方式来促使粉丝主动参与直播内容的生产。

### 1．情绪化渲染

主播可以对直播内容进行情绪化渲染，这样更容易引起粉丝的互动。

### 2．在评论区征集粉丝意见

在观看直播的过程中，粉丝可以在评论区畅所欲言。作为直播视频的创作者，主播要懂得利用评论区来加强与粉丝的互动。主播可以在直播过程中发起讨论议题，鼓励粉丝在评论区发表自己的观点和看法，并在直播中分享粉丝的观点和看法。

### 3．向粉丝请教问题

主播在直播过程中向粉丝请教问题是一种非常有效的提升粉丝互动兴趣的方式，这种方式会让粉丝感觉自己受到了重视，从而愿意主动参与到直播内容的生产中。

## 14.2 直播前的准备工作

下面介绍直播前的准备工作，包括直播间背景的布置、直播间灯光的布置、设置直播封面。

### 14.2.1 直播间背景的布置

在直播平台上，每个主播都有自己特定的"房间"，即直播间，他们在这里和粉丝互动交流。在粉丝进入直播间以后，第一眼看到的就是整体的效果，因此直播间背景的布置十分重要。

要想培养忠实粉丝，仅凭主播自身的特长、才艺，能与粉丝实时互动是不够的，还要特别注意直播间背景的布置，装扮好直播间才能更好地吸引粉丝。下面介绍直播间背景布置的技巧。

#### 1．体现主播的风格

直播间的背景要能体现主播的风格，主播是什么样的风格，直播间就布置成什么样的风格。

## 2. 背景干净、简洁

直播间的背景一定要干净、简洁，乱糟糟的背景一般没人喜欢。在开播之前，主播一定要留心直播间的环境，不要随便开播。

背景的色系也不宜过多，多色系虽然艳丽，但是容易分散粉丝的注意力。如果直播背景是窗帘，则尽量选择纯色或浅色，这样更精简，视觉效果更好。图 14-3 所示为浅色背景。

> **提示与技巧**
>
> 好看的墙纸也是打造优质直播间的必备品。我们可以根据主播的喜好选购墙纸，但切记不要选择过于个性或花哨的墙纸。一张好看的墙纸可以瞬间让直播间"高大上"起来，并给人以舒适感。

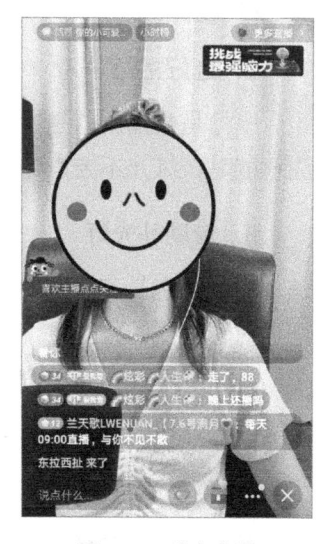

图 14-3 浅色背景

## 3. 构图合理

主播不要离镜头太近，这样会给人压抑感，但也不能离镜头太远，这样会有距离感，远近要适中。

## 4. 装饰点缀

直播间的细节处理很重要，如果直播间的空间很大，为了避免直播间显得过于空旷，可以适当添加一些装饰品，如添加一些绿植或当地的特色物件，既精美又好看，如图 14-4 所示。当然，主播也可以在直播间摆放一些体现自己风格或品位的图书、自己喜欢的相框等。

图 14-4 装饰点缀

### 14.2.2 直播间灯光的布置

直播间灯光布置的技巧如下所示。

## 1. 尽量使用散光源

直播间的光线不要太强，尽量避免光线直射。直播人员要尽量选择可以调节的补光灯和辅灯，自己调节光源强度，这样更能达到比较好的灯光状态。

#### 2. 选好主灯

主灯是直播间的主要光源，承担着主要照明的责任，可以使主播脸部受光匀称。需要注意的是，灯光不要太暗，灯体稍大些更好，这样的灯体更有利于打造空间的光感。

#### 3. 借助补光灯

补光灯也是非常重要的。需要注意的是，除非补光灯可以调节亮度，否则不要把补光灯正对着主播的脸。

补光灯要反向照射到正对着主播正面的墙上，然后结合使用反光板，反光板漫反射的光更柔和，可以给皮肤美白，使人看起来更舒服。

#### 4. 借助辅灯

顾名思义，辅灯主要起辅助作用，辅灯可以使直播间的光线更加均匀，具有很好的修饰作用。

### 14.2.3 设置直播封面

直播封面相当于直播间的门面，门面是否具有吸引力，直接决定着人们是否会进入直播间。那么，怎样设置具有高点击率的直播封面呢？

#### 1. 要干净、清晰

直播封面一定要干净、清晰，没有人愿意看模糊不清的封面。

#### 2. 突出账号特征

根据直播账号鲜明的特征，设置突出账号特征的直播封面。例如，如果是萌宠主播，那么直播封面尽量与萌宠有关；如果是销售服装的主播，那么直播封面需要突出服装的特点。

#### 3. 不要低俗

不要使用低俗的直播封面，低俗的直播封面如果被官方检测到，那么封面会被重置，甚至账号可能被禁播。

#### 4．更换不要太频繁

尽量从一开始就使用符合账号特征的直播封面，这样粉丝在看到直播封面的第一时间就知道是你，从而快速进入你的直播间。

## 14.3 主播专业直播能力的提升

在竞争日益激烈的直播行业，怎样提高主播的专业直播能力呢？下面进行详细介绍。

### 14.3.1 主播必备的心理素质

要想成为一名出色的主播，一定要有过硬的心理素质。一般来说，主播需要具备以下心理素质。

#### 1．自信

主播要自信，如果缺乏自信，就容易产生恐慌和顾虑，很多时候，恐慌和顾虑会导致出现错误的概率更高。

#### 2．冷静平和

直播时会出现各种各样的问题，主播要时刻保持冷静平和的心态，不要把坏情绪展示在粉丝面前。

#### 3．乐观

无论直播中发生什么事情，主播都要保持乐观的心态。

### 14.3.2 主播自身形象的塑造

主播不但代表着自身的形象，而且代表着其主播节目的形象。因此，主播应注重自身形象的塑造，以提升粉丝的观看体验。

### 1. 主播的着装

服装可以体现一个人对美的追求，得体的着装能够在无形中提升主播的个人魅力。

在网络直播中，主播的着装要以自然、大方、整洁、得体为原则，不能过于随意。具体来说，主播在选择直播服装时需要考虑以下三个方面。

1）自身条件

主播选择的服装应当符合自身的个性特征，主播应根据自身形体、年龄等来进行选择。

2）直播内容

主播要结合直播内容来搭配服装，以营造直播画面的和谐之美。

3）粉丝观看直播后的感受

主播要考虑粉丝观看直播后的感受，着装要文明、得体，切忌过于暴露，营造健康的网络环境。

### 2. 主播的妆容

妆容不仅代表着主播对个人形象的重视，还代表着主播对粉丝的尊重。主播在化妆时需要遵循以下原则：大方、得体。

需要说明的是，销售美妆类商品的主播的妆容可以适当夸张一些，这样做是为了更好地体现美妆类商品的使用效果。其他主播在化妆时要考虑粉丝能否接受自己的妆容，不要为了追求视觉上的冲击而选择一些特殊的妆容，这样很可能弄巧成拙，甚至引起粉丝的强烈反感。

## 14.3.3 做好直播规划

直播主播的专业性体现在其能够在直播前、直播中、直播后三个环节中做好直播规划，创作出优质的直播节目。

### 1. 直播前的充足准备

在直播前，主播必须做好直播内容的规划，对于每场直播要播什么，在哪里直播，采取什么方式来播，都要提前设计好。此外，主播还要能够预测直播过程中粉丝可能提出哪些问题，以及如何回答这些问题等，以免在直播中出现无法解答粉丝问题的尴尬现象。

### 2. 直播中的灵活调整

虽然主播在直播前做了充足的准备，但这并不代表直播就一定会顺利完成，任何事情都可能发生意外。在直播过程中，一般都有与粉丝互动的环节，而与粉丝互动一般是不可控的，这就需要主播具备极强的随机应变能力，能够根据与粉丝互动的效果对直播内容进行适当的调整，甚至改变既定的直播内容和方向。

### 3. 直播后的复盘

一场直播无论成功与否，一般来说都既有好的方面，也有待解决的问题。在直播结束后，主播要对本场直播进行复盘，找出其中好的方面，并总结直播中存在的问题，找到产生问题的原因，从中吸取经验与教训，并作为以后的借鉴。

## 14.4 直播带货运营实战

作为数字经济新业态的"爆款"，如今直播带货风头正劲。做直播带货什么最重要？直播带货的重点是人和货。下面介绍有关直播带货的商品的选择技巧、直播带货的模式、直播中的商品介绍、直播带货话术。

### 14.4.1 商品的选择技巧

如果商品没有选好，那么哪怕主播在直播间说得天花乱坠，即使当场直播的销量很好，若商品质量不过关，也会失去粉丝的信任。因此，商品的选择很重要。那么，直播带货的商品怎么选呢？

#### 1. 商品与账号定位相关联

直播人员在选择商品时，应使商品与账号定位相关联，如果账号粉丝定位以女性为主，那么直播带货的商品尽量选择与女性相关的商品，如图14-5所示。

#### 2. 商品亲自使用过

直播带货虽然借助的形式是直播，但最终交易的仍然是商品。商品质量过不过关、服务有没有保障，才是决定粉丝下一次会不会"买它"的关键。主播只有自己亲自使用过商品,才能知道它是不是一款好商品,是不是粉丝想要的,在主播亲自使用后不仅可以将自己对商品的真实使用感受传递给粉丝,还可以介绍商品应如何使用,这样可以让粉丝对推荐的商品有更高的信任度。

如图14-6所示,要在直播间卖羽绒服,主播需要知道这款羽绒服属于什么版型,含绒量是多少,有哪些尺码,适合什么场合穿,搭配什么裤子等。这些都需要主播亲自试穿后才能得出结论,才能在直播间根据实际试穿感受向粉丝介绍商品,商品才会更有说服力。

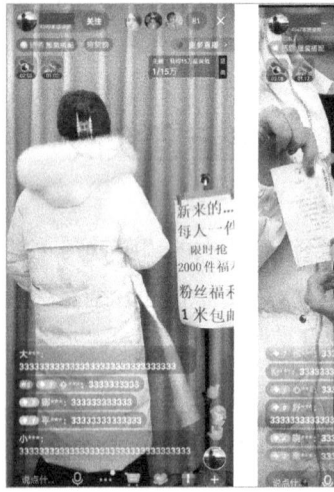

图14-5 商品与账号定位相关联

图14-6 亲自试穿

### 3. 商品要有卖点

大部分商品都有一些卖点,但如果主播把商品的每个卖点都讲了,其结果往往是这个商品显得很平庸,从而销售爆单的可能性也比较小。

某知名主播在对一款商品进行推荐的时候,往往会先提炼出一个卖点,一般最多两个主要卖点,再集中花几分钟时间把卖点讲透,从而吸引粉丝下单。

### 4. 借助工具选择商品

通过数据分析工具我们可以知道商品在平台上的受欢迎程度。例如,哪些商品销量高?哪些商品被点击的次数较多?

根据这些数据，我们能够获得高销量商品的名称、类别、单价、厂家等各项信息，然后根据自己的账号定位从中挑选出适合自己做直播带货的商品。常用的数据分析工具有西瓜数据、飞瓜数据等。图14-7所示为飞瓜数据。

**5. 根据粉丝的需求选择商品**

粉丝一般是因为账号的特定属性能满足他们的需求才关注的，所以在选择直播带货的商品时，一定要了解粉丝的需求。

比如，直播间的粉丝有什么特征，他们的需求是什么？主要是男性还是女性？他们的消费能力如何？他们对商品的要求如何？在了解了粉丝的需求后，根据他们的需求来选择商品，才能更有效地促进直播间的商品成交。

**6. 选择高热度商品**

选择高热度商品对于直播带货非常重要。例如，端午节直播卖粽子，中秋节卖月饼，入夏时卖空调，入冬时卖羽绒服……当下某个时间带火的某款商品，都是我们可以"蹭热度"的商品。

**7. 选择高性价比商品**

不管是哪个平台，高性价比商品都会在直播带货中占据优势。我们要保证商品的销量，而销量和商品的性价比有直接关系，商品的性价比越高，一般来说其销量越高。

图14-7 飞瓜数据

## 14.4.2 直播带货的模式

直播带货的模式有哪些呢？目前比较常见的直播带货模式包括直接卖货模式、基地走播模式、定制模式、砍价模式、秒杀模式、产地直播模式等。

### 1．直接卖货模式

如图 14-8 所示，直播卖货模式主要就是销售商品，直播内容就是直播间的各个商品，主播一款一款地介绍在售商品，详细讲解商品的功能，通过各种促销活动来提升销售额。此模式的竞争力来源于商品。

图 14-8　直接卖货模式

### 2．基地走播模式

此模式主要以展示场地或者商品的制造工艺、细节为主，并以此来销售商品。主播在直播基地做直播，一般提前到基地选好商品，等基地准备就绪，主播在现场开播，如图 14-9 所示。

一般基地的装修和直播设备都比较高档，画质比较好，因而容易造成粉丝冲动下单，同时造成了较高的退货率。当在基地进行直播时，一场直播往往有较多的款式，而且这些款式经过主播认真筛选过的，会比较符合粉丝的需求，因而直播内容值得期待。

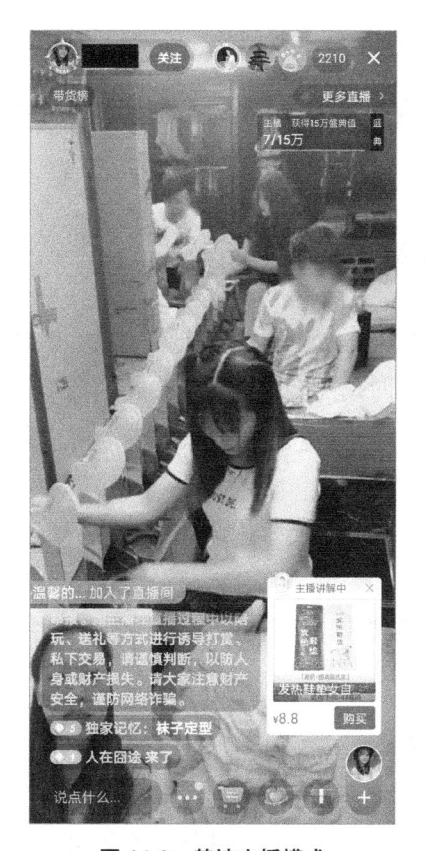

图 14-9 基地走播模式

**3．定制模式**

定制模式的特点是所有的商品都是主播自己找工厂定制的。主播根据粉丝的需求推出特有的款式，同时保证了品质，成交的冲动性主要来自粉丝对主播的信任和对款式的认同。此模式操作难度较大、门槛较高。

**4．砍价模式**

在主播拿到货主的商品后，把商品的优点和缺点告诉粉丝，同时告诉粉丝商品大概的价格，统计有意向购买商品的粉丝数量。在此基础上，货主报价，主播砍价，在价格协商一致后成交。主播赚取粉丝的代购费和货主的佣金。

**5．秒杀模式**

主播和品牌商合作，帮品牌商提高销量，同时给粉丝谋福利。

#### 6．产地直播模式

产地直播模式就是主播到商品的原产地进行直播，如直播卖水果、卖海鲜等。此模式的优势是强化原产地的卖点，提升粉丝的信任度。

### 14.4.3 直播中的商品介绍

销售商品是直播的最终目的，因此主播需要在直播中做好相关商品的介绍，展示商品的完整形象。主播在介绍商品时，需要遵循两个原则。

（1）展示全面：对商品进行全方位展示。以服装为例，要展示服装的设计风格、面料、设计细节、穿着效果等。

（2）描述准确：对商品的产地、尺寸、材料、规格、颜色、味道等属性的介绍要准确，不能欺瞒粉丝。

下面以美妆类商品、服装类商品、美食类商品为例，讲述在直播中应如何进行商品介绍。

#### 1．美妆类商品的介绍要点

在介绍美妆类商品时，主播要介绍商品的质地、价格、使用方法、容量等。在展示这类商品的使用效果时，主播可以先在手臂上试色，直观地向粉丝展示商品的局部使用效果，然后在脸上使用商品，向粉丝展示整体使用效果。

#### 2．服装类商品的介绍要点

在介绍服装类商品时，为了提升讲解的吸引力，主播可以采用以下方法。

1）亲自试穿服装

主播要亲自试穿服装，向粉丝展示服装的试穿效果。在展示试穿效果时，应该用远景向粉丝展示服装整体的上身效果，用近景向粉丝展示服装的设计亮点。

2）介绍服装的风格

如今，服装款式千变万化，形成了许多不同的风格，如中国风、欧美风、田园风等，主播在介绍商品时，要向粉丝说清楚所售服装属于哪种风格。

3）介绍服装的尺码与版型

主播要向粉丝介绍服装的尺码是否是正常尺码，上衣需要介绍其腰围、胸围、衣长、袖长等，裤子需要介绍其腰围、臀围和裤长等。此外，主播还要向粉丝介绍服装的版型。

4）介绍服装的颜色

主播可以向粉丝介绍服装的整体颜色能够给人带来什么样的感觉。

5）介绍服装的面料

服装的面料有棉布、麻布、丝绸、呢绒、皮革等。主播可以根据实际情况进行介绍，还可以介绍某服装面料的优点和缺点。

6）介绍服装的亮点

主播可以介绍服装在图案、工艺等方面的亮点，体现其时尚感。例如，主播可以介绍服装制作工艺的精致度和稀缺性等，并向粉丝展示服装的细节。

7）介绍服装的穿着场景或搭配

介绍服装的穿着场景或搭配是服装类商品介绍中非常重要的环节，"一衣多穿"是体现服装高性价比的关键点。主播在介绍服装搭配时，不能单纯地说它可以与其他什么款式的衣服搭配，而是应将整套的服装搭配展示给粉丝，甚至向粉丝展示与整套服装相搭配的鞋子、帽子等配饰。

**3．美食类商品的介绍要点**

在介绍美食类商品时，主播可以介绍食物的产地、味道、价格、重量、原材料等，重点介绍食物的主要特色，如食物的原材料独特等。主播在试吃食物时，要当场拆包食用，用近景展示食物的全貌，详细描述食物的外观，在试吃后再描述食物的口感等。

## 14.4.4 直播带货话术

很多新主播在做直播时，往往会有遇到很多问题，如不知道怎样开始直播、直播间经常冷场等。下面介绍一些常用的直播带货话术。

**1．引导关注话术**

如果想吸引进入直播间的新用户关注，则可以采用以下话术。

话术1：欢迎进来的朋友，千万不要着急走，点点关注有礼物。

话术2：主播今天刚起步，支持我就点关注，主播绝对没套路。

话术3：感谢×××的关注，还没关注的抓紧点关注，主播每天会给大家带来不同的惊喜。

话术4：麻烦诸位动动小手关注一下主播，主播每天××点开播，喜欢主播的可以帮忙分享一下。

### 2．直播欢迎话术

在直播开场时，先要对来观看自己直播的用户表示感谢，这样有助于提升主播的亲切感，让用户感觉亲切、舒服。常用的直播欢迎话术有以下几种。

话术1：欢迎大家来到我的直播间，我是一名新主播，谢谢大家支持。

话术2：欢迎各位帅哥美女来到我的直播间。你是帅哥还是美女呢？来互动一下让我看到你吧！

话术3：欢迎×××来到我的直播间，你是我的老朋友了，每次直播都能看到你，特别感动，感谢支持。

话术4：刚进来的小伙伴，可以等一下后面的朋友，没有点关注的，给主播点点关注。

### 3．感谢"打赏"话术

当直播间有人"打赏"时，主播可以采用以下话术。

话术1：谢谢×××的礼物。

话术2：谢谢我的小星星送我的眼镜，带上这副眼镜，我觉得我是整条街上最靓的仔。

话术3：小手一点礼物有，祝你幸福到永久。

### 4．直播间提高人气话术

若想提高直播间的人气，主播可以采用以下话术。

话术1：前10个进入直播间的用户可以领取一包洗脸巾。

话术2：每隔10分钟公布一次中奖名单，欢迎各位积极参与。

话术3：前5个进入直播间的用户名单已经出来了。

### 5．追单话术

很多用户在下单时会犹豫，这时就需要主播采用追单话术来刺激用户下单了。主播可以采用以下话术。

话术1：线上抢购的人很多，商品数量有限，大家看中了抓紧时间下单。

话术2：这款商品数量有限，如果看中了一定要及时下单，不然过会儿就售罄啦！

话术3：本次活动仅限今天，错过了就不会再有这个价格啦！抓紧时间下单吧！

话术4：这款商品只有3分钟的秒杀时间，没有购买到的朋友赶紧下单啊！

## 14.5 练习题

### 1. 填空题

（1）要想打造优质的直播内容，最根本的是从＿＿＿＿＿＿出发，聚焦粉丝的痛点，掌握粉丝的真实需求，挖掘他们最关心的内容。

（2）在飞速发展的网络时代，一般来说，有＿＿＿＿＿＿就意味着有大量的关注和流量。

（3）＿＿＿＿＿＿相当于直播间的门面，门面是否具有吸引力，直接决定着人们是否会进入直播间。

（4）直播主播的专业性体现在其能够在＿＿＿＿＿、＿＿＿＿＿、＿＿＿＿＿三个环节中做好直播规划，创作出优质的直播节目。

（5）目前比较常见的直播带货模式包括＿＿＿＿＿、＿＿＿＿＿、＿＿＿＿＿、＿＿＿＿＿、＿＿＿＿＿、＿＿＿＿＿等。

### 2. 简答题

（1）怎样挖掘直播观众的需求痛点？

（2）直播间背景布置的技巧有哪些？

（3）直播间灯光布置的技巧有哪些？

（4）主播必备的心理素质有哪些？

（5）直播带货的模式有哪些？

# 反侵权盗版声明

　　电子工业出版社依法对本作品享有专有出版权。任何未经权利人书面许可，复制、销售或通过信息网络传播本作品的行为；歪曲、篡改、剽窃本作品的行为，均违反《中华人民共和国著作权法》，其行为人应承担相应的民事责任和行政责任，构成犯罪的，将被依法追究刑事责任。

　　为了维护市场秩序，保护权利人的合法权益，我社将依法查处和打击侵权盗版的单位和个人。欢迎社会各界人士积极举报侵权盗版行为，本社将奖励举报有功人员，并保证举报人的信息不被泄露。

举报电话：（010）88254396；（010）88258888
传　　真：（010）88254397
E-mail：dbqq@phei.com.cn
通信地址：北京市万寿路173信箱
　　　　　电子工业出版社总编办公室
邮　　编：100036